治校之道

中学名校长的办学智慧（1）

陶继新　著

江苏凤凰教育出版社
Phoenix Education Publishing, Ltd

图书在版编目（CIP）数据

治校之道．中学名校长的办学智慧．1/陶继新著．—南京：江苏凤凰教育出版社，2017.10

ISBN 978-7-5499-6805-3

Ⅰ.①治… Ⅱ.①陶… Ⅲ.①中学—学校管理 Ⅳ.①G637

中国版本图书馆CIP数据核字（2017）第259753号

书　　名	治校之道——中学名校长的办学智慧（1）
作　　者	陶继新
责任编辑	雷利军　沈倩倩
封面设计	天之赋设计室
出版发行	凤凰出版传媒股份有限公司 江苏凤凰教育出版社（南京市湖南路1号A楼　邮编210009）
苏教网址	http：//www.1088.com.cn
照　　排	北京世纪鸿文制版技术有限公司
印　　刷	三河市九洲财鑫印刷有限公司
厂　　址	河北省三河市灵山大口
开　　本	787毫米×1092毫米　1/16
印　　张	15.75
字　　数	274千字
版　　次	2017年12月第1版　2017年12月第1次印刷
书　　号	ISBN 978-7-5499-6805-3
定　　价	40.00元
网店地址	http：//jsfhjycbs.tmall.com
邮购电话	025-85406265，85400774　短信　02585420909
E - mail	jsep@vip.163.com
盗版举报	025-83658579

自序 PREFACE

几十年来，尤其是近十来年，我所写的校长及其学校的通讯作品的数量和质量都不断提升。更令我欣慰的是，这种写作已经逐渐内化为一种情愫和习惯，使我越写越想写，越写越从容。尤其是近一两年，我与所采写的校长及其学校有了一种难以割舍的情感。

初写此类文章的时候，我其实并不是特别快乐，更难达到从容坦然的心境。一篇万字左右的通讯文章，往往需要五六天时间才能完成，而其中真正遂心意的，只有十之三四而已。

随着写作速度的提高，写作质量也在不断提升，以至有了提笔即作、其乐无穷的感觉。采访的时候，我往往被采访对象所感动，从而产生强烈的写作欲望，写起来也多是一发而不可收。六七千字的通讯文章，常常只需一天即可完稿。在整个写作过程中，我几乎都沉浸于一种精神享受之中。

在我的四十多本著作中，关于校长及学校的书就占了半壁江山。正是在近乎每周都有的长期采写的过程中，我接触到了全国各种各样的校长与学校，其中既有北京、上海等大都市中的极有名气的校长与名校，也有小山村中名不见经传的校长及基础薄弱的学校。不同的校长所展现出来的思想与智慧，以及不同的学校所呈现出来的品质与面貌，各有千秋。每每走进一所学校，我都会收获一种意想不到的惊喜。我习惯于从新闻采访与专家探究两种视角来审视学校里的人与事，并即时吸纳值得学习的东西，且最大限度地将其“化”成自己的写作素材，进而形成烙印着陶氏风格的通讯作品。

如此持之以恒地行走几十年，我蓦然回首，发现这些校长及学校的许多精神营养，已经被自己慢慢吸收并逐渐“消化”，让原本单薄的我渐渐变得丰盈起来。凡属学校管理、课程构建、课堂改革、教师发展、学生自学、家校合育、文化建设等方面的问题，都已储存在了我的大脑中。而且，无论在什么场合，即兴言说或限时成文，对我来说都变得容易而轻松了。

即便到一所陌生的学校去采访，我也会很快寻找到校长及学校的最核心要素，并当场进行逻辑的归类与理性的升华，从而梳理出将要写的通讯作品的整体思路。返程之后的写作，也就有了水到渠成之势。英国诗人威廉·布莱克说过这样的箴言："一粒沙里看世界，一朵花里见天堂。"每一所学校、每一位校长，都展现出一幅幅不同的生命图景，我作为倾听者和编织者，倾听故事融我于他们的世界，编织语言呈现其生命的不同光华。

有人说我的写作水平高，其实，我是一个"困而学之"者，只不过在写作上下的功夫比一般人多罢了。几十年如一日地奔赴全国各地进行采访，几十年如一日地将采访的内容写成作品，甚至每年的除夕及春节，我也几乎是在办公室享受着写作的愉悦中度过的。外面此起彼伏的鞭炮声，丝毫打乱不了我写作的思路，影响不了我写作的速度，也影响不了我写作的质量。

正是几十年的笨功夫，才有了属于我自己的语言风格：不是故弄玄虚地搬弄美词佳句，而是让与文脉相契的语言"道法自然"地流动于文本之中。即使那些被读者称道的所谓妙语警句，也毫无预设，而是灵感袭来时的自然语"化"。

一篇有质感的通讯作品，不能只是满足于让读者感受到内容的新颖与丰沛，也不能只是让读者享受语言之美，还应当用理性的光华为作品点燃生命的亮色。美国教育家杜威说："理性是活动借以具有丰富意义的一切资源。"确实如此，作品需要理论升华，亦需要理性判断，且不是与作品本身相游离的，而是融为一体的。这就需要长年累月的储备，不是现学现用，而是它早已在你的大脑中，处于沉睡状态。当你写作需要它的时候，它就会极其迅速地做出反应，让我惊叹其何以如此神妙！于是，我的十指便条件反射般地在键盘上飞快地敲击着，随即理性的光芒便照亮了那一段描述性的文本，我的精神也亢奋起来，以极其愉悦的心境继续后面的写作。

要达到这样的境界，并非只需掌握某些写作技巧，其中还有一个核心语词——道。它不只是写好有关校长及学校的通讯作品的关键，也是写好所有作品的关键，甚至是一个人通向审美殿堂的不二法门。它看似玄之又玄，其实是返璞归真，"本立而道生"。从这个意义上来说，任何的投机取巧，都只是雕虫小技，永远无法抵达写作的高层境界。

当我采写了几百位校长及其学校之后，在这个领域拥有了充分的话语权的时候，是不是就一定能走进写作的“道”场之中呢？回答是否定的。丰富的写作素材，以及对写作对象的准确把握，构成了写好通讯作品的必要条件；继之不断地阅读大师作品与背诵经典，才能构成充分必要条件，即有之则必然，无之则必不然。只有不断地阅读名著，大量诵记经典，且“化”之于心，并与采访的内容和谐地融为一体时，才能产生巨大的生命能量，也才能让“道”不期而至。这是一个无止境的大境界，我只是触摸到了“道”的边缘而已。不过，有了这种觉悟，并不间断地“行”下去，相信会让我的作品跃升到“更上一层楼”的境界，以至点亮我整个生命的前程。

需要说明的是，这本书中所写的校长及其学校，除内容各异外，呈现方式也有所不同。有的会相对全面地铺展开来，给人一个整体的印象，甚至让人产生一种“横看成岭侧成峰”的感觉；有的则是“弱水三千，只取一瓢饮”，让读者从某一个视角去领略其独具的一个“景点”，进而展开丰富的想象，窥一斑而知全豹。

收入本书的通讯作品共计18篇，均发表在各大报刊上，在本书中则是按照由“近”及“远”的顺序编排的，即最近发表的排在前面，最早发表的排在后面，以免给读者造成这些校长及其学校优劣不等的印象。我去任何地方采访的时候，都是怀着一颗朝圣的心去“拜谒”的。在我这里，没有因其名气大小与城乡之别而有分别心，有的只是“择其善者而从之”的学习心。

还需要说明的是，每篇作品开头的校长简介，均系我采写时校长所提供的。

陶继新

2017年2月23日于济南

目录 CONTENTS

为孩子终生成长打点生命底色

——山东省青岛市城阳区实验中学教育改革“风景”览胜

校长介绍

纪永强，1974年出生，1994年参加工作。从教20余年来，他始终秉承“用三年的教育，影响孩子一生”的办学理念，坚持追求“全体学生的健康发展和每位学生的全面发展”。他主持了“阅读教学研究”“个性化教育视域中的初中心理健康教育创新研究”等多个国家、省、市级课题，发表的论文有《立足师生谋发展，追求特色创品牌》《浅谈中学语文教学中德育目标的构建》等。先后获得“山东省共青团先进工作者”“贵州省安顺市支教优秀教师”“青岛市教学能手”等荣誉称号。

对于学生而言，整个初中阶段只有短短三年时间，其间，学生要学到必备的知识，掌握必需的能力。这固然是重要的，可青岛市城阳区实验中学的纪永强校长认为，初中三年，正仿若美国心理学家斯普朗格所说的个体“第二次诞生”期，因为此时的青少年开始有独立的自我发现，产生对生活的设想和新态度，明白未来对自己的重要意义，并跨入生活的各个领域。所以，我们的学校教育不应当只成为学生学习与生活的一个普通的驿站，还应当为学生创建一道道“精神风景”，让他们铭记终生。这些“精神风景”也许与升学考试没有多大关系，抑或没有直接关联，但与学生的一生成长休戚相关。自然，这种潜在的力量当下未必一览无余地彰显出来，可在未来的生命行程中，会越来越显现出其生命的能量。

实践体验课程：让学生精神更丰盈

古人说：“读万卷书，行万里路。”看来，一个人要想成就一番事业，既需要有丰厚的理论知识，也需要有丰富的实践体验。格式塔心理学代表人物库尔特·勒温认为，儿童和青少年个体本身同其所处环境组成了一个不可分离的心理生活空间。教育者应该让他们多接触新经验，为其提供合适的环境，从而使他们的生活空间有不断扩展与统整的可能。城阳区实验中学正是从学生未来生命成长的视角出发，不但关注学生对理论知识的学习，同时也让他们走进农村、机关、部队、高校、企业等，到另一方时空中去进行具有实践意义的生命体验。

一、走进农村，感悟世界的多彩

当今的中学生，即使是家住农村的中学生，由于多在“两点一线”的固定与狭小的圈子里学习与活动，所以对农作物的种植与收获以及与此相关的活动所知甚少，甚至浑然不知。岂不知就在眼前的这些农村生活场景，正散发着山野的清新和日月的清纯，蕴含着丰富的成长元素。乡土文化资源正是教育的源头活水。忽略或疏远农村生活，让本可以滋养生命的精神营养悄然流失，这不能不说是一个巨大的遗憾。教育者们常常追问什么是教育，有学者曾论说，它是对生活本身全面彻底地体验——去全面地感知、深刻地认识生活中真挚的爱、关心、理解、创造、发现、渴求和希望的真正含义。可见，教育作为一种体验，是生命的活动、心灵的感受。

城阳区实验中学每年都组织学生走进农村，开展别有情趣的农村生活实践体验活动。据分管德育的副校长姜丽丽讲，学校的学生都有在青岛中学生学农实践基地体验一周的生活经历。不同的季节，田地里有不同的风景：春天绿油油的麦苗，到了麦收的季节，则因“夜来南风起”，变成一片金黄；而春天将地瓜秧插在地里，秋天则可以从泥土里刨出丰硕的果实——地瓜；还有花生、豆子，以及各种各样的蔬菜等的种植，都吸引着学生。而各种植物的深加工，也让学生大开眼界。他们在磨坊、碾坊、粉坊，以及酿酒、榨油、炒菜、野炊等体验中，也兴趣盎然地尝试了一把。同时，他们在攀岩、过断桥等活动中，感受到惊险与刺激，锻炼了胆识。由于吃住都在基地，一个宿舍住 8～10 个人，所以，每个学生不但锻炼了自主管理能力，还增强了团队合作意识。走进农村的内容与形式不只如此，而是多种多样的，比如，有的学生到农村“五保户”家庭，陪那些孤寡老人聊天，帮助他们干活。孟子所说的“老吾老以及人之老”，现在很多孩子已经很难做到了。可是，当这些中学生到了“五保户”家里，感受到他们的艰辛，真心去帮助他们的时候，便突然感到自己的行为具有了特殊的意义。家长们也发现，孩子体验回来之后突然长大了，会体谅并帮助家长干些家务活了。美国发展心理学家詹姆斯·尤尼斯曾对青少年参与社会活动的意义做了阐述，认为其具有超越性意义，因为青少年个体通过社会服务活动将自己与社会联系起来，并对其现有的自我同一性赋予社会历史意义，进而建立超越性的道德同一性。可见，打开心底的时刻，就是改变人一生的转折点；真正的快乐，不只是玩，还有助人，尤其是帮助那些有需要的人。从这个意义上来说，尽管只有短短一周时间，可很多优秀品质已经根植到学生的心里，甚至会对他们的一生产生深远的影响。

二、走进机关，感受生活的意义

美国哈佛大学社会心理学教授大卫·科尔布提出了经验认知理论，他认为学生必须去体验不同的学习模式。中学生走进机关单位，可以学到从书本上学不到或学不好的东西。因为学习不是内容的获得与传递，而是通过经验的转换从而创造知识的过程。近几年，城阳区实验中学组织学生走进法院、水利局、气象局、环境保护局、计划生育局、国土资源局等机关单位。

走进气象局，工作人员告诉学生，尽管一两天的异常天气不会对某地区产生重大影响，但有助于研究地区气象，了解这个地区的气候，了解在这样的气候中适宜做什么、不适宜做什么，也可以为未来的气候变化提供参照，为一些重大的决定，像航天站等重要地方的建设提供依据，还可以对未来的全球气候做出一些预测。我国学者朱小蔓教授在《情感教育论纲》中也谈及，如果没有感受现象，就不存在情感发展的机制，就不会有任何情感经验作为印记留存在记忆系统中。

走进环境保护局，工作人员向学生讲解了雾霾的“一次颗粒”和“二次颗粒”，以及如何防治雾霾的问题。可以说，一次活动就是对心灵的一次洗礼。在走进环境保护局之后，学生不但对环境保护的意义有了更清楚的了解，还有了实实在在的行动。学生在日常生活中不但不会乱扔垃圾，还会自觉保护环境。其实，这何止是一次思想教育，对学生优秀品质的形成也起到了催化作用。从某种意义上说，这种体验式学习的过程就是使学生生活在自然的而不是概念的世界中。

三、走进部队，感慨人生的分量

采访学生问及中学阶段对其影响最深的活动有哪些时，不少学生都谈到了走进部队的活动。

部队对于中学生来说，有一种神秘感，也有一种崇高感。让学生走进部队，不但满足了他们的探奇欲望，也让他们接受了一次改变自我的深刻教育。

据九年级（7）班的孙胜蓝同学讲，他们是七年级下学期走进海军部队的。那天天气非常寒冷，步行到部队，路途上的艰难可想而知。可是，学生们非但不叫苦、不叫累，反而一路唱着歌，互相鼓励着前行。

战胜自己，就等于战胜所有困难。看到解放军叔叔走方队时步伐如此整齐、声势如此浩大的时候，学生们被震撼了！而听到解放军叔叔讲，他们有时候需要连续四五个小时甚至七八个小时一动不动地站着时，学生们的触动更大了。他们说，这何止是功夫，更需要超人的毅力与坚韧的品质。平时任性、习惯逃避、一遇困难就叫苦不迭的学生们，这时候感到自己是多么渺小！同时，他们也有了“择其善者而从之”的心理向往，暗暗下定决心，以后一定要用纪律规范约束自己，做不怕苦、不怕累的好学生。

在解放军叔叔表演精湛的军事技能时，学生们个个睁大眼睛，惊诧不已。孙胜蓝同学说，那一刻，他才领悟了“肃然起敬”的真正内涵。

铁打的营房，苦练的兵。在解放军叔叔的宿舍里，学生们看到叠得整齐的方块被子时，有的竟情不自禁地赞叹与惊呼起来。看来，什么事都可以做到极致，只不过平时在学习与生活中对自己太放任，没有严格要求自己罢了。有的学生说，在以后的学习与生活中，一定要像解放军叔叔那样，尽心尽力，做最好的自己！

返程的路上，本来疲惫不堪，可是学生们个个精神抖擞。军人纪律严明、坚韧不拔的精神，已经深入他们的心里。更让人感到欣慰的是，他们自觉地把解放军叔叔作为学习榜样，在以后的学习与生活中实践了。

人本主义心理学的代表人物马斯洛在《动机与人格》中说：“每个孩子都有对美、真理、正义等高级价值的本能需求，在良好的条件下，他们渴望表现出这些高级品质，如爱、友善、慷慨、诚实、正直和信任。”这种潜能引导人的行为达到自我完善，是自我实现的倾向。而树立榜样的力量，恰如社会心理学家班杜拉所述，是其得以实现的最佳条件。据纪永强校长讲，学校不但组织学生走进农村、走进机关、走进部队，还带领学生走进高校、走进企业。这“五个走进”，已经逐渐从活动上升为实践体验课程。

课程改革是一个全方位的系统工程，城阳区实验中学的课程改革也是多元的。他们基于实践体验课程的理念，逐步尝试了三个层面的整合：一是学科间的相似性“兼容”；二是学科内的主题性“会师”；三是学科与社会资源的“归一”。2015 年 10 月 30 日，以“创新课程实施策略，引领课堂教学改革”为主题的 2015 年青岛市初中课程与教学工作会议暨城阳区实验中学教学改革现场会在城阳区实验中学举行，纪永强校长所做的关于学校课程改革的报告，赢得了与会人员的热烈掌声。

“三学六段”：让课堂“活”起来

美国学者埃德加·戴尔的“学习金字塔”理论告诉我们，两周之后学生对知识的保持率在30%以下的几种传统方式，都是个人学习或被动学习；而保持率在50%以上的，都是团队学习、主动学习和参与式学习。因为被动学习是迫不得已而为之，主动学习激发的则是内在的动力，“要我学”与“我要学”的本质不同。个人学习因为“独学而无友”，导致“孤陋而寡闻”；还因为没有一个群体学习场，失去积极学习的氛围。而团队学习，人人都可以参与其中，而且有了互助与合作，大家在思维碰撞中产生了灵感与激情，学习效率与效益的提高也就在情理之中了。

城阳区实验中学“三学六段”课堂教学模式的研究与实践，恰恰激发了学生主动探索的积极性，引领学生到达精神隐秘所在，让个体融入群体之中，让团队精神生成巨大的生命能量。

一、“三学”：三种学习方式，改变“道”的轨迹

1. 自学：预习和课堂学习中的自主学习

20世纪90年代以来，自主学习成为教育心理学研究领域中的一个热点问题，世界各国都把培养学生的自主学习能力作为一项重要的教育目标。联合国教科文组织国际教育发展委员会在《学会生存——教育世界的今天和明天》一书中明确指出：“未来的文盲不是不识字的人，而是没有学会怎样学习的人。”在此背景下，城阳区实验中学结合培养目标对学生的自学特征提出了明确界定：学生参与确定对自己有意义的学习目标的提出，自己安排学习进度，参与设计评价指标体系。学生积极发展各种思考策略和学习策略，在解决问题中学习；学生在学习过程中对认知活动进行自我监控，并做出相应的调适。于是，不管是课前，还是课上，学生在学习中都不是被动的接收者，而是主动的参与者；不是自学前对学习目标与学习内容一无所知，而是用自己的智慧和敏锐，做到一清二楚、有的放矢。儿童发展心理学家皮亚杰曾依据大量心理实验阐述道：“一切真理要由学生自己获得，或由他重新发现，至少由他重建，而不是草率地传递给他。”因为这样不但有助于学生提高学习效率和主动探索未知的能动性，培养自学的良好习惯，还能让学生悟出：没有阳光的夜晚，自己便是阳光。

2. 导学：教师引领、指导学生学习

儿童独特的年龄阶段特征与心理发展特点决定了他们难以完全独立地经历学习过程，而需要成人给予一定的指导与帮助。所以，学生自学，尤其是在学会自学的前期，教师不能袖手旁观，而要在课前依据教材和学情认真编写将教案与学案融为一体的导学案。恰如苏联教育心理学家维果茨基在《思维与语言》中所说："在儿童那里，发展来自合作。"教学在本质上就是"交往的最有计划性、系统性的形式"。换句话说，儿童的学习一定需要成人的支持与引导。基于此，"导学"即引导学生找到"阳光口岸"，确立学习目标，制订学习计划，选择学习方法，做好学习准备等。在此环节前或在此环节中，教师的话语是导火索，有关知识的反馈检查、新课导入、自学指导等都要鲜明。

同时，针对学生在预习阶段遇到的障碍、暴露的问题，教师要引导学生展开讨论、互相启发、合作探究，鼓励学生运用求异思维，提出不同见解，让学生的心灯慢慢点燃，在创造、重生、修补中，培养创新精神和实践能力。"导"的内容是解开学生不懂之处；"导"的方法是引导互动，多项交流；"导"的重点对象是在学习中遇到困难且无法独立解决的学生。

教学改革愈深入，教师的水平愈需要提升，不然，就难以真正为学生指点迷津，也难以驾驭"风云变幻"的课堂。那种看到学生"动"起来就无所事事，学生在自学过程中出现偏差或问题时而感到茫然无措的教师，根本无法引领学生走向深层次的发展之中。基于这样一种思考，城阳区实验中学一方面关注教师教学观念的更新，另一方面加大教师培训的力度，从而让他们与时俱进，适应教育教学改革的形势，甚至能在改革中起引领作用。

3. 助学：学生之间的合作互助学习以及师生间的辅助学习

"助学"，首先包括学生之间的互助学习，源于学生内心的渴望与需求。而"同伴互助学习"作为专业术语首次出现在1974年亚历山大等人共同创作的论文中。此后，英国的托平教授和美国的尔利博士在1998年出版的《同伴互助学习》（*Peer-assisted Learning*）一书中提出："所谓同伴互助学习，是指通过地位平等或匹配的伙伴（即同伴）积极主动的帮助和支援来获得知识和技能的学习活动。"在这里，同伴互助学习的含义广泛，包括同伴指导、同伴示范、同伴教育、同伴咨询、同伴监督与同伴评价。城阳区实验中学的"互助"计划正是基于前人理论基础之上的深层次教学实践。它要求小组的每个成员都要参与其中，共同分担学习任务，共同解决疑难问题。学优生帮助学困生是责任，也是义务；是送温暖，也是奉献。学困生主动学习同样是责任与义务，而且要做到“有弗问，问之弗知，弗措也”。小组学习不但培养了学生的合作意识与团队精神，还让班级具有了向心力、凝聚力、战斗力。于是，也就有了“二人同心，其利断金；同心之言，其臭如兰”的学习景观。

“助学”还包括教师对学生的辅助教学与指导。在师生互动“过招”“切磋”中，教师绝不是简单的管理者、指挥者和裁决者，更不是机械的灌输者或传授者，而是良好师生互动环境的创造者，交往机会的提供者，学生学习的支持者、帮助者、指导者和促进者。这对教师提出了更高的要求，不但要特别用心备课，关注学生学习的难点、重点与疑点，还要提高自己的谋划能力、指挥能力，具备学科知识甚至学科之外的丰富素养。唯其如此，才能真正起到“深耕”“助长”的作用。

简而言之，自学，强调的是学生的自我主体角色；导学，强调的是教师的主体角色；助学，强调的是师生间的双主体角色。总之，不管采用哪种学习方法，强调的都是打开学生的心扉，让学生以雏鹰展翅翱翔的姿势搏击长空。

二、“六段”：教学过程中的六个环节，改变“术”的谋略

所谓“六段”，就是教学过程中的六个环节，即导入激趣、自主探究、合作互动、质疑释难、巩固提升、拓展迁移。熟悉了这个流程，教师在教学过程中就能循序渐进，摆脱单一的、无趣的授课，一步一步抵达教学目标，完成教学任务。

1. 导入激趣

俗话说：兴趣是最好的老师。从逻辑上讲，兴趣是实现高效教学的必要条件。英国哲学家洛克在《教育漫话》中提出：“儿童学习任何事情的最合适的时机是当他们兴致高、心里想做的时候。”而上课伊始的兴趣对于学生的课堂学习尤为重要。因为它关乎如何让学生在一开始就被学习内容所吸引，而进入最佳的学习状态。为此，城阳区实验中学的教师们通过以旧引新、创设情境、巧设悬念、开门见山、动手操作、设疑问难、巧设习题等方式，巧妙导入新课，激发学生的学习兴趣和求知欲，从而为下一步的自主探究做好铺垫。

2. 自主探究

对于学生来说，自主学习不再是被逼无奈的低效学习，而是具有生命

张力的内在需求。在美国心理学家布鲁纳看来，学生是积极的探究者，学生的学习更主要的是受内部认知需求的驱动。有了这种需求，他们才会更积极主动地去学习，并在探索过程中自我总结出适宜自己的好的学习方法。不过，由于受知识与经验等多方面的制约，有时候学生也会走弯路，甚至迷途而不知归路，所以需要教师适时地进行指导。当然，这种指导与单纯地传授知识并非同一个概念，更多的是指启发诱导。诚如《学记》所说："道而弗牵，强而弗抑，开而弗达。"让学生"继其志"，才称得上真正意义上的"善教者"。

3. 合作互动

合作互动环节以小组学习形式进行。学校打破了原有的平行排位模式，根据学生的学业水平、能力倾向、个性特征等情况，将全班学生组成每组4～6人的学习小组。大家共同确定组名、组徽、组训、组规和成员分工，形成了组间竞争、组内合作的发展体系。教师围绕小组合作模式进行有针对性的备课、授课，实行小组间的平行性评价与同一小组内的分层次评价，有效激发了不同层次学生学习的主动性，提高了学生的学习能力，并给每个学生提供了展示的机会，也给学优生提供了当"小老师"的机会。学生尽管没有丰富的教学经验，可是他们年龄相近，心无隔阂，默契状态中的一个眼神、一个手势，便能传递出一种有效的信息。而学困生求教时也会因对方是同龄人而无所顾忌，一有问题就直接提出，即使未听清楚或不太明白，也可直接追问。所以，"兵练兵"的教学效果尤为突出。不过，在这种情况下，教师不能袖手旁观，而要穿行于各个小组之间，随时回答学生提出的问题，同时给予学生相应的指导，让小组合作学习更有效益。其中小组合作学习的组织建设与"小老师"的培养，是教师的一项重要任务。把这项工作做好了，小组合作学习就会变得从容而高效。

4. 质疑释难

明代学者陈献章有句名言："学贵有疑，小疑则小进，大疑则大进。疑者，觉悟之机也，一番觉悟，一番长进。"北宋理学家张载则说："在有疑而不疑者，不曾学，学则须疑。"城阳区实验中学的课堂上，教师特别注重培养学生的质疑能力。由于在课堂上创设了一个心理安全的场域，不管学生质疑问难的水平高下、问题的对错难易，教师非但不会指责与批评，反而及时表扬与鼓励。于是，学生有了心灵的自由，甚至问难教师也成了常事。亚里士多德所说的"吾爱吾师，吾更爱真理"与孔子所说的"当仁，不让于师"，在这里已经成为一种课堂常态。所以，学生不但表现活跃，学习效率也大大提升。这也对教师提出了一个更高的要求：不但要有爱心，要会爱，还要宽容；不但要有丰富的知识，还要有教学的机智；不但要给予学优生质疑问难的机会，还要关注学困生质疑问难能力的提升。对学生确实解决不了的问题及存在的共性问题，教师要进行点拨、梳理、讲解、归纳，然后解释疑难，使学生全面、系统、准确地理解知识、掌握知识和运用知识。

5. 巩固提升

这一环节的主要任务是通过达标练习巩固所学知识，目的是通过对学生进行达标测试，检查本节课学生的学习效果，并针对学生的反馈情况及时进行补偿教学。正如马斯洛所说，传统的教学评价过于重视量化评价，不足以解决人类心理的复杂问题，真正的评价要肯定学生的一切努力，赞美学生的一切结果，保持和激励学生一切的创造欲望。所以，巩固提升的同时，还要让学生在“温故”中“知新”，在“知新”中更自信。这虽然有一定的难度，但教师们知难而进，而且已经取得了一定的成果。

6. 拓展迁移

学会相应的知识，掌握一定的技能，不等于拥有了智慧，因为智慧超越一般的知识与技能。而智慧的形成，是需要对原有知识进行拓展与迁移的。有意义学习是美国教育心理学家奥苏贝尔最重要的观念之一。在他看来，学生的学习，如果要有价值的话，应该尽可能地有意义，而一切有意义的学习必然包括迁移。为此，教师在课堂上设置一定的拓展题目，去拓展学生的思维，培养他们闻一知十的能力。这样，他们不但拥有了知识，还能将其转化为智慧。

在“三学六段”课堂教学模式中，“三学”与“六段”并非互不关联、自成体系，而是具有一种有机融合的辩证关系。其中，“三学”中的“自学”，主要体现贯穿在课前预习、课后复习以及“六段”中的“自主探究”“合作互动”“巩固提升”等多个环节中；“导学”主要体现贯穿在课前预习（导学案）及“六段”中的“导入激趣”“质疑释难”“拓展迁移”等多个环节中；“助学”则主要体现在“六段”中的“合作互动”“质疑释难”“巩固提升”“拓展迁移”等环节当中。可以说，“三学”是核心，是根本，注重灵活；而“六段”是手段，是过程，注重落实。

分管教学的副校长刘晓燕认为，城阳区实验中学的“三学六段”课堂教学模式绝对不是模式化，更不是一成不变的僵化格式，它在确保学校统一课堂教学模式的基础上，鼓励教师结合学科的特点，形成了不同课型的教学模式。

所有的收获，都源于春天埋下的种子。经过几年的创新和探索，不同学科的教师已经形成了各自独特的教学设计和教学风格。比如，语文有新授课、讲评课、复习课、写作课等，且每种课型都有相应的教学设计。目前，学校已形成了“全校一模”“一科多模”“一模多法”的“三级建模”课堂教学体系。

纪永强校长很高兴地说，课堂教学的改革，让学生变勤了、教师变“闲”了、课堂变活了。同时，还有了意外的收获：尽管学校没有刻意追求升学率，中考成绩却一路攀升；更重要的是，教师与学生的幸福指数在持续提升。课堂，不仅是“传道授业解惑”之地，也成了师生智慧交融的生命场，成了人人心灵向往的精神殿堂。

家校共育：照亮孩子的生命前程

家庭与学校，是培养孩子成人、成才的两个阵地，缺一不可。苏霍姆林斯基曾说道：“教育的效果取决于学校和家庭的教育影响的一致性。如果没有这种一致性，那么学校的教学和教育过程就会像纸做的房子一样倒塌下来。”那么，如何让这教师与家长同心协力，共同照亮孩子的生命前程呢？城阳区实验中学在这一方面进行了有益的探索。

一、进行家访，打开家长与孩子的心锁

家访对于当今教师而言，似乎已经成为往事。可是，城阳区实验中学教师的家访，却从未停止，而且呈现出持续升温之势。

他们的家访，有对传统家访的承继，如一位教师到一个家庭家访等；也有创新，不管是内容，还是形式，都形成了属于自己的特色。

1. 一对一家访，对症下药

一对一是传统的家访形式，一般由一位班主任到一个家庭家访。它的优势是，班主任和家长之间有更多交流的机会，家长也能敞开心扉谈自己家教的困惑等，班主任则可以像平时拉家常一样为家长释疑解惑。

班主任赵芳明老师班上有一个男孩，成绩不错，可是，忧郁经常写在他的脸上。经了解才知道，这个孩子的父母离婚之后，父亲再婚了。要想打开孩子的心结，让他从忧虑中抽身而出，就要做通他父亲的工作。

为此，赵芳明老师有意让其丈夫同去家访，并在这个孩子家里谈了两个多小时，不但了解到孩子及其家庭的详细情况，与孩子家长的感情也融

洽起来。

赵老师说："孩子像一粒用爱浸润的种子，情绪不好，与父母有着直接的关系。我们家的孩子之所以开心与阳光，就是因为我们做父母的一直在为孩子做榜样。我们不但心里充满阳光，而且相处和谐，让孩子无时无处不感到家长传递出来的温情。"

赵老师还意味深长地说，作为父母，一定要有担当意识。不只要满足孩子的物质需求，还要关注孩子的心理与情感需求，心灵的沟通是父母教育孩子的最佳途径。

真，会打动人心；美，能传递真情。赵老师的一番话，深深地感动了孩子的父亲。后来孩子说，父母对他有了更多的关怀，他的心情也逐渐开朗了。

2. 几位班主任同访，探究策略

几位班主任与几位家长同到一个家庭讨论与交流，即班主任同访。在家访时，班主任与家长有思想上的冲突与碰撞，有情感上的交流与融合，有管理上的默契与呼唤。班主任不但发挥了各自的优势，有的家长还会成为班主任的助手，与班主任拧成一股绳，形成合力，从而让某些家长的问题化难为易，甚至当场解决。

有一天，王伟老师与其他四位班主任前往一个男生的家里家访，相约而来的还有六位家长。开始的时候，大家更多关注的是孩子的学业成绩，其中一位家长开门见山，毫不客气地说："请各位班主任只告诉我孩子如何提高成绩就行，其他一律免谈！"

几位班主任则体现了大将风度，非但一点儿不生气，反而和颜悦色地告诉他，要提高孩子的成绩，不只需要好好学习，还有很多其他因素。比如，家庭的和谐有助于孩子情绪的稳定，进而可以提高孩子的学习成绩；家长打麻将、玩游戏等，会对孩子学习产生负面影响；孩子不能与其他同学和谐相处，甚至与同学产生矛盾，也会影响到学习……几位班主任说得不急不缓，入情入理。其他家长也参与到讨论之中，而且与几位班主任有了共同的认识。原来还很不耐烦的那位家长，也开始静下心认真听了起来。

正在这个时候，班里成绩最好的一位学生的家长走了进来，他对自己因事晚到而道歉之后，马上谈起了他的教子之道。他说，孩子在家里，家长更多的不是让孩子做练习题，而是教育他如何做人，如何开发他的智力。比如，每周六他都带着孩子回老家去看望奶奶，直到孩子上初三，从未中断。由此孩子知道了孝敬老人，还形成了"老吾老以及人之老"的良好品质。同时，他还教孩子下围棋，培养孩子的兴趣、爱好，让孩子学会如何以智取胜、如何突破障碍……

宋代诗人陆游对他儿子说："汝果欲学诗，功夫在诗外。"其实，家长要想让孩子把学习成绩提升上去，还要有一定的"诗外功夫"。亚里士多德把人的心智分为认知、情绪和意欲三个部分，认为这三者不可分离。尤其是情感性因素，它们时刻与我们的认知、决策、价值判断、人际交往，以及日常生活过程相随相伴。简而言之，孩子的品质好了，心理健康了，思维开放了，就会有一个好的人际环境、一种好的情绪、一种积极的思维，这些恰恰是其用心学习与提高成绩的最佳良方。

这时，那个开始只想谈孩子学习成绩的家长频频点头，他说，这次家访活动令他收获很大，不但改变了他的家庭教育观念，也让他学会了教育孩子的方法。

这种家访集中了多位班主任的智慧，又有了某些家长的现场说法，具有极强的说服力与感召力。它不但让参与的家长受到了启迪，也让班主任得到了收获。

3. 几位学科教师联访，即时解难

学科教学是学校课程教学的核心。每个学科都为学生的发展提供了各自不同的独特路径和视角、发现方法和思维策略。可以说，学科教师对于学生的成长而言具有独特的发展价值。而其授业之根本，依然在于育人。

基于此，城阳区实验中学还有一种家访，就是由不同学科的教师与家长在一起对同一个"病案"进行交流、探讨、诊断。据王伟老师讲，有一天，她与五位不同学科的教师以及八位家长同去了一个朝鲜族孩子的家里。家长们提出的关于不同学科的问题，由对这些问题有研究与发言权的学科教师直接回答，让家长们有了豁然开朗的感觉。

这个朝鲜族孩子平时精神不振，通过这次家访，他一下子变了。此后，他变得越来越阳光，学习成绩也"水涨船高"。

他的母亲说，是家访改变了孩子的心态，同时让她在对孩子进行教育指导时有了清晰的思路。

一位家长说："孩子升入初中，第一次有老师到家里家访，我心里很激动。家长和老师互动，家长和家长交流，坦诚相见，畅所欲言，只为了一个共同的目的——希望我们的孩子更好！老师们真的不容易，八小时之外，还顶着寒风，为了别人家的孩子，顾不上自己家中尚幼的孩子，太感人了！虽然天气很冷，我们家长和孩子的心却是暖暖的！"

其实，教师也感到很温暖，家访的确让他们感到很累，可是当化解了一个又一个孩子郁积的心结之后，他们也感到了为人师者的幸福。

袁晓文老师在家访感言中这样写道："我很喜欢教师这个职业，因为能够积极、踏实地生活。我也在努力提高自己，因为我们担负着一个个家庭的希望。"我想，这不只是袁晓文老师一个人发自灵魂深处的感言，也代表了所有教师的心声。

4. 目标性家访，有的放矢

所谓目标性家访，就是教师针对某个学生存在的问题，向家长开门见山地讲清楚，且随即开出解决问题的"药方"，进而指明前行的目标与方向。事实上，这一"药方"中所蕴含的是教师的爱与用心。

隋洪波老师堪称目标性家访的高手，在与学生杨航的家长交流的时候，他直截了当地指出孩子的优点与缺点，并用"解剖术"剖析出原因所在，提出与家长共同促进孩子成长的方略，连时间进程都列得一清二楚。包括根据这个孩子的特点，可以将其培养成什么样的人，三年之后他能发展到什么程度等，都向家长交了"实底"。这个家长感动地说，听隋洪波老师讲孩子的情况，既吃惊，又佩服。他何以对孩子了解得如此透彻？又有如此高的见解？以前，孩子的现状与未来一向处于混沌状态，经隋洪波老师一讲，顿时柳暗花明，家长对孩子的发展充满了信心。

其实，隋洪波老师也不是"生而知之者"，如果没有对学生进行深入的了解与研究，是不可能解决学生的问题的，不可能像庖丁解牛一样从容且切中肯綮。

教师不但要有爱心，还要会爱，要成为学生问题与成长的研究专家。哲学家们说爱是一种关系品质，它将教师与学生放置在一种关系之中，放置在彼此最真实的生命存在之中。法国思想家帕斯卡尔在《思想录》中说："爱即理性。"对爱的趋向、爱的追求本身体现了宇宙完美秩序的一种积极的营造构建。可以说，教育者唯有以良知和敏感在爱的领域探寻教育的基础和本质，才能真正观照学生以及自己的生活与内心。也只有将自己定位好，爱才能落地生根无限拓展，才能让学生真正健康成长。

5. 校长与教师探访，知己知彼

家访不只是教师的专利，纪永强校长也是家访者之一。

春节后的一天，纪永强校长与几位教师一起走进了九年级学生小欣的家里。

敲开小欣的家门，映入眼帘的是家徒四壁的困窘景象。尽管春节刚过，可这个家庭里丝毫没有节日的气氛。在和家长拉家常、聊孩子、谈学习的过程中，小欣的母亲从桌上仅有的一盘苹果中拿起一个，为纪永强校长削了果皮。因不忍拒绝家长的心意，纪永强校长用水果刀切下并吃掉了四分之一，然后将剩余的四分之三递给了小欣 4 岁的妹妹。孩子旋即狼吞虎咽地吃完了，接着擦了擦嘴，怯生生地说：“妈妈，我还想要。”

那一刻，纪永强校长与同行的几位教师都情不自禁地流露出同情之心。如果不是这次家访，很难想到小欣的家庭是如此困难。

每一颗果子的成熟，都离不开根的滋养。纪永强校长说，家访，是为了追溯学生的根源，是为了获得孩子成长的第一手材料。孩子之间的差异，与其家庭环境是紧密相关的。如果不对每个孩子的家庭情况了解清楚，平时的教育教学工作就有可能出现偏差与问题。在家访中，纪永强校长与教师们还发现了很多更让人难以想象的情况：有的孩子因父母离异，不得不跟着爷爷奶奶生活。生活之难，情感之苦，不是身在其中的孩子，是永远不可能咀嚼那番苦涩的。而有的孩子虽然父母都在，可终日不是吵嘴，就是打架，在这种情况下，如何让孩子的心灵安顿下来？

作为教师，我们不可能解决所有孩子及其家庭的问题，但一定要了解孩子的家庭状况，一定要有悲天悯人的情怀，有一颗像天使一样的爱心，关心、爱护、帮助他们。这样，孟子所说的“幼吾幼以及人之幼”就不再是一句名言，而变成了一种现实。

二、走进孤儿院，共守心灵的春天

孔子说“仁者爱人”，那么，如何让中学生走进大千世界的生命内核之中，关爱他人，尤其去关爱那些特别需要帮助的人呢？城阳区实验中学的一位学生家长倡导的“即墨爱之家孤儿院之行”，引起了政治组教师的关注。据了解，这所孤儿院是一位变卖家产在中国做慈善事业的六旬老人所创办的，收留了 30 多个智障与残疾的孤儿。孤儿院地处农村，条件极差，对他们进行帮助，不只是雪中送炭，还可以用爱心滋润孩子们的心田。

据王伟老师讲，为了搞好活动，政治组教师与家长们一起召开了三次会议，最终才对活动的目的与形式达成一致意见。

临行前，他们将募捐公告发到全校初一学生那里，募捐到了体育器材、图书、学习用品等，装了满满五个大箱子。又听说孤儿院里的孩子们特别喜欢吃水饺，为此大家准备了包水饺的面与馅。

2014 年 10 月的一天，政治组的全体教师与 19 位家长及 21 名学生，组成了一个团队，前往孤儿院。

当教师、家长与学生见到孤儿院里孩子们的时候，残酷的现实让他们震惊了。尽管临行前对这里孩子的情况也略知一二，可是不知道他们几乎都是残疾与智障儿童，而且他们的生活环境特别差，同情与悲悯不由得在每个来访者的心里升腾起来。

上午，大家先参观了孤儿们的宿舍，又为他们表演了文艺节目。午餐是教师与家长现场包的水饺。尽管来的21名学生几乎都是独生子女，在家里有什么好吃的都是他们优先。可是，在孤儿院他们让孤儿们先吃。有的孤儿不能走路，学生就把水饺端到宿舍里，看着孤儿吃完，再把空碗端回餐厅里。待到学生用餐的时候，已是下午1点多了。

返程的路上，一向欢笑蹦跳的学生，少了话语，收敛了笑容，他们个个心里沉甸甸的。

回到学校不久，王伟老师上了一节主题为“探寻生命的价值”的课。当说到孤儿院之行时，一个男孩说，他从来没有想到世界上还有生活在如此艰难的环境中的孩子，比起他们，自己简直像生活在天堂里。妈妈生了二胎，自己以前还不高兴。可是，到孤儿院一趟，自己全都释然了。说着，他已经泣不成声了，在场的教师也个个哽咽了。

2015年4月，政治组教师与家长们又带着七年级（7）班的学生再次前往即墨爱之家孤儿院。临行前，王伟老师打电话问孤儿院最需要什么，当了解到他们需要生活用品后，她召开了家长会，募捐到很多生活用品。其中一位家长捐了一千多元，一名平时成绩不好的初三学生将自己积攒下来的一千多元压岁钱全部捐了出来。

谈及此事，王伟老师眼里含满了泪水。她说，平时人们常常以成绩优劣来评判学生，岂不知，评价学生，不能只用成绩这一把尺子，更要看重人格品行。正如苏格拉底所说：美德即知识。这一哲学与教育思想主题，即要学生努力成为有德行的人。反观当下，在我们的教育中，有太多因为单纯强调智育，而直接导致对伦理教育的损害的现象。事实上，对于一个人来说，道德、人格才是最重要的。

为了能给孤儿们提供更多的资助，王伟老师还到社会上募捐。她有一个朋友，一次就捐助了两千多元。

王伟老师说，当人们抱怨这批评那的时候，不应该忽视世界上还有很多平时我们看不到的美好。我们在向那些不愿留下姓名、默默捐助的人表达敬意的同时，也对社会的美好充满了信心。

2015年11月1日，王伟老师带着七年级（12）班的学生又一次去了即墨爱之家孤儿院，为他们送去了大量的生活必需品。学生与孤儿们玩了一个上午，还教他们读书与写字。

活动对家长同样产生了很大的影响，他们主动打来电话，希望学校更多地组织这样的活动。由于孤儿院里的场地有限，每次前去都不能满足所有家长与学生的要求，为此，有些有心的家长留下了孤儿院院长的电话，准备过节日的时候将孤儿接到自己家里，与自己的孩子一起欢度。

纪永强校长认为，教师、家长带领学生为孤儿们送去急需的生活用品，让孤儿们感受到了外界更多的人的关心与温暖，同时，也让家校共育拓展了视野、升华了境界。教师、家长与学生不只是在付出，也学会了关爱他人，为他人负责，为社会担当，还丰盈了自己的精神世界。

最长的路是探索与拼搏，这条路永无止境。城阳区实验中学的教育改革在收获累累硕果的时候，并没有停止行走的脚步。相反，他们更具使命感，努力进行着新的探索。

两年跃居名校之列

——山东省潍坊市潍坊（上海）新纪元学校优质发展解码

校长介绍

周远生，1957年出生，华东师范大学教育管理专业硕士研究生。现任潍坊（上海）新纪元学校校长，兼任上海新纪元教育集团副总裁、上海新纪元教育发展研究院院长。曾任中国民办教育研究院浙江分院副院长、江苏省重点中学邳州市八义集中学校长、浙江海亮外国语学校总校长、上海教科实验中学校长。曾荣获“全国优秀班主任”“全国德育先进工作者”等称号。他致力于教育实践研究，构建了学校制度体系、岗位实操化培训体系、质量保障体系，打造了差异化教育品牌。在班主任工作、学校管理、差异化教育、学校干部教师培训、教育评价及县域范围整体教育改革方面进行了系统研究和实践，取得了显著成果。

评价一所学校优劣的标准有很多种，在社会上广为流传的“金杯银杯，不如老百姓的口碑”，当是重要的依据。潍坊（上海）新纪元学校入驻潍坊市只有两年多的时间，即大踏步地跻身名校之列，无疑与在老百姓中的美誉度与信赖度的持续攀升有着内在的联系。

可要想真正叩问这所学校快速崛起的原因，还需走进其中，深入探究，才能寻得其中的奥妙。

逆势而上，循道而行

去潍坊（上海）新纪元学校走访，并非主动行为，而是因为一位颇有教育情怀的朋友从5月初，就一而再，再而三地督促我去看看。可凭我的经验，这所学校落户潍坊，当是一个错误的选择。因为要想崛起于潍坊这个名校林立的地方，是极其困难的。况且它落户于潍坊市的滨海新区，北临渤海，人烟稀少，方圆几十里不见村庄，称其为荒漠之地一点儿也不夸张，甚至可以说没有生存环境。一些名校经常打着一个招生招牌："让孩子在家边接受优质的教育!"要想让家长舍近求远，从潍坊市区驱车一个多小时，把孩子送到一个前途渺茫的"荒凉之地"上学，可谓"蜀道之难，难于上青天"!

11 月下旬，我又一次接到这位朋友的电话，问我身在何处，我说在莱阳讲学刚刚结束。他说他在莱州开会结束后，正在返程路上，不一会儿就到莱阳，希望邀我同车而行，去潍坊（上海）新纪元学校看看。没有商量的余地，因为他说完话，就把电话挂断了。随后，一个短信发来："半小时就到，请等着!"

午饭刚过，朋友如约而至，不由分说，把我"装"到一辆商务车上，与同行的八位校长向潍坊驶去。

尽管车上安装了导航系统，我们还是走错了道路。两个多小时后，才走到潍坊城北。要到潍坊（上海）新纪元学校，还需一个多小时。

愈往前行，村庄愈稀少；距离学校还有十来千米的时候，除了一些耐碱植物之外，几乎看不到任何的绿色。遍地的盐碱荒沙，在那里寂寞地诉说着难以忍受的荒凉。同行者不约而同地谈到一个共同的话题——潍坊（上海）新纪元学校怎么会在这个地方建校？我们认定，其"败走麦城"已成定局。即使建起再多再美观的校舍，家长也绝对不会受其诱惑而让孩子来此就读。

我的这位朋友对此却一直缄默不言，似乎也认可了这种观点。

突然，前面出现一群既新颖又美观的欧式建筑。这位朋友用手一指，兴奋地说："那就是潍坊（上海）新纪元学校!"

确实很壮观，一座现代"古城堡"矗立于荒漠盐碱之地，成为一道特殊的风景。两者之间，出现了极大的反差。

我心里却在想：投资巨大，建了这么好的校舍，却少有学生入住，岂不是巨大的浪费吗？更让人担心的是，响彻全国教育界的"新纪元"创出的牌子，在这样的"洪荒"中，不就被砸了吗？

潍坊（上海）新纪元学校的周远生校长笑眯眯地站在校门口迎接我们。

我沉不住气了，刚一下车，顾不上寒暄，便直奔主题："现在你们学校有多少学生?"

"近 4000 个。"周远生校长欣然一笑，不紧不慢地说。

"多少?"我大吃一惊。

“近 4000 个。”他的声音依然和缓。

这时候，从教学楼走出来的学生，三五成群、有说有笑地一路走来；操场上，则是生龙活虎的学生在运动着……

“有多少老师?”我的心情平静了，问话也比开始柔和起来。

“500 多个。”他轻声慢语地回答。

我的朋友诡秘地一笑，让我感到有点惭愧，又有点庆幸。因为我这才感到，曾子所言“与朋友交而不信乎”的意蕴是何其丰厚。

走访渐次展开，原有的误判也全部消解。

我心有所思，随口便问：开始投资在这里办学，担当风险也是毋庸置疑的，那么，为什么能有这么大的胆识与气魄呢?

周远生校长轻轻一笑说，很多人只看到眼下滨海的荒凉，认为这是一个无法开发的地方，投资巨大，回报很少，甚至没有回报，因为认为这里不可能吸引来好的师资与更多的学生。这种担忧不是没有道理，对此他们也进行了认真的分析与研究。

他接着说，有不少人只看到当下的不利因素，可没有看到它的发展前景。滨海是一个国家级经济开发区，是国家的三大沿海经济区之一，是“蓝黄战略”的重点区域，有着非常美好的未来。新纪元集团既是做教育，也是做未来，而且要做引领滨海教育走向未来的开拓者。与未来相近，与发展相邻，“井喷”的机会来了。选择在这里投资办学，也就在情理之中了。

坚持在锋刃上，把自己无情地劈开并燃烧，是开拓者的风范。

他说，既然看到了未来，他们就充满了信心，独步远行，即使前行的路上困难重重，也一往无前；即使当下严重入不敷出，他们在投资上仍然一掷千金；即使当年招生不多，他们也毫不退缩，更不会罢手。一种信念、执着向世人亮出，并证明：成功的前提，必须要有不回头的信念和无悔的决心。

一切都已具备，种子开始发芽。

2014 年 9 月开学之时，这所十五年一贯寄宿制民办学校的招生人数只有 468 人。当时有不少人认为，潍坊（上海）新纪元学校因地理位置与家长的择校观相互矛盾，必败无疑。可是，站在麦芒之上的他们依旧坚挺，依然充满信心。在没有桥的地方，船，就是桥。因为已经投资 5 亿多元，建成了占地约 33 万平方米的高规格的校园，建筑面积达 15 万平方米。学校不但拥有全国一流的教育教学设施，还设有国际部、高中部、初中部、小学部、学前部五个学部及国际创新教育中心、国际教育交流中心、差异化教育研究中心、新纪元教育发展研究院等科研机构，教育教学质量持续提升。同时，他们秉持差异化办学的理念，引进了先进的国际课程，招聘了全国名师。加上在校一年学生的成长与变化，让许多家长看到了希望，心的灵犀，瞬间相通。

其实，成功多是经过了一场又一场看似无望的坚持。

2015 年秋季，潍坊（上海）新纪元学校峰回路转，招生人数达到 1950 人。

2016 年秋季招生，有上万名学生参加了报名考试，从中招生 2000 人，使全校学生总数达到近 4000 名。不仅如此，经过两年多的努力，积极践行差异化教育理念，努力打造“标准化、差异化、信息化、国际化”办学特色，新纪元教育得到了社会的高度认可。潍坊高新技术产业开发区管理委员会和华安集团分别将一所十二年一贯制的新建学校和八所幼儿园交给新纪元集团举办。学校落地生根，守住了当初的誓言约定。

捧一颗至诚至纯的心，赎回梦里的春天。

周远生校长说，毫无疑问，2017 年尤其是此后的招生场面一定会愈发火爆，所以，他们决定再投入 10 亿元，在已经规划好的 140 万平方米的未用之地上继续建设更多更好的校舍，让期待到这里上学的孩子们的梦想变成现实。

说到这里，周远生校长的脸上多了一些笑容，而同行的一位校长突然提问：“你们是不是今年就可以转亏为赢了?”

“没有。”周远生校长说，“收回投资，还需要相当长的一段时间。不过，我们投资办学的目的，绝对不是为了到这里来赚一把。”

说到赚钱这个问题，周远生校长收起了笑容。他说：“我们当然会为新纪元集团的发展谋划未来，但同时，我们也为滨海新区的发展谋划未来。因为我们从上海大都市入驻滨海新区，会给更多的人一个积极的心理暗示——这里是有发展潜力的。我们的投入会引来更多的投资者。我们为滨海新区投资的并不只是财物，也不只是建筑，还投入了干事创业的精神。只有更多人在这块土地上干事创业的时候，滨海新区才能吸引更多的投资与更高端的人才，才能让这个‘荒区’更好更快地发展起来。”

这是很高的领悟，一经敲响，就会让灵魂顺着太阳的方向飞翔。

周远生校长非常认真地说：“新纪元集团 20 多年的发展史告诉我们一个道理：脚无论踏在哪里，都是灼热的厚土。我们不求当下回报，甚至未来也不特别关注回报，因为世间有一个看不见的规则：当你天天想着经济回报的时候，你的办学品位就必然走向低下，未来也不可能有很好的发展。质量和良心是生命。当我们更多关注师资水平的提升、关注孩子更好地成长、关注当地整体经济发展与老百姓能多些幸福的时候，经济的回报也就在未来不求自得了。但是，即使有了更好的经济回报，我们还是会将这种经济回报再次投入教育中。唯其如此，我们的办学品质才能不断提升，也才能在广大老百姓中享有更高的美誉度与信赖度，这才是生命存在的真正意义。”普通的话语，亲切、自信，更有一种生命的穿透力。

此时此刻，这个世界只有一种声音，那就是种子的破壳——教育之道。循道而行，才能百战不殆。因为教育是民生工程，不得民心，何谈民生？满足民心，顺应民心，保障民心，民心汇聚，也就有民生，也就有了优质民办学校生存与发展的美好前景。

差异教育，英才辈出

伟大的教育家孔子有弟子三千、贤人七十二，但他们并非一律以知识见长，而是以其不同“行当”风采卓然。“德行：颜渊，闵子骞，冉伯牛，仲弓；言语：宰我，子贡；政事：冉有，季路；文学：子游，子夏。”之所以出现人才各具特色且璀璨夺目的景观，是“因材施教”的结果。在孔子看来，人各不同，培养的路径也不能趋同。诚如《中庸》所言：“天命之谓性，率性之谓道，修道之谓教。”不同的人，“天命”之“性”各不相同，在对其实施教育的时候，就要“率性”而为、“修道”而教。这样，其内蕴的生命之“性”，就会自然而为，顺势而长。

可有的学校，试图用模式化与格式化来实现“大一统”的教育，并让学生全部成为“全面发展的人”。这就抹杀了不同学生的个性，消减了学生各自的特长，甚至在某些方面有可能使天才在被压迫之下成为“差生”，从而葬送了孩子的大好前程。

“夜空中，那颗最亮的星星会不会是你?”这是潍坊（上海）新纪元学校对学生的鼓励之言。周远生校长说，基于对孔子“因材施教”和加德纳“多元智能理论”的深刻理解，学校形成了“只有差异，没有差生”的教育观。扎实开展差异化教育，对每个学生进行差异化诊断，根据诊断结果设定差异化培养目标，开设差异化课程，实施差异化课堂教学，进行分层走班学习，实行差异化评价，让每个孩子的个性、优势智能得到充分发展。学校以“尊重差异、提供选择、开发潜能、多元发展”为教育理念，努力打造“教育目标个性化、教育过程精细化、教育主体专业化”的差异化教育品牌。

学校实施差异化教育的目的，就是将生命本性率真还给孩子，让不同个性与特长的学生以自己成长的惯性进行“突围”，得到极优化的成长。青少年时期是一个人最美好的年华，也是铸就其成为什么“材料”的黄金时段。周远生校长说，学校不能斩断其成长的翅膀，而应想尽一切办法为其提供种种契机与平台，让其从不同的层面、以不同的形式翱翔于让人仰望的天空中。毫无疑问，差异化教育是潍坊（上海）新纪元学校站起来的一个重要支点。

潍坊（上海）新纪元学校时刻坚信：生长在土里的根，永远不会倒下。为保障足够的“底肥”，学校根据差异化培养目标开设了差异化课程。学校首先开全、开齐国家课程和地方课程，然后在此基础上打造自己的校本课程。校本课程主要包括拓展课程、特色课程、多元课程、主题研究课程和实践活动课程。学校还开设了 STEAM 课程，创建了国际创新教育中心、创新实验室、3D 打印室、无人机实验室，让学生站在一个一般学校没有的高层次“瞭望台”上，把梦伸向未来，体验“天高任鸟飞，海阔凭鱼跃”的美妙，创造出匪夷所思的奇迹。

一个新芽，酝酿一个春天。

学校发现高一学生刘哲宁对无人机很感兴趣，就专门为他提供了 80 平方米的工作室，及时开发了无人机课程教材，还组建了导师团指导他学习。其首席导师是西门子公司高级工程师郑维明博士，他曾参与我国第一艘航母“辽宁号”的设计，也参与了我国大飞机、上海高铁以及奔驰汽车发动机的研制工作，是行业内知名度很高的一位专家。

小小年纪，扬起人生的风帆。

刘哲宁同学在导师的指点下，灵感不断涌现。他边学边做，成绩很快显现。在 2016 年 4 月举办的第 31 届山东省青少年科技创新大赛中，他自行研发的“基于超声波的多旋翼无人机自动避障系统”，以创新性突出、科技含量高赢得评委的高度评价，获得一等奖。他自主设计了滚动滤波算法，成为全球首个将超声波模块实际应用于无人机自动避障的开发者。他研发的无人机可 4 个方向自动避障，飞行速度可达 16 米/秒，固定翼续航时间可达 5 小时以上，多旋翼续航时间可达 2 小时。

可谁能想到，做出这样的成绩的刘哲宁，在中考时成绩非常一般，离重点高中录取分数线还有一段不小的距离，甚至被人视为“差生”。当他走进没有“差生”概念的潍坊（上海）新纪元学校的时候，他的心结终于解开，童真童趣瞬间复原，顿时也有了被尊重的感觉，创造的激情勃发，在取得一系列科技创新成果的同时，“转换进制”让他拥有了冲向更高科技含量创造的信心，心中也装着更大的世界。

对科技创新教育的重视，使更多的学生像刘哲宁一样热爱科技创新。继刘哲宁获奖以后，初中学生李培川、刘铮、李书桓，高一学生张可翔分别在全国的航模大赛和车模大赛中获得一等奖。

飞翔，把人托向命运的高度。

300多万字的东方玄幻小说《泪殇》的作者王子豪，我是在学校为他提供的“零创文化”办公室见到的。作为一名理科生的王子豪，却酷爱小说，在网络玄幻题材火热的今天，他萌生了创作的念头。在父母及老师的鼓励下，他写出了东方玄幻小说系列《泪殇》，成为著名的小作家，并于2012年以网络编辑身份担任2012—2013年网络小说评选大会评委。2015年，王子豪成立了“莫铭创力文学工作室”，主要从事《阅读悦心》（校刊）、《零域》（对外）的编写、书刊零售、广告设计等活动，以此激发成员们对文学的兴趣和对杂志编辑、出版等相关行业的积极性。他创办的校园社团“零创文化”自2016年3月成立以来，已有校内成员20余人、校外成员30余人，甚至连北京大学、同济大学等名牌大学的学生也加盟其中，创作活动开展得有声有色。

我很惊诧于王子豪眉宇间的英才之气，而且他对任何人都不卑不亢，自信充溢于其言谈举止之间。他不但有超越常人的想象力，其语言中还蕴含着丰富的哲理。他说，只要心不被淋湿，再大的风雨都不过是个玩笑而已。潍坊（上海）新纪元学校不但没有把他的心淋湿，而且让灿烂的阳光照亮了他的整个心怀。

是的，有如此的阳光照耀，自然就有了更大的生命能量。所以，《泪殇》横空出世，且由中信出版社出版，他将获得480万元版权费。这对于很多人来说，绝对是一个可望而不可即的梦幻；可他说，这只是他生命中的一道彩虹，在未来还会有万道彩霞照耀这个世界。

如果说刘哲宁与王子豪同学分别在无人机研发和小说创作领域中异军突起，卓尔不群，闪现出智慧耀眼的光芒，那么路融堃、李铭泽、赵文婧、苏程程、阚昕彤、刘继振、冯文慧、陈嘉琪、李晶晶、宋芃含等同学，则在其他领域各领风骚、成绩斐然，不断认识、战胜、丰富、超越自己，展现出知性的魅力。

这并不是说潍坊（上海）新纪元学校所收学生中全是学科成绩很差的“怪才”，其实各个学科都有一批成绩出类拔萃者，学校同样为他们提供了走向更高境界的平台。比如，高一（2）班的刘芳鸣同学，在初中就曾多次在国家级英语比赛中获奖。当知道潍坊（上海）新纪元学校的外语教学实现了与国际接轨，有一支由英语特级教师、留学英国的海归硕士、5位资深外教以及众多高水平的外语教师组成的超强师资团队时，她没有报考市重点学校，而是来到了潍坊（上海）新纪元学校。学校帮助她组建了西方经典诵读社团，并提供了大量英语经典书籍，同时安排英语特级教师赵晓华、美国外教南森、青年优秀教师臧邦民担任其导师，尽极大的努力让其前行之路畅通无阻。当哈佛大学教授侯曼哈罗尼和路易斯菲尔应邀访问该校时，学校特意安排她担任翻译，其出色的表现赢得了哈佛大学教授的称赞。

另外还有12岁就跳级到了初三、数学和物理已学到了高中课程的李昌翰，以及高二就获得中国科学技术大学报名资格的学生田森、张凯旋、苏程程、赵文婧、曹艺凡等资优学生，学校都为他们的个性化发展提供了优秀的学科导师以及生活方面的服务。

其实，心与心的相通是人间最大的幸福，也是人成长的关键。几乎每个学生都有着巨大的发展潜能，可如果这种潜能不被开发，尤其是被压抑之后，就有可能沉寂下去，乃至于消亡。前面提到的几位学生，曾一度在初中被学业负担压得喘不过气来，考试成绩也是每况愈下，有的还被老师与学生视为“差生”，受到歧视打击；有的品尝过“学渣”的滋味，差点被击垮。如果到了高中还是如此，日复一日，年复一年，不但找不到“取暖”的方式，心与心无法沟通，原有的潜能更无法觉醒。休说创造才思不断喷涌，就是当个一般学生不被嘲笑都难以做到。只有被学校理解，因材施教，才能激发学习兴趣。是潍坊（上海）新纪元学校用心、用情编织学生的梦想，为他们打开了通往光明的大门。

潍坊（上海）新纪元学校认为，人各有异，有的学生虽然学科成绩未必优秀，但有可能在某个方面有着非凡的天赋。如果在这方面为其提供发展的绿色通道，其天赋就有可能得到淋漓尽致的发挥，让创造的灵感在其大脑中不断地爆发出来，并产生令人惊叹不已的创造成果。

周远生校长认为，青少年有无数美丽的梦想，如果被一束灿烂的思想之光照耀，并插上腾飞的翅膀，青春的梦就会沿着每片绿叶蔓延，生命将会演绎出一个又一个的精彩，在梦想成真的同时，还能感受到生命的奇迹与创造的妙道，以至成为国家的栋梁之材。从这个意义上说，潍坊（上海）新纪元学校的做法是具有双重效益的，他们在为每个学生走向成功搭建了各种各样的平台的同时，还为中华民族的振兴尽到了应有之力。

人文办学，群英荟萃

随着交流的深入，我对周远生校长的认识也在加深。俗话说："人不可貌相，海水不可斗量。"诚哉斯言！如果仅观其朴实无华的外表，只听其细声慢语的言说，就会觉得他只是一个平凡甚至比较平庸的人。可是，当了解到他丰富的阅历，走进他的心灵世界之后，就会发现一股内在的能量时不时地从他身上散发出来，就会感到拼搏的精神已经把他铸成一柄"利剑"。

他，绝对是一个有胆有识的大才之人！

实践是一块磨刀石，把他这柄"利剑"越磨越亮。

周远生当过教师、副校长与校长，也在高端科研院所工作过，并获得过国家教育部门表彰的多项荣誉称号。他肩负着教育的重任，辗转于江苏、浙江、上海、山东等地，经历了从公办学校到民办学校的转型与跨越，并给所到之地播下智慧的种子，创造出一个个辉煌的亮点。

丰富的阅历，让本就知识丰沛与坚韧不拔的周远生更加坚韧，也更有胆识与智慧。不管遇到什么样的大事，甚至在一般人看来很有风险的事情，他都能做到处乱不惊，并较快地化险为夷、转危为安。

潍坊（上海）新纪元学校刚开始办学的时候，所面临的困难是一般人难以想象的。这个时候，周远生校长不但有坚定的信念，还表现出大将风度。不管情势多么严峻，甚至在有的人看来前途无望的时候，他都能稳如泰山，岿然不动。有人说他是一根定海神针，教师们只要看到他那副稳坐钓鱼台的样子，原本慌乱的心也就安定下来了。

周远生校长认为，当下的情势不妙，只是一种表象，而非内核。当剥离表象、直抵内核的时候，人们才会看到事物的本质、生命的本相。因为成败的关键是由我们做人与办学目标所决定的，到这里来办学不是为了赚钱，而是为了教育与民生。达到了这种认识境界，就有了解决困难、走向成功的必然。

他说，经验与感悟让他懂得了一个虽然简单，但不少人很难做到的真理，那就是首先要把人做好，才能把事办好。《周易》有言："立人之道，曰仁与义。"仁义是做人之本，本立而道生。作为校长，自然有管理教师的权力。可是，在他看来，如果放到大写的“人”这个天平上衡量的话，所有人的人格都是平等的。所以，尊重与爱就成了他对待副校长、中层干部以及教师的一个不变的信条。他认为，心心相印是产生共鸣的第一要素。知识分子不但应当得到一定的经济待遇，更需要有人格的尊严。正是基于这种思考，潍坊（上海）新纪元学校让所有的干部与教师时刻都处在“服务区”，除了为每个人提供免费使用的一套住房外，还有就餐和水、电、暖气等生活补贴；更重要的是，周远生校长还特别关心他们的心理需求，并力争让其人生价值得以实现。

照亮生命的方向，是人性的光芒。在周远生校长看来，民办学校不但不能把人当牛马使唤，还要让他们成为积极工作、不断发展的教育人，全心全意奉献于教育。为此，他通过高品位的培训与具有教研含量的研究，持续不断地提升教师的教育教学水平。这不但能让学生享受到优质的教育，教师自身的价值也得以提升。在他看来，教师如果只是劳动付出，而没有提升教育素养的话，就有可能看不到自己美好的前程，从而失去持续发展的生命动力。

周远生校长不但在教育教学上有着丰富的研究，而且是一个率领大家走向成功的人。

办学仅仅两年，一批又一批教育界的精英人士，带着蕴藏的火种和能量，会聚于潍坊（上海）新纪元学校，其中有大都市科研院所的高端研究人才，也有闻名遐迩的特级教师，以及来自不同国家的德才俱佳的教师。

即使像刘光余这样的教育学博士、中国教育科学研究院研究员、中国教育科学研究院成都青羊实验区专家组组长，也走进了潍坊（上海）新纪元学校，并被周远生校长委以重任，担任常务副校长的职务。

这里散发着神奇的音韵，这里产生着教育的精气神。当我问刘光余副校长为何到这个偏远的地方办学时，他说，做任何事情，都要有志同道合的伙伴才行。孔子早就说过：“道不同，不相为谋。”因为他与周远生校长是同道中人，所以他们走到了一起。弦外之音，一支心香，激情应邀，携一身空灵为破译教育而来。

刘光余副校长说，名师荟萃，是学校发展的极大潜力。这里有一大批与周远生校长有着共同的理想追求的人，还有一批专家与名师以及不远万里而来的外教。仅正高级和特级教师就有 20 人，荣获国家、省级荣誉称号的教师有 12 人，获得市级荣誉称号的教师有 56 人，获得县区级荣誉称号的教师有 69 人，国际教育专家有 5 人，获得硕士以上学位的教师有 67 人，教职工总数达到530人。从这一连串的数字中可以看出：内力充沛，功力十足，集聚的“热带风暴”正在潍坊（上海）新纪元学校“登陆”。

《周易》有言：“二人同心，其利断金；同心之言，其臭如兰。”当为了同一个目标，同心同德干教育的时候，心、激情、干劲都发芽了，办好一流水平的学校，也就有了“道法自然”的基础。正因有了一批支撑学校腾飞的专家与名师，才有了令人炫目的教学成绩，才有了学生学习能力的不断攀升，进而才有了极高的家长满意度。

其实，校园里的那些迄今尚且名不见经传的教师，也正在向名师的方阵大举进军。因为有这么多名师作为学习的榜样，他们潜在的慧根就会在不经意中被“激活”。思想的自由碰撞，定期的出国培训，再加上学校的教师培训体系，更好地发展也就成了教师的自觉追求。

生命的韵脚，踏响清脆的旋律。据周远生校长讲，学校里挂着家长们送来的一面又一面的锦旗。这些锦旗的背后，都有一个又一个的感人故事，听来让人感动得潸然泪下。其中不但有对学校的感谢，还有对杜学文、刘月、左金龙等教师的感恩。据家长讲，有的学生在初中阶段学习成绩较差，已经被边缘化了，可在潍坊（上海）新纪元学校教师的用心教导下，成绩有了很大的提高；有的学生在入学之前就存在着让家长与教师头疼的问题，现在却一个个变成了阳光男孩或阳光女孩。家长们说，是潍坊（上海）新纪元学校让孩子们改变了命运，也挽救了他们的家庭。他们感慨不已地说：“庆幸当初为孩子选择了这所学校，才从孩子身上看到了未来的希望。”

家长们在谈这些问题的时候，他们一个劲儿地在为潍坊（上海）新纪元学校叫好。周远生校长也很感慨，他说，家长们所说的这些教师，有相当一部分还没有获得特级教师称号，甚至没有获得过任何奖励。其实，他们已经具备了有德有才的名师的水平，可他们自己认为，荣誉称号并不重要，只要学生有了更好的发展，也就心安理得了。

讲至此处，周远生校长心头一热，眼里溢出了泪水。他不好意思地拿出餐巾纸，转过身去拭掉，继续说：“教师的本分和无所求，让我们当领导的感动，也更让我们有了责任感。为此，我们一方面为他们的学习提高提供条件，让培训成为他们发展的永不枯竭的源头；另一方面为他们走向成功积极地搭建平台，支持他们参加各种各样的比赛。”教师也像学生一样，具有巨大的发展潜力，将这些潜能有效地开发出来，就可以创造出令人惊喜的成绩。这会让他们更加努力地工作，也更有幸福感。而教师的这种生命状态，又会在有形与无形中传递到学生那里，鼓舞着他们积极地创造自己更加美好的人生。

今天的名师，昨天也是一般教师；而今天的一般教师，明天也有可能成为名师。周远生校长说，只有用推力和助力，让更多教师成为名师，才能有潍坊（上海）新纪元学校持久发展的动力源。

他说，其实，光点只能作为心灵的慰藉，飞翔永无终点。期待我再次前来交流时，能看到校园里名师荟萃、专家云集，不但展现出时代风采，还用一颗颗赤诚的心点亮教育，照亮更多学生走向成功的道路。

突破重围　出奇制胜

——河北省唐山市丰润区车轴山中学的执着探索与奋斗旅程

校长介绍

张斌利，中学语文高级教师，河北省骨干校长，河北省教育干部管理学院客座教授，唐山市管专家，唐山师范学院中文系客座教授，唐山市幸福教育学会会长。中国细节教育第一人，自控力进校园第一人，聊书会创始人。国家二级心理咨询师，国家家庭教育高级指导师。2009 年被《中国教育报》评为年度校长。2015 年入选“推动读书十大人物”。任岔河镇中学校长期间，打造了“岔河现象”，缔造了教育界的“精神特区”。曾任河北省唐山市丰润区车轴山中学校长，现任山西省介休市第一中学校长。多年来积淀了 100 余万字有关人生、教育等的感悟，现已出版专著《一个校长眼中的世界》和《半部〈论语〉铸名校——“岔河现象”解码》。

河北省唐山市丰润区车轴山中学（以下简称车轴山中学）有着百年的历史，曾经的辉煌与沧桑，烙印在人们心里的是丰富的生命感受。在人们呼唤优质教育一浪高过一浪的 2014 年，学校迎来了一位新校长。

他叫张斌利，一个在地处农村的初中创造了“岔河现象”的传奇人物。但同时，他又是一个没有高中管理经验的“乡下人”。他能否让车轴山中学突破重围，如大鹏展翅一样搏击太空呢?

对此大家既有疑惑，又有期待。

两年，在历史的长河中只是短短的一瞬。可对于张斌利校长来说，却显得那么漫长，其中有常人难以承受的煎熬，也有他人未曾拥有的幸福。而对于车轴山中学来说，则有着“天翻地覆慨而慷”的悲壮与豪迈。

探索管理新路，提升教育境界

学校能不能更好地发展，与管理水平的高低有着直接的关系。车轴山中学不但有与时俱进的新的管理理念，也有烙印着现代特点的科学又大胆的实践，成果丰硕，收获喜人。

一、全员管理：人人都是德育管理者

张斌利到车轴山中学后不久，就提出了取消班主任的要求。这种颠覆性的“转型”，如同一声闷雷在平地炸响，一时之间新、旧观念碰撞得非常激烈，其中不乏反对的声音。有人认为有班主任，学生尚且管理不好，没有了班主任，班级不知会乱成什么样子，这简直是“瞎折腾”。那么，大家能不能跨过这个“坎”？

其实，张斌利的这一想法并非心血来潮。他在岔河镇中学当校长的时候，已经在这方面具有了相当成熟的经验并取得了可喜的成果。

张斌利说，取消班主任，目的是让人人都做管理者，人人都是班主任；让管理不再拐弯抹角，而是直接“一竿子到底”。当然，这更是一种手段、一种牵制。有人明确提出反对意见：一个和尚有水喝，三个和尚没水喝，这是自古以来人人都知晓的道理。人人都是班主任，不就等于没有班主任了吗？张斌利笑了：“我们是教师，不是和尚，是不能类比的。”

张斌利进一步说，取消班主任，是取消传统意义上的一个班只有一个人当班主任。因为一个班主任回家之后，整个班级管理就出现了空隙：一会儿紧，一会儿松，一阵“热”，一阵“冷”，学生容易“感冒”。而班主任早出晚归，有的甚至将百分之六七十的精力放到班级管理上，即使回到家，偶尔来个电话，精神也会马上紧张起来，担心班级又出事了。就这样，天天处于精神高度紧张的状态，当了若干年班主任后，大多都是劳累过度、疾病缠身。取消一人当班主任的规定之后，所有任课教师都成了班主任。这样，每个班有三个甚至四五个班主任。你想，人人都成了班级的管理者，学校所追求的无缝隙管理不也就实现了吗？同时，班级管理的时间与任务分解了，每天晚自习时只需一个班主任在场，其他教师则可以在办公室备课或者回家休息。如此良策，何乐而不为？

前些天我去车轴山中学采访一些教师，提起取消班主任一事时，他们都由衷地夸奖张斌利校长的英明之举，是化掌为斧，劈开了一条得人心之路。刘秀凤老师说，现在才体会到张校长的良苦用心，自己不但有了当班主任的幸福感，还让教学与班级管理完成了无缝隙的对接。教师们的“骨骼”由此变得足够强大，精神十足。如果谁要让他们再回到以前那种一个人当班主任的时代，他们会像岩石一样坚定地绝不改变。

二、科学管理：让学生自觉自愿地接受教育

陶行知先生说："我们叫人做事的时候，不但要和他说'你做这件事，你应该这样做'，并且要使他明白'为何做这件事，为何这样做'。"所以，学校需要科学管理。科学管理看起来并没有什么新意，可杨杰副校长认为，不少学校所说的科学管理大多是流于形式，车轴山中学则是实质性的创新，并做得风生水起，取得了一定的成效。

（一）利用科学知识进行管理

弥尔顿说，强加于人的规章总以"合理"为外衣。是的，在学校管理中有时会出现这样的情况：学校领导或班主任从有益于学生身心健康方面考虑，对他们提出了一些硬性的要求，可是学生并不接受，甚至还有抵触情绪，执行起来更是难乎其难。张斌利校长认为，既然学校的规章制度是为了学生，为什么不好好地说明道理，让他们心里明白并自觉接受呢？学生并非不讲道理，他们反对的是那些他们不知为什么要去执行的硬性规定。

大地之上，催开花朵的是阳光。车轴山中学根据学生的不同特点，运用讲座等多种形式教育学生。如有的学生爱喝碳酸饮料，好吃零食，学校就给他们开专题讲座，告诉学生碳酸饮料中含有二氧化碳气体，二氧化碳会刺激胃液分泌，胃酸过多容易感觉腹胀，降低食欲，从而减少日常饮食的摄入。若营养素摄取不足，会影响正常生长发育、学习效果、运动成绩、工作表现和身体健康。碳酸饮料中还含有磷酸，磷酸会降低人体对钙的吸收，影响骨骼生长及身体的正常发育。正值生长发育期的青少年，需要充分的钙质，使骨骼正常生长发育，维持良好的骨骼新陈代谢，并使骨骼密度达到最佳状况。另外，磷酸还会阻碍人体对铁质的吸收。铁是制造血液的主要材料之一，一旦铁质不够，会引起缺铁性贫血。正在快速生长发育的中学生，需要足够的铁质来快速造血。尤其是青春期少女，对铁的需求量更高，因为每个月的月经会固定损失大量铁质。所以爱喝碳酸饮料的女孩，更容易发生缺铁性贫血。除此之外，碳酸饮料还有不少危害，中学生不宜饮用碳酸饮料。讲座结束之后，原先对碳酸饮料感兴趣的学生，绝大多数都敬而远之了。

据教导主任毕会芹讲，有的学生不愿意参加运动，有的不喜欢午休，有的晚睡晚起……学校除了要求他们遵守规章制度之外，更多是通过科学知识讲座、问题研讨、专题抢答等形式让一个个问题很快得到了解决。学校"软"教育和生命的光，把学生的眼睛擦亮。他们"摇身一变"，变成

了精神焕发、雷厉风行的新人。

（二）运用科技手段进行管理

1. 通过年级 QQ 群管理

以前在检查中发现了学生问题，相关部门要先商量将其形成书面文字，逐级下发，一般要到下一周才能发布出来。现在不同了，每个年级都有一个 QQ 群，各个部门把检查的数据、发现的问题，即时发到群里，方便班主任和领导及时处理，不但大大提高了管理效率，还有利于相互了解、相互监督、相互共勉，增强了可信度与公平性。

2. 通过家校 QQ 群和微信群管理

以前的家校联系多是通过家长会进行的。由于时间间隔长，家校之间的沟通相对滞后。而过期的问题，解决起来也比较棘手。现在每个班都有教师与家长的 QQ 群和微信群，教师将学生各种各样的活动照片、进步及违纪情况，及时发到 QQ 群和微信群里，家长很快了解到孩子的情况，有的还会马上和教师取得联系，共同探讨孩子成长的方略。当家校沟通迅速及时且具有常态化特点之后，学生中有可能发生的问题多在萌芽状态就被消除了。于是，管理的路子在现代信息中越走越宽。而家长也感慨地发出心声：“QQ 群和微信群的信息如同指南针，让我们找到了教育孩子的秘诀。”

3. 通过班级博客管理

车轴山中学的每个班都有一个班级博客。

教师将班级的各种活动及事件，用文字或图片形式发到班级博客上，作为信息传递、学习交流等的记录，从而形成一个平时管理的平台。

每个人都希望在这个平台上留下自己美好的一面，谁也不愿意在此“垫底”。因为现在以至将来，同学、朋友、教师、家长甚至自己的后代，都有可能从这个平台上了解其相关信息。于是，这又是一个自我约束的平台。

教师与学生有了优秀作品、好的建议、经验等，都可以发到班级博客上。所以，在释放个人能量的同时，它又是一个展示自己优秀成果的天地。

何向副校长说，由于历届所有班级使用的是相同形式的博客名称，所以不管哪一届的校友，都可以从博客上查看任何一届、任何一班学生的图文记载。学生以后结婚的时候，可以从这里找到美好的回忆；有了子女，也可以让他们在这里看到父母中学时代的形象与故事。这又成了一个永恒的教育阵地。

4. “清晨把你叫醒”管理

假期里，有的学生睡得晚，起得也晚；有的学生不能及时完成作业。为此，学校开展了“清晨把你叫醒”的管理活动。各个学习小组的组长，每天早晨准时在QQ群上签到。上面还有小组学习计划，以及如何完成计划的过程。下午每个学生都在QQ群上“晒”作业，供小组长检查。完成得好的，小组长会为之点赞；完成得不好的，小组长“号准脉”，责令其重新完成。必要的时候，小组长还会给某些“拖后腿”的学生打去电话，指导其更好地完成作业。有时直接与这个学生坐在一起，予以辅导，直至其能自主完成。QQ群管理这一新“拐点”，如同飞翔的翅膀，人走到哪里，活动的坐标就出现在哪里。家长们高兴地说，QQ管理功能太强大了，让孩子们完全“融合”。它的“并轨”，全方位代替了家长的辅导，让家长放心。

培养良好习惯，造就第二天性

培根说：“习惯是一种顽强而巨大的力量，它可以主宰人生。”诚哉斯言！它如一滴露水，以惯性流动在人的心坎上，控制着人的言行、思维。人若从学生时代就养成良好的习惯，也就有了走向成功人生的基础。车轴山中学实施八大习惯的培养工程，不但锻造了学生的人格，而且照亮了学生前行的路。

一、礼貌言行的习惯，让学生内外兼修、生命盛开

孔子告诫他的儿子孔鲤说：“不学礼，无以立。”足见礼的重要性！那么，对于当今学生来说，如何算有礼？最基本的标准当然是要具备礼貌的言行。孔子还说过一句话：“人而不仁，如礼何？”是的，有的人表面看起来彬彬有礼，可是，由于没有仁爱之心，其外在之礼只是一种装饰，甚至是一种虚伪的欺骗。张斌利校长认为，在培养学生礼貌言行的时候，一定要在他们的仁爱敦厚之心上下功夫，因为只有“文质彬彬”光芒四射，才能“然后君子”呈现出蓬勃之势。

我曾数次走进车轴山中学，无论遇到哪个学生，他们都会微笑着说一声“老师，您好”，让我感慨于文明礼貌何以如此深入人心！因为除了外显于形的礼之外，我还看到了孩子们心中的那份真诚与自然、激情和生机。这正如《大学》所言：“诚于中，形于外。”

二、"食不语，寝不言"的习惯，让学生身心受益、年华芬芳

孔子主张"食不语，寝不言"，可对于天生爱说爱动的孩子来说，这一要求是不是有点儿过分？其实不然。在一些发达国家的公共场合，人们往往轻声耳语，这显然是一种高度文明的象征。而在学校食堂里，学生的大声喧哗与吵闹，给人们的感觉则是缺少应有的教养和素质。

张斌利校长担任车轴山中学校长之后，就在学生大会上提出了"食不语，寝不言"的要求。

(1)"食不语"的习惯：要求学生不但要"食不语"，还要"餐后净"。"食不语"是为了养成好习惯，"餐后净"是为了迎接下一位学生。用餐的人虽然离开了，可文明的习惯留下来了。当走进车轴山中学餐厅的时候，你会惊讶不已，数千名学生就餐，几乎听不到一个学生说话的声音。即使学生到师傅那里买饭菜，也是低声细语。

其实开始的时候，师傅说话时往往高声大嗓，后来也在学生的影响下，压低了声音，还学会了文明用语。

杨杰副校长非常自豪地说，他们的学生走进任何一家饭店，这种"无声"的文明习惯，对在场的人都会产生影响。

(2)"寝不言"的习惯：要求学生"寝不言"说起来容易，做起来难。已经养成夜间聊天说话的学生，开始对这个要求不但不习惯，还有抵触情绪。为此，学校领导夜查寝室，敲一敲门窗，就"寝不言"了。可领导刚走，又人声鼎沸。三番五次，旧病难改。为此，张斌利校长带领班子成员经常出其不意地"杀个回马枪"。即使到了夜间12点，也会突然出现在学生的寝室门前。有时太晚，就只好睡在学生寝室里。久而久之，张斌利还与不少学生交上了朋友。有的学生甚至"胆大包天"地拍拍校长的肩膀说："斌利哥，今天晚上到我们宿舍去睡！"

张斌利校长及其班子成员主张"寝不言"并不是一时兴起，而是持之以恒。于是，晚睡说话的学生越来越少。学校还为此开设讲座，给学生讲午休与晚上按时睡觉对大脑的益处。好习惯让学生深深体会到按时休息与早睡确实能提高学习效率，而清醒时的状态更是精神百倍。

据陈宏亮老师讲，学校不但要求学生"寝不言"，还要求学生"寝不读"。以前休息时间有的学生虽然不说话，可总躺在床上看书，不但降低了下午或第二天学习的效率，还影响了其他同学的正常休息。所以，学校严格要求学生，休息铃声一响，随着轻音乐的缓缓响起，及时躺在床上，放松心情，放松肌肉，迅速入眠。

张斌利刚来车轴山中学的时候，内蒙古自治区赤峰市宁城县第四中学的赵连峰校长曾经带着一些教师前来参观，看到学生吃饭的时候大喊大叫，声音此起彼伏；深夜不但不睡觉，有的学生还大声喧闹，或到其他寝室里乱转。他暗自替张斌利校长担忧：这样的学生，这样的状况，怎么可能会变好？

半年之后，赵连峰校长带领教师再次来到车轴山中学，这次来访令他们震惊不已：那么多学生在食堂就餐，鸦雀无声；午休时间与晚上，学生宿舍楼一片寂静，数千名学生全然“寝不言”地进入梦乡。

“桃李不言，下自成蹊。”车轴山中学学生的“食不语，寝不言”已经成为一种常态、一种习惯，逐渐在人们的口口相传中向外扩展，全国近百所学校的领导与教师先后走进这所学校，大家在惊诧中感叹，在感叹中思索，在思索中开始向他们学习。

三、讲究卫生的习惯，让学生心灵洁净、意气风发

讲究卫生不但可以营造美好的环境，还可以愉悦、净化师生的心灵。车轴山中学以前也有专门负责清洁卫生工作的人员，可是，检查过后，由于保护不到位，垃圾时常“光顾”，有时竟然“俯拾即是”。

张斌利校长认为，不讲卫生，看似小事，实则不然。解决这个问题，路径不一。只有培养学生讲究卫生的习惯，才是治本之策。为此，学校对宿舍、教室和卫生区的卫生提出了“洁净、清雅”的高标准要求，把随手扔垃圾的坏习惯上升到人的品性问题。为了随时随地提醒学生，达到宣传的目的，在垃圾箱上贴有这样的警示语：“把垃圾送给我，会提升你的品行；随手丢掉它，会侮辱你的人格!”

目前，车轴山中学偌大一个校园，没有一个清洁工。宿舍、教室和卫生区，全由学生分工打扫、监督管理。教室与楼道的墙上，都写有负责卫生工作的学生的名字。在采访时，我遇到一个学生，问其感受时，他脱口而出：“讲究卫生，人人有责。”“我骄傲，我自豪!”是的，是他们让教室的桌面整洁、宿舍的床铺整齐、卫生区不见半点纸屑，当然值得骄傲与自豪了。

杨杰副校长认为，学生的可塑性非常强。不能指责他们没有做或做不好，而应当反思学校有没有对他们提出具体的要求，有没有采取必要的措施。当有具体的章程规范时，他们会认识到讲究卫生对己对人都非常有益。当学生认识到位，感到小小行动却能升华人生境界的时候，态度就会变被动为主动，变消极为积极。久而久之，仿佛受到了召唤，学生自然也

就形成了讲究卫生的好习惯。

四、合作共赢的习惯，让学生共同追梦、展翅飞翔

合作不仅彰显出一种智慧，也昭示出一种品德。因为只有养成与人合作的习惯，才能在有利于他人的时候，也让自己走得更远、飞得更高。车轴山中学在张扬学生个性的同时，还通过各种活动有意识地培养学生的合作精神，如趣味运动会、跳绳比赛、越野赛、元旦游园、篮球赛、班级学习小组活动等，一律表扬、奖励集体，旨在让他们共享成功的喜悦，养成合作共赢的习惯。

车轴山中学的运动会，不是仅限于几个项目高手的一决胜负，而是改成趣味运动会，让所有项目都以小组的形式出现。男女生之间、教师与学生之间，都必须配合默契，精诚合作，不然，就难以取得佳绩。学校将接力赛改成了十人接力“长龙”，目的就是鼓励全员上阵，全力参战，共同取胜，培养团队精神。

张斌利校长认为，现在的学生绝大多数是独生子女，在家里唯我独尊，到了学校，多数也不会与人合作，将来在社会上很难有立足之地。马云说得好：“不管个人能力多强，只要伤害到团队，公司决不会让你久留——不要认为缺了你一个，团队就无法运转!”所以，要“滴水融入大海，个人融入团队”。其实，当一个人多为他人与团队考虑的时候，他不但能融入团队，还会享有很高的威望；在成就他人的时候，也自然而然地成就了自己。

中学时代是生命中一个极其重要的“渡口”，考出高分、考上好的大学固然重要；可是，养成了合作共赢的习惯，他们不但可以走进大学，还能走好整个人生。

五、服务他人的习惯，让学生品学兼优、魅力无穷

博学、宽容而又尊重传统价值的哈佛大学的教育学者葛登纳有一句名言：“当你服务他人的时候，人生不再是毫无意义的。”那么，如何让学生的人生富有意义呢？车轴山中学采取的方法是，人人都有承包任务，人人都要为他人服务。比如吃饭，不但要自己饱腹，还要为下一位同学服务：要在吃饭过后，把桌面收拾得一干二净，让每个走进食堂的人，都感到温馨如意。高三学生参加高考，高一、高二的学生就自觉自愿承担各种义务：为大哥哥大姐姐服务，包括打饭菜、晒被子……高一新生来了，高二学生志愿者积极报名，迎接高一新生，告知其宿舍、教室、厕所的位置，

还会在假期里教会高一的弟弟妹妹如何养成“食不语，寝不言”等习惯。此外，学校每月都会评出“学雷锋十佳”，让为他人服务的好人好事深入灵魂，进而变成全体学生的自觉行动。

服务他人不仅有利于他人，同样也在为自己的人格“储蓄”。“储蓄”越多，人格就越高尚；人格越高尚，前程也就越远大、越光明。

六、诚实守信的习惯，让学生真诚做人、阳光做事

《中庸》有言：“诚者，天之道也；诚之者，人之道也。”还说：“诚者，物之终始，不诚无物；是故君子诚之为贵。”我们的儒家先师之所以如此重视诚实守信，是因为诚是连心桥，信是金光路，它是一个人的立身之本。所以，车轴山中学要求学生“做真人，说真话，做真事”。如果犯了错误，只要向老师和家长坦诚地说清楚并认错，学校尽量不予以处罚。

程颐说：“以诚感人者，人亦诚而应。”所以，大凡诚实守信者，都会外化出一种品质、一种力量，进而得到人们的回应，感受到人与人之间的温暖与美好。

七、遵规守纪的习惯，让学生践行文明、崇尚美德

孟子说：“不以规矩，不能成方圆。”由此可以看出培养学生遵规守纪的习惯的重要性。尤其是高一学生，来自不同学校、不同家庭，有的已养成了不良的习惯。为此，就要按照学校的规章制度管理，严管勤查，做到以心为“刀”，削去枝杈，让每一名学生成长为高大挺拔的“参天大树”。更重要的是，让他们从内心对学校的规章制度产生一种敬畏感。高二、高三的学生经过长期“风雨”的洗礼，已内化于心，形成了自觉遵规守纪的习惯，而且逐渐感到遵规守纪不但不是一种痛苦，反而是一种文明的表现，是健康成长的催化剂。

八、自主学习的习惯，让学生独立思考、大胆创新

陶行知先生说：“我以为好的先生不是教书，不是教学生，乃是教学生学。”学生只有学会了自学，才能真正抵达高效的境界。为此，教师就要像《学记》上说的那样，“道而弗牵，强而弗抑，开而弗达”，让学生有兴趣地去探索未知，走进乐于学习与善于学习的境地。

车轴山中学从高一新生入学开始，就特别关注学生自主学习习惯的培养。课堂上小组合作，课间问题争论，以及作业中的解答，无不体现自主学习的能力。到了高二，绝大多数学生都学会了自学，甚至从自学中体悟

到了幸福感。一天我到一个教室去，虽然没有教师，学生小组合作学习却开展得热火朝天，学生争先恐后地发言，思维异常活跃，学习的高效可见一斑。

张斌利校长在接受采访的时候引用了西塞罗的一句名言："习惯能造就第二天性。"他说，学校就是要为学生造就第二个自我学会学好的天性。这样，当离开学校之后，他们会照样沿着习惯的"航线"，继续高效愉悦地学习，以至铸就永恒，成为终身学习者。

实施自控力教育，规范学生的行为

英国生物学家、进化论的奠基人达尔文曾在《人类的起源》一书里写道："当我们认识到应该控制自己的思想的时候，便是道德修养达到了最高阶段。"对于如何控制思想和行为，孔子有过非常精辟的论述："非礼勿视，非礼勿听，非礼勿言，非礼勿动。"而且他认为，如果真的做到了这些，就达到了"仁"的境界。仔细推敲，自控力不但是"命门"，还是一种生命之火、灵魂之光。实施自控力教育，对于提升学生的思想品质、规范学生的言行，起着多么巨大的作用！美国心理学家利兰说："一个有意锻炼自己并提升自己自控力的人，将会获得无比巨大的力量，这种力量不仅能够完全控制一个人的精神世界，而且能够使人的心理发展水平达到前所未有的高度，让一个人得到以前从未想过能拥有的智慧、天赋和能力。"

看来，从古到今，一些有思想、有智慧的大师，对自控力教育都给予了高度的评价。而当今社会关于自控力教育的研究，也呈现出愈演愈烈之势。

令人遗憾的是，最应当关注自控力教育的学校，却显得相对沉寂。张斌利校长是一个先行者，他不但对自控力教育进行了系统的研究，还将其引入校园。

张斌利校长发现，几乎每一个中学生都具有巨大的发展潜能，可为什么有的并没有很好地发展呢？原因当然不止一方面，缺乏自控力却是其中极其重要的原因之一。一个思想尚未定型、思维非常活跃的孩子，很难抵挡来自四面八方的诱惑。尽管他们也知道做某种事不合时宜，甚至是错误的，可就是控制不住自己的欲望，去以身试错。有时做后也会后悔，可当再次遇到类似事情的时候，依然会一错再错，久而久之，便形成了一种坏习惯，甚至导致思想萎靡、厌倦学习等。其实，由此浪费的还不只是美好的青春年华，还有未来的前程。

张斌利校长既是先行者，又是幸运者。因为学校领导班子全体成员不但认可他首开先河的观点和做法，而且也像他一样很快行动起来，实施自控力教育。随之而来的是教师投入其中，自控力教育在车轴山中学便成了一道“绿色”发展的“自然”风景。

一、让自控力理念深入人心

张斌利校长在岔河镇中学任校长期间，就开创了教师聊书的先例，并持续不断地向外界延伸，以至蔓延全国，他自己也成了全国聊书会的发起人、全国校长聊书会的常务副会长。

到了车轴山中学，他不改初衷，大力倡导读书，组织教师聊书。他为教师们购买自控力方面的图书，大讲自控力教育的价值与意义。教师们读了这些书后发现，以前很多自己感到困惑不解的问题，学生中的“老大难”问题，书中不但有类似的案例，还有具体的破解方法。教师思想上的觉醒，不但为实施自控力教育扫除了观念上的障碍，也为他们积极主动地实施自控力教育提供了信念和力量支撑。

让学生认可自控力教育，除了靠教师讲之外，更多是在他们不知不觉中渗透进去的。比如，在学生参加的各种活动中，不露痕迹地穿插自控力的相关内容，让他们从心理上感受到自控力的作用。在此基础上，再讲自控力作用的时候，他们也就有了心理上的认可和行动上的自觉。

二、自控力训练常态化

对于学生来说，要想拥有比较强的自控力，就要让自控力教育“无孔不入”。如学生管理、学习、生活等诸多方面，都要有自控力教育的渗透与融入。丰沛的思想、潜移默化的做法，让学生渐渐地感受到自控力教育就在自己身边，而且“不可须臾离也”。

1. 开辟自控力室

学校通过自控力课程培训、左手练字等措施，对某些自控力较差的学生有重点地进行矫正训练，逐步锻炼了他们用自己的力量控制、帮助、完善自我。这对于教师来说，既要有智慧，又要有耐心。通过一段时间的训练之后，效果也就凸显出来了。

2. 冥想训练

冥想可以提高专注力，缓解压力，增强自控力。每天下午上课之前的10分钟，是固定的冥想训练时间。让学生在舒缓而优美的音乐中，头顶一物，双眼微闭，身体端正，双臂下垂，放慢呼吸，进入冥想状态。

3. 写自我管理日记

学生的自我管理日记所记录的内容，有提高自控力后的喜悦，也有对自控力不足的反思等。他们在记录文字的过程中发现，自控力对自己成长的作用很大，于是就有了主动进行自控力训练的内在需求。心学集大成者王阳明说："破山中贼易，破心中贼难。"而自我管理日记，则是"破心中贼"的妙方。

4. 通过锻炼提高自控力

"一张一弛，文武之道也。"中学生有好动之"张"的特点，而需要静的时候，往往还是身动与心动着。为此，张斌利校长用全校师生一起打太极拳的办法，让学生将心灵处于"弛"的静态之中。每天上午 9 点半，在操场上，伴着悠扬的音乐，全校师生便舒缓地打起了太极拳，在舒缓筋骨、放松心情、减轻压力的同时，有效地提高了学生的自控力。有的学生说，每当这个时候，浮躁之气离身而去，随之而来的是"宁静致远"的优雅与美好。

5. WOOP 思维心理学的研究

加布里埃尔·厄廷根教授用了 20 多年时间研究内心的动力，进而证明了"积极思维"这一传统思维方式的不足之处，由此提出了一种全新的思维方式"WOOP"，即"心理比对"——W（愿望，Wish）→O（结果，Outcome）→O（障碍，Obstacle）→P（计划，Plan），并对如何使用这种思维方式提供了具体建议和练习方法。

张斌利校长对加布里埃尔·厄廷根教授的《WOOP 思维心理学》进行了认真阅读与研究之后发现：它是演绎生命的真谛，是找回自己、证明自己的诠释。学好 WOOP 思维心理学，不仅可以让学生全面认识自我，学会管理和合理利用时间，提高克服拖延、抵制诱惑的能力，还能有效地提高学习的效率。

据杨亚斌老师讲，学校成立了 WOOP 思维心理学研究团队，将目标制订、找出阻碍自己成功的障碍、时间管理、计划制订、实践追踪、记录反思等方面融入学生的生活、学习中。同时，WOOP 作为一种有效的教育策略，让教师能更全面地了解和认识学生、帮助和引导学生，从而带来了教学成绩的大幅提升。

三、把自控力训练延伸到假期

以培养自控力为主题的《自己拯救自己》一书，曾是 19 世纪大西洋两岸最受欢迎的书籍之一。作者塞缪尔·斯迈尔斯在书中论述了一个很有意义的观点——每个人的成功都是“自我克制”和“坚持不懈”的结果。学生在校不断地进行“自我克制”的自控力训练渐入佳境的时候，往往因为到了假期不再训练而导致前功尽弃。那么，如何让学生“坚持不懈”地进行自控力训练呢？张斌利校长在放假的时候，站在学校门口，亲自把写有“成功的因素中，自控力的作用是智商的二倍！”等励志性语言的小卡片，一一送到学生的手中，提醒学生在假期不要忘记进行自控力训练，只有坚持不懈，才能真正走向成功。

不要小看这张小小的卡片，很多学生将其视作珍宝。因为张斌利是学生眼中的偶像，他们觉得必须将校长的嘱托牢记心中。于是，回家之后，他们就将这张卡片放在室内最显眼的位置，时刻提醒自己，继续加强自控力的训练。

何向副校长认为，自控力的发挥通常是以一种非常隐秘的方式进行的，很难感受到它的存在，但它在不动声色地改变着人们的抉择和行动方式。对学生持之以恒地进行自控力教育，不但着眼于学生当下有一个好的习惯与好的成绩，也让他们有了终生受用的品质。当学生懂得了自我管理、自我发展的时候，车轴山中学也就有了更远大、更广阔的发展前景。

举办各种仪式，点亮精神世界

仪式从本质意义上来说属于学校文化的范畴。文化的要义之一就是以文“化”人，即通过某种文化载体来“化”人。仪式则是学校文化中的一种重要载体，它以直观、生动而又具有规范性和操作性的语言行为方式，实现其独特的“化”人作用。

每所学校都有各种仪式，可开展起来并没有达到预想的效果，甚至成了一种应付，并没有像德国的洛蕾利斯·辛格霍夫说的那样：“令我们在自由和秩序之间达到一种平衡，更有意识地去感觉、珍惜生活中的特殊时刻。”

心灵铺开，就是最好的锦。张斌利校长认为，真正好的仪式，会精确发力，准确地落在学生的心坎上，不但让学生身临其境，更让他们打开心灵契合之路，体验、领悟仪式文化中的精神意义，由此带来心灵上的慰藉，进而升华生命的境界。

车轴山中学举办的各种仪式都别具一格，让学生走进了特定的情境之中，并不由自主地产生了心灵上的共振。

一、开学典礼：生成精神上的光环

仪式需要规范与模式，可是，如果没有凝聚学生心灵的情感性内容，则会显得苍白无力，很难产生相应的教育效果。张斌利说，以前的开学典礼仪式很死板，多是在固定的时间内，把固定的人员带到固定的地点，按照固定的程序，进行固定的操作。整个仪式过程都是固定化的——学生代表、教师代表和校长依次像电线杆一样，杵在那里讲话、讲话、讲话……尽管个别时候也以学生朗诵诗歌或演唱歌曲为点缀，但由于形式单调，只有寥寥几人参与其中，更多的学生与教师只是看客与陪衬，所以并没有凝聚全体师生的情感，更没有生成精神意义上的能量。

张斌利校长及学校领导班子成员通过多次研究，决定更新开学典礼的内容与形式，让所有师生走进庄严而又和谐的仪式之中，体会新时代的使命感和责任感。

第一步，充分利用群体意识，举行师生见面会。在会上，所有教师一个一个出场“露脸”，逐一与学生见面。为了给学生留下一个良好而深刻的印象，教师们对个人简介做认真精心的准备，并全身心地参与其中。最后，全体教师举起右手庄严宣誓：“为了学校教育的复兴，为了学校梦想早日实现，我愿贡献我全部的力量!”情感真诚，气势恢宏，令人震撼。学生神态专注，掌声一浪高过一浪。热烈而感人的场景，给了教师们巨大的激励，使其感受到为人师者的幸福。

第二步，充分利用首因效应，举行新生第一课。与各种热烈的仪式不同，第一课以“静”为主。全场寂然，音乐停了下来，更没有说话的声音，只有新老学生在传递校旗仪式过程中的正步声。每一个新生都被这种庄重、庄严的氛围震撼了！接过校旗的那一瞬间，一种莫大的自豪感与荣誉感定格在了他们的心里，责任感也不由自主地升腾起来。而当每一位新生接过教师发放的一张代表着车轴山中学的书签时，他们下意识里已经感觉自己也是学校的一分子了。

在采访教师的时候，他们感叹不已：“以前参加开学典礼仪式，只是站在学生队伍后面，没有什么感觉。现在因为有了‘见面礼’的交接任务，走进仪式之中，成为主角，完全融入学生中，不但心在激荡，责任感也油然而生。”

学生们更是兴奋不已。他们说，这样的仪式，让他们感到老师是那么爱他们，那么有责任感，自己没办法不“接招”，不积极努力，就对不起老师。

二、毕业典礼：成为学生终生的铭记

毕业典礼是学生离开学校前的一场庄严的仪式。他们将要告别母校，走向新的地方，开启新的人生旅程。如果说三年学校生活会给他们留下难忘的回忆，毕业典礼则应当成为其终生的铭记。为此，车轴山中学对毕业典礼进行了精心的设计和细心的安排。

第一，安排纪念毕业、献礼母校、礼赞教师、重走校园等环节。这个时候，学生才突然发现，三年来天天行走的校园，是那么令人难忘。即使是一棵树、一株草，都似乎挂满了离别的愁思。而往日的教师，那么熟悉，又如此慈爱；朝夕相处的同学，曾觉得那么淘气，今天却在可爱中多了一份留恋、牵挂。

第二，毕业典礼的整个背景是由平时挂在教室里或教学楼里的条幅拼接而成的。作为主持人的盛金花副校长，抹去了往日灿烂的笑容，显得格外庄严而凝重。她饱含深情地“播音”一段撞击学生心灵的话语——

是啊，毕业了，痛并快乐着、累却充实着、苦但愉悦着的高中生活已经渐行渐远，但是它真的走远了吗？孩子们，你们一定还记得教室外面悬挂的那些条幅，记得上面那些曾经让你惊心动魄的词句！谁还记得？请举手！现在，它们都去哪儿啦？在那儿——它们带着你们的记忆化成三个大字，请大家大声把它读出来——毕业了！

顷刻间，全体学生都沸腾起来了，“毕业了”的呼声在整个操场上空回荡着。

此时此刻，很多学生的眼里已经流出了热泪。即使某些往日认为并不特别令人愉快的场景，也燃烧起激情，化成了美丽的回响，因为那里面凝聚的是老师之爱，是同窗之情啊！

第三，在毕业典礼代表发言的环节做了特殊安排。与以往学生代表、教师代表与校长发言等不同的是，2015 年的毕业典礼，盛金花副校长请来了两位特殊的嘉宾。

一位是曹媛老师的只有 4 岁的女儿，下面是盛金花副校长与她的对话——

盛金花：宝贝，爸爸妈妈要上班，你晚上都跟谁住啊？

曹媛女儿：跟姥姥住。

盛金花：你想妈妈吗？

曹媛女儿：想！

盛金花：妈妈今年教高三，她经常回家吗？

曹媛女儿：我妈妈总是不回家。

盛金花：孩子，其实妈妈常常会抽出时间回家看你，只是她到家的时候已经很晚很晚，那个时候你已经睡了。第二天，她早早起床上班的时候你还没醒，她总是在你睡着的时候摸摸你的小手，亲亲你的小脸，对你说几句悄悄话。现在，你最想对妈妈说什么？

曹媛女儿：妈妈，不值班！跟我玩！

盛金花：宝贝，阿姨告诉你：今天，妈妈不值班，去吧，去找妈妈吧！

曹媛女儿：真的？耶！（跑着去找妈妈）

盛金花：我相信，每一位做教师的妈妈，都有过这样类似的愧对孩子的经历，我们有什么理由不把最热烈的掌声送给全体女教师？

质朴的言语，真实的写照，像天使在拨动音符，使大家感受着骨肉之间的那份亲情。

掌声如潮水，而泪水也悄悄地爬到了每个人的脸上。大爱无疆，还用说教师多么伟大吗？不止曹媛老师一个，学校很多教师不都是舍小家，顾大家，放弃了自己的孩子，成就了更多的学生吗？

另一位是60多岁的老人——韩辉老师的岳母，下面是盛金花副校长与她的对话——

盛金花：阿姨，您每天都忙什么呀？

韩辉岳母：买菜、做饭、打扫卫生、送孩子、接孩子，反正没闲的时候。

盛金花：儿女们每天到家就吃饭，吃完了饭就走，很晚才回来，也没时间帮您，怎么没听到您抱怨呢？

韩辉岳母：抱怨什么呀？孩子们上班累，我多干点儿，孩子们就可以轻松点儿。

盛金花：阿姨，您现在最想对儿女们说的是什么呢？

韩辉岳母：好好干，干出点成绩来！

盛金花：干出点成绩来！多么朴实的祝福！谢谢您这么支持孩子的工作！让我们把掌声送给每一位为教师辛勤付出的老人！

对话结束了，没有掌声，也没有欢呼声，可是，“此时无声胜有声”！一双无形的手伸向大家的心，彻底打开人们的心扉。因为在场的每一个人都在思索：老人那平淡的话语里，深藏着的不只是对自己孩子的爱，还扩展到对更多孩子的大爱；而一言未发的韩辉老师，霎时让人窥测到追梦的姿势——不正是将无言的大爱，天天播撒到学生的心田里吗？不追求回报，有的只是良知与心灵的安顿。

原汁原味，不同凡响。如此的“发箭”，特殊的策略，对学校是一种推力，对教师和学生是一种压力，更是一种动力。

在采访一些从车轴山中学毕业的学生时，他们回想起毕业典礼依然激动不已。他们感到，毕业典礼仪式，恰似一叶精神之舟，在人生的转折点上，引导他们踏上蜕变之路，并且镌刻在一生的记忆里；车轴山中学，也就成了他们整个生命的挂系。

学校能够让学生终生难忘的到底有多少场景？车轴山中学的毕业典礼，留给学生的是一支绷紧在弦上的箭，随时随地让他们靠近、思考、超拔、通达、再生……

三、“交接仪式”：留给后来者一份爱与温情

一般意义上的仪式，大多都有一个相对庄严的场合，也多关涉比较大的事情。而张斌利在岔河镇中学当校长的时候，不但关注大事，而且在小事上做起了文章，“课桌交接仪式”便是其中之一。来到车轴山中学之后，他一方面将“课桌交接仪式”进一步深化，另一方面又将它延伸到教室、餐厅、宿舍等诸多方面。

据盛金花副校长讲，在学校餐厅里，就有一个“交接仪式”：学生用餐之后，将餐桌清理干净，以迎接下一位同学的到来。这不但有利于学生养成讲卫生的习惯，还培养了学生为他人着想的品质。来访者看到如此郑重的仪式，也不由得受到感染，就餐之后，自觉地掏出纸巾，把餐桌擦得一干二净。

学校还在“课桌交接仪式”的基础上举行了“教室交接仪式”。高考之后，毕业生根据各自的条件与情况，为将要到这个教室学习的学弟、学妹留下一些有用的东西。比如，有一位学生在她的课桌上放了一张纸条，上面工工整整地写着两行字：“我把陪伴我三年的小垫送给你，祝你天天温暖、天天进步！师姐留念！”当时正值盛夏，这个学生却把一个冬天需要用的小垫送给了下一位同学。因为她知道，这几年学校的物质条件不好，冬天很冷。一个小垫难挡风寒，看似寒碜，却能让学弟、学妹温暖身体。其实，这一小小的举动，不仅温暖了身体，也温暖了心灵，由此传递出了人间真爱。

在宿舍里举行的“交接仪式”同样温情脉脉。毕业生临行前总忘不了对学弟、学妹叮嘱或祝福几句。比如，有的学生写道：“你初到这里，也许会感到有点失望，认为这个宿舍是如此简陋。但是床铺平整舒服，而且朝向窗户，你可以在午休时欣赏窗外的风光，让阳光和生命一起点燃……

我会在大学等你，小学妹，再见，我爱的学校，再见……”

精彩如戏，甜蜜如画，感人肺腑。

人最大的欣慰，莫过于在情感方面的收获。盛金花副校长说，这些留言如同撞击生命的大钟，让人备受鼓舞。学校虽然没有条件为学生提供优越的物质条件，却培养了他们不怕艰苦、积极向上和关心他人的品质。当学生带着这些品质走进大学、走入社会时，他们会用美德和言行去照亮更多人的精神世界。

四、“图书漂流仪式”：收藏真诚的友谊与美好的品质

每年高考之后，总有个别学校的毕业生萌发冲动，为了发泄心中的不满，做出一些让学校有失尊严的事情。对此，张斌利校长认为，我们不应当更多去指责学生的荒唐之举，而应当反思学校的教育行为。当学校真正关心学生的时候，他们离开学校之际，更多的情感是留恋与难舍，会对学校致以美好的祝愿。那么，将学生的这种情感释放出来，让其祝愿变成美好的现实，则是一种教育的智慧与艺术。车轴山中学的“图书漂流仪式”演绎出了一幕升华人格的“话剧”。

2015年高考之前，张斌利校长在博客上所发的一篇博文中有这样一些内容——

……孩子们，真的不希望你们把青春的印记毫不吝啬地扔掉，如果你实在想扔，我有一个请求，你可以给我一本书或一本本子留作纪念吗？请你签上你的姓名，并且写一句送给我的话。我想收藏起来，若干年后我有可能把它送给你的儿子或女儿，让他看看你曾经在这里留下的痕迹。

……孩子，那些书、那些本子是你的青春足迹，把自己的青春足迹收藏起来，那是无价的！

至少我这样认为——你给我，我就珍藏起来！

看到校长的博文后，有的学生感动得哭了。想想三年的生活与学习经历，校长与教师为他们所付出的一切，积淀成了最美好、最纯真、最质朴的回忆。学生不仅不会去做那些有损学校形象的事情，而且会以虔诚的心态想方设法地为学校增添更多的光彩。于是，学校便以此为契机，举办了“图书漂流仪式”。在仪式上，高三年级学生把自己整理好的一本本图书、习题册送到高一、高二年级的学生志愿者手中，志愿者则把这些书当作珍贵的礼物仔细收藏起来。学生的行为也感染了教师，他们也纷纷将自己认为对学生有用的图书交到志愿者手中。

其实，“图书漂流仪式”只是一块“跳板”，目的是将学生高尚的人格

和优秀的品质传承下去。而收藏者珍藏的不仅仅是图书，更是一种真诚的友谊。

孩子们的家长被感动了，他们真切地感到：孩子在学校不但学到了必需的知识，更学会了做人的道理。这成了学生的骄傲，又转化成家长的自豪。

张斌利校长认为，学校文化对于锻造学生的人格起着巨大的作用，而各种仪式作为学校文化的有效载体，凝聚了师生的情感，提升了师生的品位，升华了师生的境界。

举办潜能开发训练营，让教工子女走向成功

作为教师，尤其是高中教师，尽管具有“春蚕到死丝方尽，蜡炬成灰泪始干”的奉献精神，可自己的孩子因为疏于管理，并未养成良好的习惯，也没有取得理想的学习成绩。这种现象在车轴山中学不但存在，而且比较严重。2014 年的夏天，张斌利校长做了一项调查，结果显示：高中教师子女的学业成功率不足 50%！

那天晚上，张斌利校长彻夜未眠。他觉得是学校愧对了有尊严的教师，愧对了他们的孩子。

教师是培养人的人，他们的孩子也是人，也应当得到很好的培养，也应当走向成功之路。

经过反复思考，又征求了一些教师的意见，张斌利校长决定搞一回“特殊”，开一次“小灶”——成立“教工子女潜能开发训练营”。由盛金花副校长担任营长，带领具有国家二级心理咨询师资格证的优秀教师组成了一支志愿者队伍，利用假期时间，将全校教工的子女们集中起来，实施开发潜能工程，为其未来成功奠定基础。

盛金花副校长与她的志愿者队伍不辱使命，开设了丰富的课程，举办了形式多样的活动，让孩子们度过了快乐而又很有意义的假期。

一、让孩子们在生活中学会自理

训练营中有不少孩子是独生子女，由于父母忙于教学，多是由爷爷奶奶带大的。过度的溺爱，让他们失去了基本的生活能力，以至到了大学，还不会洗衣服与整理房间等。其实，这并非是孩子们学不会这些生存技能，而是家长之爱阻隔了他们学习的欲望与行动，让他们成为永远也长不大的“孩子”。

联合国教科文组织国际教育发展委员会在《学会生存——教育世界的今天和明天》一书中指出："人和其他生物的不同点主要就是由于他的未完成性。事实上，他必须从他的环境中不断地学习那些自然和本能所没有赋予他的生存技术。为了求生存和求发展，他不得不继续学习。"

为此，在训练营中，教师志愿者们的第一要务就是用心教会孩子们自己洗碗、整理内务、洗澡、洗衣服等生活技能。当孩子们学会了这些生存本领之后，不但有了成就感，还有了幸福感。在去部队训练的时候，军区政委在参观孩子们整理的内务时赞叹不已："真是没有想到，孩子们整理的内务基本达到了新兵的水平！"

二、让孩子们在交往中懂得友爱

训练营里的孩子们多达70余人，而每次活动最多只有七八位教师全程跟队，他们不但要上课，还要负责开展各项活动与安排生活等工作。可是，整个活动过程不但有条不紊，而且在孩子们之间形成了友爱互助的风气。

孟子认为，良知良能，人生而有之。那么，如何让这种良知良能抵达"明明德"的境界呢？最强的感应，是心与心的传递。志愿者们采取的方法就是让孩子们"同住一个屋檐下"，在交往中学会友爱互助，引导年龄大的帮助年龄小的，年龄小的尊重年龄大的。每天早晨，大姐姐高高兴兴地为小妹妹扎辫子，大哥哥帮小弟弟叠被子等。有些大孩子还把自己喜欢吃的、用的东西主动送给小弟弟、小妹妹们。孩子们在"一个锅里摸勺子"，相互产生了亲近之感、敬佩之意。

三、让孩子们在活动中体验竞争

训练营里设计了一些特殊的比赛活动，让在某些方面有特长与爱好的孩子展现其风采，以培养其竞争意识，学会时时"提速"。同时，志愿者们还在不动声色中考察与培养孩子们的团队意识与合作精神，使他们懂得竞争取胜固然可喜可贺，而合作共赢更值得称道，因为这样的快乐不但有了心理的愉悦，还有了高尚的况味。

四、让孩子们在实践中感受成功

训练营还举办了"市场实践活动"，旨在让孩子们在实践中体验劳动的艰辛，也让其感受收获的快乐。教师们故意给他们出些难题，有意用各种方法阻碍他们成功，让他们体味其中的艰难。而天生好强的孩子，此时便有了努力突破困境去摘取成功硕果的欲望。比如，活动结束时，有的孩子拿着自己辛辛苦苦赚到的一元钱，高兴得手舞足蹈。他们这才明白，即使平时根本没有放在眼里的一元钱，也需要付出如此的艰辛与努力，由此知道了父母的辛苦，懂得了感恩父母，并坚信：人只要有一往无前的理想、信念，就会得到想要的果实。

五、让孩子们在课程中爱上学习

训练营设置的自然科学课，常常让孩子们像着了魔一样沉迷于其中。他们透过显微镜发现了一个奇妙的世界，懂得了 3D 电影的原理，发现可以用醋吹气球，发现宇宙中有那么多奥秘……而设置的经典诵读课程、阅读课程、写作课程等，则让学生穿越时空，翱翔于经典文化的天空。

通过各种训练，孩子们不但可以处理日常的事务，还可以解决一些在大人看来都非常棘手的问题。他们学会了控制自己的情绪，也提高了自己的情商。孩子们把在训练营中养成的好习惯带回家，教家长叠军被，带动家长读书、写日记……

鲜活的活动素材，独特的生命经历，让孩子们改变了视角，并丰富了写作素材，以前写作往往是“挤牙膏”，现在则是“情动而辞发”。所以，每一篇文章呈现出来都生动而感人。为此，学校将这些作品编辑成册出版，还与电视台联合举办了独具特色的结营仪式。

在 2016 年 4 月 23 日全国校长聊书会中，车轴山中学的 12 位小营员自愿参加挑战——聊书，成为聊书会上年龄最小的聊书人，也成了聊书会上最美的风景。

放一句“狂言”，创造出世界名校

车轴山中学尽管取得了一个又一个令人欣喜的成绩，可前面依然是“路漫漫其修远兮”。而全校师生仍旧以拼搏为圆心去抗争，以“上下而求索”为半径去探索。正如张斌利校长博文《车轴上的梦》中所写：“如果我们能紧紧地抓住‘教育’两个字，如果我们形成学校特有的教育模式——学校教育计划，我们的教师就一定会幸福地教，我们的学生就一定会幸福地学！我们就势必会在中国教育界甚至在国际教育界产生深远的影响！放一句狂言——我们一定能创造出世界名校！”

高三（7）班的宋宛青同学认为，张斌利校长所言并非“狂言”，她自己就是一个例子。她在岔河镇中学读初中的时候，成绩非常差，张斌利校长与宋文君老师发现了她的写作天赋，并予以鼓励与指导。她在“文心雕龙杯”全国校园文学写作大赛中小试牛刀，就获得了二等奖。此后又参加了全国中小学生创新作文大赛，又荣获一等奖。

为了激励宋宛青更好地成长，张斌利让她担任岔河镇中学的播音主持人，并在校刊中为她开设专栏，将她的文章结集印刷成册，供大家学习。门打开了，宋宛青迎来一缕春风，她看到了前方的希望，抬起头，挺起胸，迈出自信的步伐。

2015年3月，她接到河北文学院第十二届青年作家的签约通知。同时，她被河北省作家协会正式接纳为会员。尽管年龄最小，可她志气大，已经准备好了再一次的冲锋。

宋宛青非常激动地对我说，高三即将毕业，由张斌利校长为她争取而来的赴意大利留学生涯也快拉开帷幕了。可是，如果没有张斌利校长，没有岔河镇中学与车轴山中学，能有她的今天吗？

她很自信地说：“放一句‘狂言’，将来的我，一定会成为中国著名的作家。”我们完全有理由相信：假以时日，在张斌利这位中国卓越校长的带领下，车轴山中学一定会冲出河北，走向全国，并进军世界名校方阵。

是的，让我们也为张斌利校长和他的团队摇旗呐喊。他们用坚定的信念和无私的奉献放飞梦想，也必将用拼搏的精神与不懈的追求迎来更加美好的明天！

仁爱　创新　责任　健康

——黑龙江省黑河“二中精神”解读

校长介绍

吴广仁，现任黑龙江省黑河市第二中学校长，1983 年入黑河师范学校学习，2001 年在哈尔滨师范大学进修毕业。1987 年参加工作，历任中小学教师、少先队辅导员、教学副主任、教学主任、校长助理，教育局基础教育课改办主任、教育局业务副局长等职，先后被黑龙江省教育厅授予课程改革先进个人称号，连续多年被评为区级优秀公务员。

黑龙江省黑河市第二中学（以下简称黑河二中）始建于 1960 年，校园占地面积 36000 平方米，校舍建筑面积 13000 平方米。由教学楼、艺体楼、实验楼和体育馆四大功能区组成，各类功能设施一应俱全。现有 30 个教学班，在校生 1480 人，平均班额 49 人。有教职工 145 人，学历全部达标。建校多年来，从一所普通中学发展到省级示范初中，到 2009 年晋升为省级标准化合格学校，再到 2013 年晋升为省级标准化先进学校。学校坚持“立德树人、全面发展、健康成长、止于至善”的办学思想，围绕“让每个学生健康成长”的办学理念，以培养适应未来社会发展、素质全面的现代人为目标。学校先后获得全国五四红旗团支部、省群众最满意单位、省教育系统“三大工程”工作先进集体、省语言文字规范化示范校、省德育工作先进校等称号。2011 年，在中国教育报刊社举办的首届“中国当代特色学校”推选活动中被评为“全国百强特色学校”（“十佳先锋学校”），2015 年实施的“问题导学五步教学法”被黑龙江省授予教学成果三等奖。

黑河二中作为省级标准化先进学校，近年来知名度、美誉度和信赖度持续攀升。吴广仁校长认为，学校发展需要多种元素，而以仁爱、创新、责任、健康为主体的“二中精神”，则是其核心要素。因为这种精神已经成为一种文化基因，沉淀到全校教师的心里，进而转化成一种自发的行动风景。而学生则在这种精神的感召下，拥有了一种美好的品质。

教师的高格精神成为文化基因

孔子认为，仁者必然是“爱人”的，他本人就是一个极有仁爱情怀的教育者。黑河二中的教师之所以深受学生欢迎，其重要原因之一就是他们具有这种仁爱精神。

加拿大著名学者迈克·富兰在其著作《学校与改革：人本主义的倾向》中谈及教师，认为教育改革成功的关键之一便是教师能够找出改革对他个人的意义。无疑，教师是教育改革的动力，其对个体意义理解的重要性不言而喻。

在黑河二中，教师对提前到校、晚上加班的敬业与奉献早已习以为常。吴广仁校长说，看到教师们不怕苦、不怕累，他在为之高兴的同时，也很心疼。他曾经在会上不只一次劝说教师们正常上下班，按时休息，可是教师们当时答应，会后依然“我行我素”，早出晚归。

教师们如此废寝忘食地工作，家人会不会心生怨气呢？

有的女教师晚上离校时间太晚，她们的先生常常在门口伫立许久，静静等待。问其有何感受，他们说，为有这样爱岗敬业的家人而自豪。一树花开，报晓春天。恰如迈克·富兰在《变革的力量——透视教育改革》中所述：“校园内教师所形成的教学氛围会影响其他社会力量对学生学习的支持。”可以说，教师的品格影响着他们的亲朋好友，在他们仁爱、奉献的背后，站着一个强大的“亲友团”，进而对学生的学业成绩与生命样态产生着积极影响。

晚归而早出，用心为“仁师”。如韩君、王晓慧、周丽等教师，每天都在学生到校之前来到学校，先把教室的门窗打开通风，让教室内的空气清爽，然后烧一壶开水，准备为没吃早餐的学生冲奶粉。教师们有时还会自掏腰包，买一些学生爱吃的面包、饼干等，以防饥饿影响学生的身体健康和学习状态。他们在学生心里，不仅是师者，也是父母。教师的仁爱至善，在感动着学生的同时，也让学生有了“择其善者而从之”的自觉诉求。美国学者帕克·帕尔默在《教学勇气——漫步教师心灵》中说：“所有真实的生活源于相遇。教师与学生之间寓于教学的，就是无止境的相遇。”它是心与心的交流与融合，没有心灵的存在，没有教师本真自我的呈现，就不可能让学生的真实自我呈现。只有当师生都真实相遇时，才为教学本真意义的实现提供可能性。

黑河在我国的北疆，冬天大雪铺天盖地是寻常之事。如果夜间大雪纷飞，第二天尚未天明，教师们便会不约而同地赶到学校，把校园里的雪打扫得干干净净。而有的学生也像教师一样，会提前到校，冒着严寒扫雪。所以，不管遭遇什么样的恶劣天气，校园里的地面上总是干干净净的。

当下有偿家教屡禁不止，可在黑河二中是另一番景象。教师为学困生补课，不但无偿，而且心安理得、乐此不疲。姚红、孙彩香、宋兰兰等教师为了较快地提高学困生的学习成绩，中午为学生买好午餐，看着他们吃完后继续免费补课，就这样持续了一学期。为此，这些教师中午不能休息，晚上回家很晚。看着这些学生成绩逐步提高，越来越喜欢学习且有了自信心时，他们感到由衷的喜悦，工作更加充满信心、干劲。这正如教育学者叶澜教授在《教师角色与教师发展新探》中所写："当教师把其职业生活当作一场心灵之旅，就会始终追求教师职业的内在尊严与欢乐。"

正因为有这样的职业信念与情感，教师才能尽其心，学生也才会竭其力。学生考试的时候，教师比学生还紧张。如果上午考试，他们中午便不回家，草草吃完盒饭后立即阅卷；如果下午考试，他们会阅完卷再回家吃晚饭，有时要到晚上 10 点之后，才能完成阅卷任务。

谈及此事，吴广仁校长感慨万千。他说，这不是学校规定教师要如此做，而是教师们的自发行动，他们认为这样做是天经地义的。采访教师们的时候，他们的回答几乎一样："当天完成阅卷任务，当天或第二天讲评，与晚几天再讲评效果大不一样。况且，这些试卷不管放多长时间，也得由我们批阅。既然如此，何不当天完成呢?"鲜活的话语，让人们看到了这些教师对待工作、对待事业的热切与生命的本色。

有的时候，音乐、体育、美术教师也会主动加入阅卷队伍中，他们说："我们学校的师生是一家人，学生都是我们的孩子。阅卷老师们忙的时候，我们当然不能袖手旁观了!"美国当代学者彼得·圣吉教授在《学习型学校：面向教育者、家长和一切关心教育的人的第五项修炼实录》中提出："学校应作为'探究者共同体'存在。"而我们能感受到黑河二中将善与美作为学校共同体的精神追求与文化体现，虽然成员拥有不同的兴趣，对活动做着不同的贡献，并且持有不同的观点，但是正如美国学者莱弗和温格所说，这种教师团队成员的"多层次参与"正是学校作为实践共同体的基础和关键。

在这样的实践共同体的不懈努力下，几年来学校的中考成绩一直很好。学校没有给予教师任何物质奖励，也没有对教师进行表彰宣传，但教师们对此没有任何怨言，还满脸的喜悦。他们说："学生成绩好，我们发自内心地高兴，我们很满足，也很自豪。再说，学校的声誉不断提升，作为学校的老师，不也就有了光彩和荣誉吗?"在教师们看来，学校的荣誉比自己的利益重要得多。《大学》有言："国不以利为利，以义为利也。"黑河二中的教师则是不以个人利益为利，而以学校荣誉为利。

吴广仁校长说，学校每个学期都有评课，并要评出优秀、良好和一般三个等级，目的是奖掖先进、督促后进。可评课结果让人有了意外的惊喜：本来就很优秀的老教师总是给自己的课打低分，而给年轻教师的课打高分。问其原因，他们笑笑说："学校的希望在年轻人身上!"说得自然，做得自然，可是，其高尚的精神巍然屹立起来。他们用各自的精彩，自成一处风景；用团结共进、精诚鼓励，编织出校园的另一份大爱。

在开展教研活动的时候，老教师对年轻教师的要求却极为严格，有时毫不留情的批评能让年轻教师当场掉下泪来。但他们哭过后擦干眼泪，依然打心眼儿里感谢老教师真诚的帮助与关心。

老教师看着年轻教师快速成长，充满了自豪感，他们认为，长江后浪推前浪，当年轻教师的业务水平不断提高、精神品质逐渐形成的时候，学校也就拥有了持久发展的生命力。

陶行知先生曾有一句名言："人为一大事来，做一大事去；捧着一颗心来，不带半根草去。"我感到陶行知先生的这种精神追求在这些有高格的教师身上绵延着……

用"问题导学五步教学法"构建有效课堂

课堂是学生学习的场所，也是学生生命成长的原野。所以，课堂之有效性追问，历来是教育界讨论的热点。

黑河二中连年来升学成绩之所以高居榜首，是因为他们探索出了适合教师教与学生学的"问题导学五步教学法"。"导"即引导，"学"为助推。它是由教师单向积极地教转向师生双向都有积极性的动态教学系统。

美国著名教育学家和心理学家本杰明·布卢姆在《教育评价》中谈道："学习者的'个别差异'的事实可表现为许多方式。我们绝不能忘记学生会以多种方式发生变化。教育的基本任务是找到这样的策略：既考虑到个别差异，但又确实能促进个体的最充分的发展。"基于此，吴广仁校长认为，有些学生学习成绩不好，不是智力问题，而是因为学习动力不足与学习方法不正确，把这些问题解决好了，这些学生照样可以不断进步；

那些学习成绩本来就比较好的学生，如果有了更大的学习动力与更好的学习方法，就能够继续提升其学习成绩，甚至让他们的学习进入乐此不疲的生命状态。

毋庸讳言，开始的时候，不少教师固守传统的教学观，学生被动地接受知识，不会主动地探究问题，更没有掌握自我学习的方法，于是就出现了“不善学者，师勤而功半，又从而怨之”的尴尬局面。在教育心理学领域中，相较于传统学习理论，建构主义作为一种新的学习理论对教与学提出了一系列新的解释：“更加关注学生内部的生成，更加关注学生‘社会化’的学习，更加关注学生‘情境化’的浸入式学习。”可喜的是，黑河二中的教师们不再“授之以鱼”，而是“授之以渔”，指导学生学会学习，让学生产生了自主探究的兴趣，出现了“善学者，师逸而功倍，又从而庸之”的景象。结果，不但大大提升了教学的效率，师生关系也变得和谐了。师生之间的心灵和谐，又在无形中提升了教师教与学生学的质量与效率。

一支橹搅起一河波澜，“问题导学五步教学法”不但抓住了教改深处那根敏感的神经，而且层层叠叠推进，有其科学的流程——

第一步：引导自学

教师通过各种导入方式，揭示本节课的教学目标、教学重难点及所要解决的问题，设计导学作业，让学生带着问题自学。这一步教师的指导作用非常重要，因为教师比学生更明白教学的关键性内容。教师的指导作用的重要性正如苏联心理学家维果茨基在《思维与语言》中所论及的：“发展源于交往，教学即是交往的高级形式。”而由维果茨基所创的社会建构主义理论则更是直言，师生间的交往作为一种社会性互动，为知识建构提供了丰富的资源和积极的支持。在此环节中，教师只揭示目标，不讲核心内容，而是引导学生去自学。一般来说，通过这一步学生掌握的学习内容可达5%至30%。

第二步：指导合作

教师把学生通过自学汇报后产生的问题巧妙地设计为有效问题，并指导学生通过小组讨论的形式加以解决。合作学习研究发起人之一的美国学者斯莱文教授曾指出，合作学习的关键在于小组成员在完成小组任务的过程中相互沟通、相互合作、共同负责，从而达到共同的目标。而为了让小组合作更有效，教师要指导小组形成积极团队，并进行科学的分工合作。在小组学习中，学生不只是自己发言，还要学会倾听，并在听的过程中有自己的思考与质疑。同时，教师还要鼓励学生在小组内有不同意见，甚至相互争辩，进而达到“有弗辨，辨之弗明，弗措也”的效果。这种看似无序的热闹纷呈的讨论，其实是在主动学习状态下有序进行的，可以让学生掌握50%的学习内容。

第三步：辅导探究

这一环节是对产生于学生经验的真实问题的研究。美国实用主义代表人物杜威主张，真正的理解是与事物怎样运作和事情怎样做有关。20世纪80年代末以来，一些研究者即开始对学习者与情境、知与行相分离的观点展开争论，如布朗强调把学习者与实践世界联系起来，在教学中把所学知识与一定的真实任务情境挂起钩来，让学生合作解决情境中的问题。它不是让学生接受教师准备好的现成的答案与结果，而是在教师的帮助和指导下，学生自己思考做什么及怎么做。这个过程呈现的是学生“做中学”或“实验演练”，可以让学生掌握75%的学习内容。

第四步：讲导构建

教师轻轻拨动思绪这根“琴弦”，通过提示点拨，使学生全方位、多角度、深层次地浸透周身，建立新知或形成结论，而且学生还要把如何建立新知或形成结论“讲给人听”，这一步学生掌握的学习内容可高达90%。整个过程彰显出不同的认知觉醒、领悟开窍、慧根滋生……

第五步：检测提升

这是学生学之即用的阶段，学习成绩好的学生会承担起教学困生的任务。同样掌握了教的内容，学生教学生与教师教学生的效果是不一样的。学生与学生年龄相仿，心无隔阂，教学的效果自然会更好。教的学生因帮助他人而产生自信心与自豪感，从而激发积极学习的内在动力；被教的学生则会“择其善者而从之”，自觉、主动地学习。这样，学生学习就自然有了自主性、能动性与积极性。

“问题导学五步教学法”让学生预习有抓手、上课有目标、交流有方向、作业有重点。学生手握制胜的“法宝”，从而实现了课堂的优质高效。

吴广仁校长说，“问题导学五步教学法”不只是一种方法，也不只是一个流程，它还蕴含着丰富的教学思想，更体现为一种教育艺术。它告诉我们什么是点燃与被点燃，什么是发现与被发现，证明了教学改革越是深入，铸进生命的“铁”和“钙”就越多，学生的学习能力就越强，学习效果也就越好。而在这个过程中，教师非但不是可有可无的，而且显得更加重要。他们既要站在更高的视点上更加有效地指导学生学习，还要持续不断地为自己“充电”，升华自己的教学智慧。因为面对思维开放的学生，教师不但要有开放的思维、丰富的知识，还要有较高的素养，所以教师要“不耻下问”，与学生一起学习，从而实现真正意义上的“教学相长”。久而久之，教师也就有了自我学习的内在需求，教学水平也就与学生的发展一样“水涨船高”。

学校分管教学的副校长王健高兴地说，黑河二中的教师不是教书匠，而是在教学改革中品尝到了摘食成功之果的充满幸福感的人。而幸福又会在无形中传递到学生那里，有了幸福感的学生，学习的高效也就自然实现了。

吴广仁校长说，“问题导学五步教学法”只是学校的一个创新成果，而具有“苟日新，日日新，又日新”精神品质的黑河二中，还会继续创新求索，取得更大的成绩。

构建培养未来社会公民德育课程体系

杜威在《学校与社会·明日之学校》中论述：“我认为受教育的个人是社会的个人，而社会便是许多个人的有机结合。”可以说，学生是未来的社会公民，学校教育的优劣决定着未来民族素养的高低。从这个意义上说，学校教育可谓任重道远。他又谈道：“如果从儿童身上舍去社会的因素，我们便只剩下一个抽象的东西；如果我们从社会方面舍去个人的因素，我们便只剩下一个死板的、没有生命力的集体。因此，教育必须从心理学上探索儿童的能量、兴趣和习惯开始……必须用和它们相对应的社会术语来加以解释——用它们在社会中能够做些什么的用语来加以解释。”而“能够做些什么”是对于公民而言的，而不仅仅是对于儿童而言的。可见，将儿童置于社会公民的高度来探究，对其个体成长和社会发展来说，意义都极为深远而重大。

多年来，黑河二中利用校本课程这一载体，培养学生进取、担当的公民精神。学校政治处、团支部、学生会以学生的学习、生活和社会实际为着眼点，按照“文本式、主题式、生活式”的德育工作方式，构建“六个一”德育课程体系，涵盖了人生观教育、生命教育、责任教育、感恩教育、关注弱势群体等内容。这些内容与目前的升学考试成绩并不直接挂钩，但与学生一生的成长紧密相关。学生只有拥有了优秀的道德品质、积极进取的精神底色，未来才能成就一番大事业，才能担当起为人民谋幸福的大任。

所谓“六个一”德育课程体系，即年编一本、季树一人、月讲一题、周选一星、日行一善、晨播一长。“六个一”如同不息的步履和坚定的信念，召唤出学生的梦想，激励学生的斗志。

年编一本，即每年要编一本德育校本教材，作为新生入学必修课程用书，旨在滋润学生的心田，规范学生的行为，培养学生的良好习惯。英国唯物主义哲学家培根说：“习惯真是一种顽强而巨大的力量，它可以主宰人生，因此人从幼年起就应该通过教育培养一种良好的习惯。”在教育学和心理学领域中，学者们频繁使用“习惯”这个词，并于20世纪80年代正式提出了习惯领域理论。我国教育家叶圣陶先生则更是精练地阐明道：“教育是什么？往简单方面说，只需一句话，就是养成良好的习惯。”因为习惯的好坏决定着学生的生命前程，新入学的学生正处于习惯养成的黄金时段，将这一课程作为必修课，能更好地从生活、学习等诸多方面培养学生良好的习惯。学生有了好的习惯，也就有了持续发展的基础。

季树一人，即每个季度由学校统一组织，由学生和教师通过各种形式推荐自己心目中最受欢迎的教师和学生。每个季度由学生代表和学校评选小组评选出“最讲团结”“最具才艺”“常规最认真”的优秀教师和学生，在学校显著位置张贴出他们的名字、照片和事迹材料，作为全校师生最朴素、最真实、零距离的学习典范，树立全校师生学习的榜样。这里所说的“最”，并非高不可及，其他学生如果坚持努力，也能登临这个“最”的高峰。高尔基说过这样一句话：“一个人追求的目标越高，他的才力就发展得越快。”其实，每个学生都具有巨大的发展潜能，为自己定下更高的发展目标，并且矢志不移地行进下去，就能抵达理想的境界。

月讲一题，即每个月每个年级开展一个主题教育活动，让学生学会进取、学会感恩、学会担当……每周结合月主题内容组织一次升旗仪式、召开一次主题班会，让学生学会理智地辨别真善美与假丑恶。这种“松土种植”式的连续性的主题活动，会持续不断地在学生的心里栽种下积极向上的种子。久而久之，这些种子就会生根、发芽、开花与结果，而且这些果实不只是丰硕于当下，更会在未来散发出独特的“光芒”。

周选一星，即每周每班评选一名在某一方面表现突出的学生作为每周之星，激励学生全面发展。美国心理学家班杜拉在大量实验研究的基础上建立了现代社会学习理论，认为如果人们仅仅是通过自己行为的结果进行学习，那将是非常缓慢而吃力的，而幸运的是，人类可以通过对榜样的观察进行学习，而且人类的大部分行为是通过观察榜样的行为而习得的。吴广仁校长也认为，榜样的力量是无穷的，身边的榜样更具说服力。本班学生之“星”，会让同学们自然而然地“学而时习之”，进而让自己也变得优秀。

日行一善，即每天通过早会宣传、宣讲去体验一件善事，为健康成长奠基。《周易》有言：“积善之家，必有余庆；积不善之家，必有余殃。”行善是一个人的立身之本，也是生命发展之道。有了这种品质和道义的人，就会在生命行程中不断地传递出来，让更多的人也变得善良。

晨播一长，即每天早晨在校门口的大屏幕上播放一名“校园达人”的视频影像，在全校进行宣传，以激励学生。吴广仁校长说，学校应当是积聚正能量的精神道场。播放“校园达人”的视频，更大的意义不在于宣传了哪个学生“达”在何处，而是让学生每天一进校园就能受到一种积极力量的鼓舞。诚如拓扑心理学创始人、德国心理学家库尔特·勒温在其场动力理论中所主张的，人是一个场，人的心理活动是在一种心理场或者生活空间里发生的，即行为取决于个体的生活空间。学生若能天天感受到来自学校的这种精神力量，就会在心里积淀下积极向上的能量，并由此形成一个优质的精神场域，从而拥有更高的精神品质。

《学记》开篇就指出了办学的目的是“化民成俗”，而黑河二中之所以构建“六个一”德育课程体系，就是想通过三年的初中教育，让学生成为具有优秀道德品质的人。当他们走向社会，担当起社会建设者重任的时候，可以用其精神感召人，从而“化民成俗”，优化社会的精神环境。

“零距离”跑操与艺术节让学生身心健康

目前，一些中学一味地为了提高学习成绩而忽略学生的身体健康的情况并非个案。可是，身体是一个人的生命之本，正如英国哲学家洛克所言：“健全的精神，必寓于健全的身体。”身体出了问题，即使学习成绩再好，也有可能百无一用。

黑河二中不但让学生取得了良好的学习成绩，也让他们拥有了健康的体魄。多年来，学校坚持“零距离”跑操，已成为板上钉钉的规矩。音乐声一响起，学生便自觉地进入操场，列成方阵。一致的间距、一致的步伐、一致的速度，彰显出朝气蓬勃的生命力。

吴广仁校长认为，即使同样是跑操，锻炼的效果也是大相径庭的。跑操的时候如果没有气势，甚至胡思乱想，就有可能出现事倍功半的效果。相反，“零距离”跑操让每个学生凝神聚气。这里的“零距离”既是指身体的零距离，也是指心理的零距离。这既是体育锻炼，又是在培养学生良好的团队意识和协作精神。孟子说：“我善养吾浩然之气。”“零距离”跑操就是要让学生养成“浩然之气”，进而形成积极向上的人生观。

如果说“零距离”跑操让学生身体健康、充满豪迈之气的话，每学年历时一个月的艺术节，则如同一缕春风沁入人心，让学生放松了心灵并拥有了艺术气质。

黑河二中的艺术节蔚为壮观，由十大板块组成，涉及 14 个学科，开展了 56 项活动，进行了 39 场比赛，展示了 500 多件作品，达到了“人人都能参与，人人都展现才艺，人人都有收获”的目的。

多年来，学校反复剪裁“艺术节”这块无形的幕布，让所有的“小能手”“小天才”带着春日泥土的味道破土摇曳。他们像种子一样，用小小的身体，装着一个盛大的春天，他们的风采赢来了师生们的阵阵喝彩。那些在艺术上不具有优势的学生也不甘心做看客，他们借“风”势打开自己，参与其中，恰到好处地演绎出属于自己的节目，有了属于自己的精彩。因为艺术节是属于全体学生的，学生体验着艺术美，心灵就会产生一种特殊的愉悦感。早在古希腊时期，亚里士多德在《政治学》中就已指出：艺术应该学习，并不是为着某一个目的，而是同时为着几个目的，那就是教育、净化与精神享受。可见，艺术美的熏陶是必需的，也是开发“多元智慧”所必需的。

吴广仁校长认为，每次艺术节之所以持续如此之久，就是要唤醒学生的艺术自觉。尽管每个学生的天赋不同且智能多元，但并不意味着有的学生终生不可能爱上艺术，也不意味着他们在学校不能学会一种乐器。在美国等发达国家，所有的学生都要掌握一到几项艺术技能，中国的学生难道就做不到吗？黑河二中的实践证明，这不但可以做得到，而且可以做得很好。

德国音乐理论家马泰松认为，音乐的情感决定于艺术的创作手法，而这手法来自从自然和经验获得智慧的人的内心的崇高品质。正是有了艺术的熏陶，学生的生活才有了美的色彩。这不但调节了学生的情绪，让学习变得不再枯燥乏味，而且长期的艺术熏染，使学生乐在其中，同时也在无形中拥有了一定的艺术气质。

学校是学生求知的园地，同时也是其身心健康成长之所。要想全面提高学生的素质，就不能顾此失彼，而应当“鱼”和“熊掌”兼而得之。

对人来说，最高层次的需要是自我潜力的全部发挥，亦即人本主义心理学家马斯洛在其著作《动机与人格》中所说的那样，“是对天赋、能力、潜力等的充分开拓和利用”。而在一般人看来，健康与精神没有内在的联系，其实不然，一个身心健康的人，不但外在会呈现出一种积极向上的态势，内在也多有优质的心灵支持。在自我实现的诸多需要中，艺术需要以其情感特性而独具魅力，也就是说，艺术需要是自我实现的情感需要，尤其是学生，身心健康且常能体悟美，会提高他们当下学习与生活的质量，并为未来发展贮存生命的能量。

树浩然正气，育责任公民

——湖北省荆门一中“品正文化”掠影

校长介绍

原野，中学高级教师，全国优秀语文教师，湖北省荆门市第一中学（以下简称荆门一中）校长，荆门市第八届政协委员、荆门市第九届人大代表，获荆门市政府表彰教育创新一等奖。

荆门一中始终把培养品行端正的责任公民放在育人的首位，构建了以“正”为核心价值的学校文化体系，即“品正文化”，编著有《品正》《品正八要素》《品正文集》《荆门历史画册》等“品正文化”系列丛书。

《人民日报》《中国教育报》、中央电视台等媒体曾先后报道荆门一中的办学特色。湖北省校园文化建设现场会、湖北省教育信息化建设现场会相继在荆门一中召开。学校应邀参加中宣部组织的全国基层思想工作创新交流会。学校先后被评为中国艺术教育特色学校、全国课改先进实验单位、湖北省示范中学、湖北省艺术教育先进单位、湖北省文明单位。

荆门一中的“品正文化”作为基层践行社会主义核心价值观的先进典型被《人民日报》《内部参阅》和中央电视台等主流媒体报道后，在广大读者中引起了强烈反响。于是，人们开始探寻：这所学校何以能有如此高的教育品质？

2006 年学校新的领导集体组建之初，学校的教学质量、校风学风与社会的期望还是有一定差距的。

通过对学校现状的分析，新的领导集体有了一个正确的思维向度——要想解决看似复杂纷乱的问题，就要由表及里，寻根求源，因为“里”与“源”是“纲”，纲举才能目张。

风气不正，当是出现问题的“里”与“源”，树立正气，便能解决问题的“纲”。何谓正气？《孟子・公孙丑上》解释说：“其为气也，至大至刚；以直养而无害，则塞于天地之间。其为气也，配义与道；无是，馁也。”即所谓浩然之气，后世称其为正气，其与仁、义、礼、智、信的善之道是相通的。基于此理，学校提出“为人正直，作风正派，伸张正义；待人宽厚，遇事宽容，心胸宽阔”的“三正三宽”治校理念，唯其如此，才能让这所重点中学恢复元气，进而生成巨大的正能量。

身正才为范，德厚则品达，品达而气华。随着治校理念的不断丰富，荆门一中逐渐形成了独具特色的“品正文化”，品正即品行端正，其核心品质为正直、责任、阳光，其文化内涵与社会主义核心价值观高度契合。

选拔干部，正气为要

《贞观政要·崇儒学》中说：“为政之要，唯在得人。”那么，选贤任能以什么为主要标准呢？选拔干部当然要关注能力与才智，可是，正气之德才是选拔干部的首要条件，恰如前人所说：“德能正其身，才能称其职。”

2007年，学校以公开竞聘的方式大胆启用年轻人，从一线教师中挑选出15名中层干部。此后的干部选拔，不谈背景，不讲人脉，不论辞辩，而只重其为人是否正直、作风是否正派。正直作为干部选拔标准，引领着干部推选体制的运行。

据政治教师蔡章和讲，干部选拔并不是由校长与书记决定，而是要由群众推荐，公开竞争，并邀请教育部门的相关领导担任评委，公开选拔。这种透明的选人流程，旨在让每个教师心里一清二楚。正气是与公开紧密相连的。学校领导的正，不能只藏在心里，也要公开于教师，让他们心里透亮。公开则正，公正则明，澄明才能获得人心，才能凝聚心之正气，促其向上。

化学教师李久明是一名普通农家子弟，没有背景，却在公开竞聘中脱颖而出，走上了政教主任的岗位。他说，学校正气蔚然的氛围，使置身其中的人可以心无旁骛地致知求真，也正因如此，教师同人们会支持你，学生们会欢迎你，自己心里也坦然踏实。

中层干部的正直正派、以身作则在潜移默化中又向教师们传递出一个信息、一种精神和一种态度，即在荆门一中工作，唯有正，才有立身之本，才有发展的可能。当越来越多的教师形成正气品质后，学校自然也就具备了持续发展的动力。

党委书记谢泽滔认为，学校不但要推选品行端正的教师到干部岗位上，更要对他们的进一步成长负责。而这份担当，必须有制度的保障。为了让干部正气常存，学校还制订实施了《干部业绩考评方案》，每月组织各类人员对干部进行民主评议，将干部的月工作表现分为三等，并与津贴挂钩。

当然，干部仅有正气是不够的，他们还应是教师中的先进分子，所以，学校把“教好一门课，蹲好一个点，带好一班人”作为干部的行为准则，要求干部在学科教学、岗位领导及学生管理等方面都要成为师生的表率。

正直从教，爱心育人

我国老一辈教育家徐特立先生曾谈到教师的两种人格——经之师与人之师，认为经之师者易得，人之师者难遇。然而无论从何角度观之，教师在学生成长过程中都起着举足轻重的作用——致知与成人。荆门一中将“正直从教、爱心育人”作为师德建设的核心内容，可以说，这是教师在教育教学过程中体现个人魅力的灵魂所在。为此，学校制订了《教师基本行为“六示范”》，每年暑期开展教师集训，重点考核师德状况；每年组织开展“校园开放周”活动，邀请家长和社会人士来校评议学校师德状况；每学期开展学生评教活动；定期举办“十佳师德标兵”“十佳教师”“模范班主任”评选活动，充分发挥先进典型的示范作用。

据物理教师龚光平讲，以前教师迟到、上课打电话、在校园里抽烟的现象并非个案，可自从学校弘扬“品正文化”之后，对这些现象亮起了红灯，一经发现，立即重罚。在个别教师因触犯规定而受到惩罚之后，这些现象就慢慢消失了。更重要的是，大家慢慢地融入了“品正文化”之中，形成了良好的习惯。

地理教师常悦来到荆门一中只有 4 年时间，可已经融入这种具有正气的文化氛围之中了。她坦言，让她感触最深的就是，学生义工在社会上产生了良好的影响，而教师们也主动积极地带着学生做义工，并由衷地感到快乐、幸福。即使年龄大的教师也不甘落后，一次去做义工的时候，社区的一个年轻人看到一位教师满头白发，便搬来一把椅子，请他坐下休息一下，可这位教师对其表示感谢之后并未休息，而是继续与学生们一道做起了义工。

我们经常不断地追问：教育的意义到底是什么？其实，教育的意义就是让人活得有意义，意义是每个人对于我们所生活的世界的体验与理解，意义的核心是“爱”，无爱则无意义。

为了将爱传递给学生，荆门一中在全校开展了关爱教育，要求所有教职工人人育人、爱心育人。教师不仅要向学生传授知识和学习方法，更要培养学生正直的品格，要以关心和爱护的方式构建平等的师生关系。为此，学校还出台了《关爱教育实施方案》，对单亲家庭子女、留守儿童、务工人员子女、特困生以及性格内向、控制力差、学习困难的学生给予重点关爱。216 名教师每人负责关爱 7 类学生中的一个，对该生在校三年的学习、生活、健康等给予关心和引导，并给予力所能及的经济帮助。学校要求教师每月与学生谈心一次，每学期家访一次。教师与学生谈话时要同站同坐，态度要温和可亲，禁止讽刺、体罚学生，要理解尊重学生。学校还把关爱教育的落实情况纳入教师的学期业绩考评中，让其成为常态化、长久性的教育方法。关爱教育的实施，让学生充分感受到学校和教师对他们的尊重及关爱，认识到他们是校园的主人，从而激发对学校、教师及社会的爱。

“品正文化”在荆门一中还有着更为丰富的内涵和更宽广的外延，如健康的生活方式和阳光的心态等，也属于“品正文化”的范畴。学校提出了“均衡饮食、适度运动、阳光心态”的生活观念，并总结出了“荆门一中健康生活 12 条”，倡导“三个一”，即“早上一杯水、睡前一套操、床头一本书”。每天大课间，全校师生一起跑步、跳舞、打太极，下午第三节没课的教师，由工会组织开展各种体育活动，对参加次数多的教师，学校每月发一些生活用品作为奖励。通过这些活动，全校教师逐步形成了健康的生活方式和阳光向上的精神风貌，风清气正的校园风尚也蔚然形成。

师生义工，责任公民

教之道，学为贵。学之主体——学生首先是人，具有现实的能动性；亦是发展中的人，具有潜在的可能性。那么，学生作为具有自由意志的主体性存在，其发展指向如何为益？荆门一中“品正文化”的一个重要内涵，就是要将学生培养成品行端正的责任公民，以责任意识的培养作为学生发展的基本原则和价值追求。当今中学生在家里，不少是以自我为中心，甚至衣来伸手、饭来张口。其实，这与家长对孩子的娇惯与溺爱分不开。学校，是爱学生的园地，同时也是锻造其心灵品质的精神殿堂。

为了培养学生的社会责任感，荆门一中于 2010 年成立了品正志愿者协会，号召全校师生加入志愿者行列，要求学生在校 3 年完成 20 个小时以上的义工工作，学校会在完成者的毕业证上签注盖章，作为学生奉献社会的证明；倡导教师每年做10个小时以上的义工工作。几年来，品正志愿者协会在全市61个社区建立了网络，每个社区由一个教师志愿者负责，引导学生开展义工活动。每个社区、每个班级都有一个义工项目，形成了“全员参与、全市覆盖、项目实施”的志愿者活动格局。

开始的时候，有的教师和家长对此提出异议，认为这会耽误孩子的学习，有的则担心孩子做不好义工，会影响学校的形象。校长原野则不这样认为，他告诉大家：“正直的品格和社会责任感比什么都重要，我们要相信学生会在实践中成长。这不但不会影响学生的学习，还会增强其学习的动力。他们从义工工作中感受到奉献之美的时候，生命境界也就得到了升华。”

政教主任李久明说，学校要求每个学生在放假时，先做义工，再回家。学生通过做义工，培养了“老吾老以及人之老，幼吾幼以及人之幼”的人格品质。所以，在做义工的时候，他们不是在做表面文章，而是不断地深入需要帮助的人家里。如有一个修鞋者的女儿不爱说话，学校有一个班的学生分批到她家里，带她去玩，与她聊开心的事，帮助她解决一系列的问题。一段时间后，这个小女孩变得愿意说话了，脸上也有了以前少见的笑容。

我在荆门一中与学生交流的时候，他们说得最多与感触最深的就是做义工的经历、体验和收获，经历的是事实，体验的是情感，收获的是对生活意义的理解。

高二（13）班的王浩男同学到月亮湖社区一位孤寡老人的家里，帮助他打扫卫生，与他聊天，为他唱歌，老人感到特别开心，而他则从老人的快乐中感受到了奉献带给自己的心灵温暖。

高三（11）班的曾晓旭同学谈到帮助留守儿童学习时的事情，感到很自豪。他说，在做义工的过程中，他体会到了什么是爱心、什么是奉献，也体会到了自己的人生价值。

高三（11）班的赵欣、高二（1）班的龙子翌、高三（3）班的李梓昕、高三（14）班的龚仁杰高等同学在谈及做义工时，都感到自己长大了、有用了、幸福了，更重要的是，他们觉得自己既是学生，也是责任公民，而责任公民就要履行责任公民的义务。

浏河社区主任苏玉梅说：“荆门一中的品正志愿者已经在全市家喻户晓，他们的义工行为感动着社区居民，促使社会正气不断得到弘扬。”

从成立品正志愿者协会至今，几年过去了，近8000名志愿者利用假期和周末时间，走上街头、深入社区做义工，开展了捡垃圾、公交车上文明劝导、福利院里敬老孝亲、爱心伴春运、“衣旧情深”捐赠、义卖助残困、阳光家园辅导、漳河水保护等活动，遍及全市所有社区，将“责任奉献”活动拓展到社会，传播到民众中。

学校制度，“文”而“化”之

学校需要制度规范人的行为，更需要制度文化内化人的行为。孔子说：“不在其位，不谋其政。”可有的校长在谋自己之政的时候，连副校长甚至主任的权也谋了。结果是，校长一个人忙得不可开交，其他干部却闲得无事可干，更重要的是，这影响了其他干部的工作积极性，甚至让他们心生怨气。其实，不管校长的水平有多高，如果不能充分发挥其他干部的工作积极性，学校管理大多很难取得成效。正如管理大师汤姆·彼得斯所说，管理技术固然是重要的，但增强信任感更为有效。

荆门一中在发挥干部与教师的工作积极性方面做出了有益的探索。

在我与原野校长将近半天时间的交流中，他没有接到一个请示学校工作的电话，也没有副校长与中层干部来汇报工作。

整所学校，校长的办公室最安静，很少有人来找校长。因为学校实行的是分层管理——分级负责制。更重要的是，学校制订了一系列的制度，可以通过量化指标对所有人员进行科学的考评。

评价干部与教师，不是凭领导的主观意愿来决定，而是用数据说话，形成制度文化。学校制订了以《荆门一中业绩考评方案》为核心的系列管理制度。依据考评方案，学校的各项工作做到什么程度，都有一个相应的量化分值。每位教师所干的工作优劣多寡，都有一个对应的得分。累计一个学期或一年来的各项得分，便是一个学期或一年的工作业绩。不管是评选先进，还是职称评定，以每人得分多少排名，谁的总分多，谁就可以被评上。所以，被评上的教师认为天经地义，没有被评上的教师也不会怨天尤人。其实，当某一评选项目一出来，每个教职工对应评价方案，就可以找到自己的排名，知道自己是不是能够评上。

在荆门一中，学校对教师在课堂、办公室、会议等各种场合的言行做了详细规定。如校园内不抽烟、每天运动一小时、礼让右行、轻声说话、捡拾垃圾、“光盘光桌”等。

虽然有的学校也有制度，但教职工不一定执行，即使执行也不一定从心里认可。而荆门一中的制度，是经过大家讨论而确定下来的，讨论的过程中会有不同意见，有时还会有争议，可正是在这个过程中，大家的意见渐趋一致，最后形成大家认同的制度。所以，荆门一中的制度，不是一般意义上的制度，而是上升成了制度文化，有了“文”而“化”之的性质。当制度“化”到每个教职工心里之后，制度才能产生巨大的正能量。

几年前，学校争取到了4个代课教师转正的指标，但学校有8名代课教师，怎么办？依据评价方案，按量化指标一算，得分从高到低排列，结果便呈现出来了。能转正的代课教师自然高兴，没有转正的代课教师非但没有怨气，反而更加努力工作，以使自己的评价分数名列前茅，以后能再有机会转正。

后勤工作是容易出问题的一个难点，可分管后勤工作的高兴华副校长却一身轻松。他说，学校制度将工作优劣标准与得分多少都规定得非常详细，人人都清楚。如门窗、水电等出现问题，维修服务人员便会第一时间赶到，维修的时候做到精益求精。工作完成之后，就会得到相应的评价，也就有了对应的分数，当然，也就有了相应的奖惩。一天工作有考评，每月工作有考评，每个学期工作有考评。期末评定每个人工作的情况，将平时得分累积相加，公布出来，每个人的得分排名便展现在大家面前。

《荆门一中后勤（教辅）人员考评细则》是真正意义上的细则，如第11条规定：“学生评议满意率超过95%的加20分，低于60%的扣20分。”

虽然员工看重自己的积分以及工资和奖金，可他们认为公正公平也是福利，甚至是更重要的福利。很多时候，人们不是工作累了，而是不公平不公正让他们的心累了。心累身就疲，自然也就没有幸福感可言了。幸福，才是人生最大的福利啊！

考评细则第16条还规定：“参加义工活动，凭义工证记载一次加10分。”

也许有人会说，这与后勤人员的本职工作有联系吗？没有联系。但后勤人员在做好本职工作的同时，还要有社会责任感。一个没有社会责任感，只是盯着个人的工作，只考虑自己利益的后勤人员，不管其工作得多么认真，都缺少了一个灵魂性的东西，那就是社会责任与良心。

在与办公室主任张平交流时，他很是感慨地说，以前制度还未健全时，有的人即使工作业绩不佳，也照样受到表扬，干部选拔与职称评定时也是唯亲是举。结果，很多教师敢怒而不敢言，原有的积极性也慢慢地消解了。尤其是一些很有发展潜力的教师，不但没能很好地发展，反而对学校产生了怨气，消极工作，错过了很多发展机遇。

学校评价教师，不以其与领导关系的亲疏远近为重，而是根据工作业绩的优劣来评判，量化分数，让制度说话，教师就不会把精力重点放在与领导拉关系上，而是会想方设法把自己的工作做好。更重要的是，教师心里舒畅了，工作效率也高了。

学校有个姓谭的教师，性格比较腼腆，平时只知埋头上课，不擅长人际交流，可他积极参加课堂教学改革，成绩突出，迅速成长为一名骨干教师，担任班主任，带出了最好的毕业班。去年他被评为市优秀教师。

这向教师们传递了一个信号：在荆门一中，不管你是什么性格的人，也不管你与领导关系的亲疏，只要好好工作，就会得到相应的回报和更好的发展。

以前个别工作不太积极的教职工，也被学校的制度文化"化"开了。他们发现，不积极工作，不只是业绩考评分数低了，奖金少了，连尊严也失去了。你不能改变制度，只能改变自己，改变的唯一方法，就是主动积极地工作。

好的制度文化凝聚的是正气，它让人们更多地关注如何做好工作，而不是将心思花在人际关系上。人际关系简单了，各项工作也有了蒸蒸日上的气象。

唐代诗人白居易说："仁圣之本，在乎制度而已。"因为好的制度文化是产生正气与仁爱的本源。制度制订得越科学、越细致、越深入人心，教职工就会越遵守制度、敬畏制度，并由此产生高度的自觉性与责任感。于是，学校的很多工作不再需要校长不断地去检查与督促，而是由制度来有效地规范，甚至还有效地提升了教师的精神品质。老子所说的"无为而治"，当是管理的至高境界。"心诚求之，虽不中，不远矣。"

行文至此，我突然想起明代文学家冯梦龙的一句名言："忠心正气，千古不磨。"忠诚于教育事业而又具备品正人格的荆门一中人不只是让我们看到了当下公开公正的制度，也不只是让我们感受到了其浩然正气的精神品质，这种精神品质还会不断地向更大的时空延伸，并生成更大的正能量，让教育真正担负起培养品行端正的责任公民的重任。

春色满园关不住

——郭洪校长的创新思维与巴川中学的精神风景

校长介绍

郭洪，1967年出生，西南大学在读博士，现任重庆市巴川中学总校长兼巴川新高中校长。中学数学特级教师，中国教育学会初中专业委员会学术委员会副主任，全国第六届十佳初中校长，重庆市首批有突出贡献的中青年专家，重庆市首批未来教育家培养对象，代表性论著有《走向均衡：教育评价五级系统开发》《郭洪与自主教育》等。

重庆市巴川中学不仅校园美丽，而且教育教学质量也在持续攀升，其知名度、美誉度和信赖度越来越高。这所民办学校为什么能有如此高的品质，成了我心中一个难解的谜。为此，我近日前往重庆，走进巴川中学，走近郭洪总校长及相关的干部与教师。

如果说初入学校还在感叹其环境之美的话，随后则完全走进了其精神文化的殿堂里，流连忘返，感动不已。

我仅就下面几个“景点”略作叙说，就会让你不由自主想起宋代诗人叶绍翁“春色满园关不住”的诗句。当然，如果能够走进巴川中学，全面领略其精神的风采，你就会从更多的新奇中窥探到其内在的机理，并会用“它山之石”，来攻自己学校之“玉”，进而创造出一系列属于自己学校的精神风景。

管理文化让每个干部“不令而行”

校长有权又会用权者，当属智者。会用权不等于大权独揽，而是会分权分责。郭洪当是一个分权的“高手”，他将不属于其总校长职位的权力悉数给予各分校校长及中层干部。郭洪认为，他们从拥有权力的那一刻起，也就有了相应的责任。

郭洪说，这不是他个人的智谋，而是集团管理文化使然。

集团制订了“三权分立”式的管理机构设置：教务处、德育处等职能部门是学校工作政策、标准的制订者，过程的督导者，是教练员；校长团队是大事的谋划者，运行状况的评价者，是裁判员；而年级组属于中层部门，是一个具有实体性质的职能机构，是运动员。

集团管理文化还有一个重要理念：校长不会时时事事盯着某个人做事的多少与好坏，而是通过签订目标责任书与相应的考评来让每个干部都能主动积极地工作。这解决了“副职干部分管不分担”的老大难问题。

每学年伊始，集团总裁会与校长签订目标责任书，随后校长与书记、副校长签订目标责任书，然后书记、副校长与各自分管的部门或年级负责人签订目标责任书。

如何评价干部的工作，不是由哪个领导说了算，而是有一个科学而严谨的评价系统。

每一学期结束，集团专家委员会和人事部门便成立考评组，对所有干部逐一用“述职＋点评＋互评”的模式考评。校级干部述职 8 分钟，中层干部述职 5 分钟，均按统一模块制作 PPT，对应着所签订的目标责任书逐条来谈工作得失。

述职之后是评议。评议采用“1＋2”模式，即只说 1 个优点、2 个以上的不足或建议，且评议要点不得重复。评议结束后，由每个干部根据统一印制的多维度互评表评分，评分表上一律签名。特别值得一提的是，学校还将每个干部的评述整理成一个文件，逐一发给本人，为其学习、反思与改进提供一份宝贵的资料。

郭洪说，有了目标责任书与客观公正的考评，就不是总校长要求干部们做事，而是干部们想方设法去做好的问题了。

每一个人都有巨大的发展潜能，当他有了发展的舞台时，这种潜能就会爆发出来，进而形成巨大的生命能量，从而促使其快速成长起来。

班会课登上课程的殿堂

《关于推进班会课程化的实施意见（试行稿）》指出：“在基础教育阶段，班会始终是作为正规课时（即每周一课）列于教学管理中，含有教育课程设置的导向性与使命性。”还强调：“切实落实班会课程，做到不挤不挪不占，开齐上足上好。”

可是，真正将班会作为课程按时上课的学校却是“几希矣”，更遑论班会课的质量了。有些校长与班主任甚至不知道什么是主题班会课，对优质班会课的标准更是语焉不详，作为德育的重要阵地的班会，没有真正登上课程的殿堂。

郭洪不但高度重视班会，而且在课程建设上下了一番大功夫。从2010年开始，巴川中学就开始对初中三年的德育主题进行了统筹规划，并自行编撰主题班会教材。其主要内容根植于巴川中学这块沃土，教材实例鲜活生动，又融入了本校教师的思考与探索，第1版教材问世后，受到了班主任的普遍欢迎。目前，学校正在优化不同年级各个分册的内容。郭洪相信，他们的这套教材不只是让班会课有了课本，还会因其质量上乘而受到其他学校的青睐。

主题班会教研化也是巴川中学的一大特色。从开学第一周到期末一周，各个年级每周四都要召开主题班会教研会，每周由谁主持，由谁主讲，研究什么内容，都像课表一样一一排出来。正是从学校层面上像重视语文、数学、英语科目一样对班会课进行了深入而有效的研究，才保证了班会课的高质量。

多年来，巴川中学的中考成绩在全市名列前茅，班会课可谓功不可没。因为班会课上好了，学生的思想、心理、行为等问题也就得到了及时的解决。思想与心灵轻松的时候，学习其他学科的效率也就自然而然地“水涨船高”了。

天地之间有一个看不见的规则：有了因，才有果。不过，由于“因”的“术”“道”不一，所结的“果”也就大不一样。郭洪说，他看重当下学生的优秀品质与良好成绩，同时他还看重其未来的发展趋向。巴川中学的班会课不排除方法探索的“术”，但更重视提升学生人生境界的“立人”之“道”。所以，他断言，巴川中学学生的未来会更精彩。

艺体教育让师生拥有优质发展的生命底色

一些学校介绍其艺体教育经验的时候，往往谈其开展了什么活动，有多少人参加过省级乃至国家级的比赛且获得了多少荣誉等。毋庸置疑，这些都是学校艺体教育的成绩，巴川中学在这方面也是硕果累累。可郭洪认为，从本质意义上来说，这并非其主体内容，真正意义上的艺体教育，还应当回归到艺体课程与课堂上去。

一、艺体教师与语文、数学、英语教师平分秋色

为了搞好艺体教育，巴川中学不仅专设一位专职副校长，还设立了艺体处。70 多位艺体专业出身的教师，不但在专业上有各领风骚之长，在教学上也有着别出心裁之妙。

在评优评先的时候，学校还特意将艺体教师单列出来，让他们的权益得到有效的保护。而所有的报酬，也与语文、数学、英语教师一样实行满工作量制。不仅如此，学校每年设立艺体教育奖励基金 100 万元，供师生们争取。

郭洪认为，关注艺体教师的待遇固然重要，但更重要的是，要让他们在学校有为师者的尊严，并由此实现其生命的价值。

我们常常听到某所学校召开语文、数学、英语等科目的研讨会，但听说过打篮球也开研讨会吗?

巴川中学不但有打篮球研讨会，而且每次研讨，大家都是热情投入。不仅如此，打乒乓球研讨会、写生研讨会、器乐研讨会等，个个办得风生水起。参加研讨会的艺体教师精心准备发言，认真进行讨论，积极撰写论文。郭洪说，他们不但是艺体场上的高手，更是有着教育情怀的有识之士。

二、学校成为教师挥洒生命的舞台

负责学校宣传工作的王满意主任，同时兼任巴川小班实验中学校的美术教学任务。这位西南大学美术专业毕业的大学生，尽管还不满 30 岁，可领导早在 5 年前就将全校宣传工作交由他来负责。他感到担子很重，责任也很大，可他特别欣喜自己有如此大的一个发展平台。

去年学校招聘来一位西南大学中国画专业的研究生，他之前一直钻研书法教学，也取得了一定的成绩。于是，学校就将整个初一的书法课交给这位教师，结果，学生的书法水平进步显著，教师的专长也得到了施展。刚工作半年，学校就为他举办了个人画展，并出版了校本教材。像这样为年轻教师量身打造适合其发展的平台，在巴川中学绝不仅此一例。

孔子说：“后生可畏，焉知来者之不如今也。”看看巴川中学的年轻教师，不由得再次感叹孔子的高明与伟大。

巴川中学有一位音乐教师与一位体育教师，个人素质很好，县领导认为他们是难得的人才，就通过组织部门为他们特批了编制，把音乐教师调到县文化馆，把体育教师调到县机关事务部门，使他们成为国家事业编制

的正式干部。

谁也没有想到，这位体育教师当天就赶到组织部门递上书面申请，要求留在学校，他说他喜欢巴川中学的这种人文环境，他的事业在课堂上。音乐教师到文化馆工作一个月后，也回到了学校。她说，学校才是其挥洒生命的最佳舞台，离开了这个地方，生命就失去了意义。

所以，在巴川中学，不管你是哪个专业的教师，只要有雄心壮志，有真才实学，学校就会为你提供用武之地。巴川中学的这种人文环境不但点亮了教师的生命前程，还为学生的更好成长提供了支撑。

三、提升学生的艺体素养与人生境界

巴川中学是全国首个啦啦操示范学校，而且是由国家体育部门来校授牌的。2012 年重庆市举办艺术教育工作会，巴川中学是全市初中学校中仅有的大会交流和现场展示单位。郭洪在大会上发言的题目很长——《普及啦啦操，人人会竖笛，个个会篮球，天天有歌声，周周有演出，月月有活动，期期有大奖》，可正是这个题目，形象地概括了巴川中学艺体教育的特色，而且受到了与会人员的高度赞扬。

据巴川小班实验中学校艺体处的梁世勇主任讲，学校一天一节体育课，每个季度都有专项运动会，还要对学生进行体质检测。同时，为了满足不同学生的爱好，发挥他们的特长，学校实施了音乐、美术、体育走班制。学生根据自己的爱好、特长与潜质，自主选择项目。

有一个初一学生个子不高，却在选班时选了篮球项目，教师不但尊重了他的选择，而且给予了他很大的鼓励。郭洪说，选班的目的，固然希望学生能各显所长，但学校同时还考虑了学生的兴趣爱好。学校不可能将所有学生培养成运动员，但一定要让他们在所选班里的学习是快乐的，而且由此培养学生的一种体育精神。据郭洪介绍，学生在体育活动中体现出来的拼搏精神、合作意识以及学会欣赏等品质，已经进入体育教学内容的核心层面。

巴川中学的艺体教育，不仅让学生掌握理论、学到技能，还让他们学会感恩社会、回报社会。学校组建了“重庆市巴川中学之梦少儿艺术团”，从 2006 年起，每年都会在全市巡演，迄今已经在近 30 个区县演出 50 余场。从 2010 年的教师节起，每个星期天的下午，学生就会到城区的人民公园举办广场音乐会，迄今已经演出 110 多场。为了每次演出的成功，学生经历了很多的困难和挑战，可是他们依然乐此不疲，因为从老百姓的欢声笑语中，他们感受到了“化民成俗”的意义与价值。所以，演出场场精彩，学生个个乐而忘返。

郭洪认为，培育中学生的艺体素养，不但可以让他们幸福于当下，还会让他们终身受益，而关注其人生境界的提升，更会让他们拥有终身发展的生命底气。

微型课题让教师科研由难变易

谈到目前的学校科研，郭洪感慨万千。他认为，不少学校是为了科研而科研，或者干脆就是“伪科研”，所以，就出现了“两热两冷”现象。所谓“两热”，一是校长们为了让课题支撑学校门面，千方百计、积极热情地去争取各级课题，即使这个课题与学校发展关系不大，也一往无前；二是结题热，因为结题就证明其课题研究成功了。所谓“两冷”，一是过程冷，课题研究一般三年为一个周期，除了开题与结题开会之外，中间装模作样地开几次会议都不多见；二是推广冷，很多课题获得了奖励，甚至获得了档次很高的大奖，可是之后多束之高阁，没有什么推广价值，因为真正能为一线教师带来“提质减负”实效的课题太少了。

郭洪认为，普通中小学教师要开展的课题研究，不应当是自上而下，而应当是自下而上；不应当假、大、空，而应当真、小、实。为此，巴川中学聚焦微型课题，让课题研究产生了巨大的能量。

第一，为了调动教师的积极性，学校专门出台了科研奖励措施，并坚持召开年度科研表彰会；第二，没有市、区、校级科研成果，一年一度的名师评价不能参评相应级别的优秀教师；第三，要切实让教师们感到课题研究并不困难，只要努力，就一定能够成功。

2009 年，时任年级主任的潘云芬带领初三体育学科组长吴波专门针对体育训练开展了一个微型课题研究，这是一个基于问题研究的课题，在全校产生了极大的影响：2008 年初三毕业生 2059 人，体育获得满分 50 分的只有 351 人，平均分为 44.6 分；而 2009 年开展科研后，在毕业生减少至 1777 人的情况下，获得满分的却多达 834 人，平均分达 47.6 分。

郭洪说，这个课题的研究成功，让全校教师对课题研究产生了信心。他们发现，只要基于问题的小而实的研究，就一定会取得好的效果。

自主管理让“师不必贤于弟子”成为常态

一般意义上的学生管理，是指学校相应部门与教师对学生的管理。可是，在巴川中学则是另一种风景：更多地方、更多时段，是学生自主管理，甚至有时教师也成为学生管理的对象。

喝有色饮料有害健康，这是大家都知道的一个常识，可不少学生抵挡不住这些色味俱佳的饮料的诱惑，依然每天“义无反顾”地买而饮之。

教师们曾不止一次地劝导学生远离这些垃圾食品，可效果并不显著。

后来，学校改变策略，让学生来管这件事，结果发生了重大转机。学生从网上搜集了有关有色饮料的各种危害的资料，通过广播向全校学生宣传，还制作成图文并茂的展板在学校展示。不久之后，学生就都摆脱了这些有色饮料的诱惑。

郭洪认为，学生有其自己的话语系统与宣传方式，他们懂得如何才能让同伴们从心里与这些有色饮料“诀别”。看来，学生不但会管理，而且很有智慧。

据巴川小班实验中学校分管德育工作兼任班主任的郭井芳老师讲，学校每年都要对刚入学的新生进行国防教育，但今年秋季开学时出现了问题。由于雨水太多，官兵们要参加抗洪救灾，来校的官兵比以往少了很多，学校只好安排班主任指导新生整理宿舍内务。可是，这些平时在家几乎不做家务的独生子女学不会，也做不好。学校的德育干部想了几个办法，都收效甚微，以至开学第四周了，新生宿舍的内务仍是不尽如人意。

这个时候，学校领导想到了让学生自主管理。二、三年级的学生不是都能整理好内务吗？何不让他们指导这些新入学的新生呢？

学生欣然接受了这一任务，而且只需 4 个学生，便承包下了一年级 15 个宿舍的内务指导工作。不过，第一天出师不利，效果不佳。他们要求郭井芳老师出面相助，先给新生开设“讲座”，即讲给他们听，做给他们看。然后，再放手让这 4 个学生继续进行指导就容易多了。一周之后，奇迹出现了，新生们不但将内务收拾得整整齐齐，甚至还超越了去年的学生的水平。有一个学生还写了一篇文章《我们一起走过的日子》，详细地记录了他们学会整理内务的过程，以及从中获得的意想不到的生命成长感悟。

有的教师上课总是拖堂，领导三令五申，却依然如故。可学生一管理，马上见效。当有的教师拖堂时，就会有学生走上讲台，客客气气地对老师说：“下课了，老师，请您休息！”教师开始一愣，随即开怀一笑，马上宣布下课。

有的教师办公室比较乱，学校领导开会时委婉地进行批评，希望教师们自觉地讲究卫生。可是，有的教师形成了习惯，还是不见改观。这个时候，学生担当起了管理者，他们走进教师办公室，对着正在工作的教师微笑着点点头，就一言不发、轻手轻脚地将办公室整理好，然后把地面打扫得干干净净。于是教师此后不待学生前来，就把办公室收拾得整整齐齐。

就连如何文明乘坐电梯、不把零食带进食堂等，也无须教师进行教育，值周学生就会负责到底。

学生值周给教师减轻了负担，以前学生做早操时，班主任不仅要到场，甚至还要督促学生起床。现在打破了班级界限，是以宿舍不同而男女相分的方阵形式出操，由体育教师负责。不管班主任是否到场，学生早操照样做得好。因为值周班级的学生比教师还要求严格，检查更是“疏而不漏”。

以前晚上查宿舍，是班主任的一项职责。现在，班主任已经“靠边站”了，因为这项工作改由一个楼层中选出来的两个层长以及每个宿舍选出来的一个室长负责，掌握了检查权力的层长与室长，是不容班主任越权行事的。

每年暑假过后，学校都会聘请一些新的班主任，开学之前由有多年工作经验的班主任对这些新班主任进行培训。可自从开展自主教育之后，就换成了由学生干部给新班主任培训。为了做好培训工作，他们不仅认真撰写讲演稿，还做了 PPT。这些新班主任坐在阶梯教室里，未曾上课，就成了学生的学生。韩愈说：“弟子不必不如师，师不必贤于弟子。”在巴川中学，“师不必贤于弟子”已经不再是什么新闻，而是成了常态。

并非结尾的结语

对郭洪及巴川中学的了解，因为其丰厚的内涵，不是简简单单就可以探究清楚的。仅就学生自主教育这一项内容，就可以写成一篇长篇通讯，或写成一本书，甚至几本书。前一段时间，多达 20 多万字的《郭洪与自主教育》一书，已经作为“教育家成长丛书”中的一本，交由北京师范大学出版社出版，问世在即，我在翘首以待的同时，也希望能有更多读者去欣赏与解析。

所以，这篇文章，权且作为报道郭洪及巴川中学的一个“序言”，更加精彩的内容，还会在以后渐次推展开来。

西部贫困地区教育的希望之光

——在奋争中崛起的宁夏回族自治区固原一中

校长介绍

薛吉强，1956年出生，中学特级教师，宁夏回族自治区固原市第一中学（以下简称固原一中）校长，党委副书记。1997年被国家体育总局、教育部评为全国体育传统项目学校先进工作者，2003年被宁夏回族自治区政府评为宁南山区“普初”先进工作者，2006年、2008年、2013年三次被固原市授予优秀校长荣誉称号，2011年被宁夏回族自治区政府授予优秀教育工作者称号，2012年被评为固原市“十大突出贡献杰出人物”，2013年被评为固原市十大“六盘英才”。

发表的论文有《发展固原地区教育的思考》《谈新课程下现代学校管理体系的构建》等。主持宁夏回族自治区第二届基础教育教学研究课题“构建适应课改要求的现代学校管理体系研究”获二等奖，主持宁夏回族自治区“百标”项目课题“构建适应新课程的现代学校管理体系的途径和方法研究”等，2010获宁夏回族自治区首届教育科研成果一等奖。主编《固原一中百年史》十卷本。

固原一中始建于1891年，初称“五原书院”。虽时代更迭，几易校名，可这所学校始终是宁夏回族自治区教育史上的一颗明星。尤其是近几年来，学校声誉日隆，现已成为全国文明单位、全国民族团结进步创建活动示范单位、自治区一级示范性高中、区级与市级“模范集体”。

毫不夸张地说，我是怀着一颗敬畏之心走进这所百年老校的。

扁平化管理为执行层赋职放权

固原市地处西北地区，可在学校管理上一点儿也不比大城市的名校逊色。他们很早就引进了扁平化管理模式，而且构建了具有固原一中特色的先进管理系统。

传统的“校长—副校长—科室主任—年级组长—教师（班主任）—学生”层次众多的“金字塔”式的管理形式，存在着严格的上下级关系，学校的主体——学生和教师处于管理的最底层，成为纯粹处于被动状态的被管理者，积极性不能得到有效的发挥，严重制约了他们的创造潜能。同时，由于中间环节多，决策层的思想到了教师那里往往产生不小的变数，且有一个相对较长的过程，从而让学校决策难以产生预期的效应。

为此，固原一中引进扁平化管理模式，将整个管理系统压缩为两个管理层次：一是校级领导决策层，二是年级管理执行层。决策层筹谋大事，执行层放到年级组，成为以服务为主的管理机构。决策层做出决定后，直接传达给执行层；执行层再直接传达到教师那里。这样的管理模式减少了中间层次的内耗，解决了政令不通的问题。

那么，学校会不会由此出现领导不了解基层情况，决策失误的问题呢？绝对不会。

学校的办学思路与重大行动，一定是要有一线教师参与的；没有他们的参与，任何决策都不会形成。教师如果有什么问题，可以直接向校长反映，且会在第一时间得到答复以至解决。同时，决策层的领导，包括校长在内，经常深入教研组，听取教师们的意见与建议。所以，在形成初步决策意见之时，就已经有了广泛的群众基础。此后再由教职工代表大会充分讨论，重大决议方才形成。

据薛吉强校长讲，扁平化管理可以让决策层腾出更多的时间，用以外出学习，或思考研究一些大问题。近年来，校级领导经常外出参加高品位的学术会议，推出了一系列具有前瞻性发展的措施。同时，这样的管理也让决策层可以抽出一定时间，阅读一些有思想与文化品位的书，提升决策层以文“化”人的能力。

他们还为执行层赋职放权，赋予年级聘任权——班主任、备课组长的聘任，教师的配备，年级组要参与，并充分尊重年级组的意见；管理权——排课、教师管理、教师培训、学生表彰奖励、处分处理等，年级组必须参与；考核权——过程考核、年终考核、评优选先，给年级组较大权重比例。这样，给了年级组更大的创造空间，使年级组既是制订决策的参与者，又是决策的执行者，从而增强了年级团队的责任意识和创造意识。

同时，学校科室则由行政型向服务型转变，为年级组提供业务指导、检查评估服务，为一级管理层提供决策服务，联系年级并协助年级管理。

这样就形成了一个学校统一决策领导，年级组直接执行实施，处室具体考核检查、指导服务，督查室监督落实的决策、执行、监督、反馈的封闭运行的管理系统。整个学校形成了人人有事做、事事有人管的积极向上的氛围。

固原一中高中部有4300多名学生，初中部有3800多名学生，这所近万人的学校因为有了扁平化管理，使得人人各司其职，教学秩序井然，于是，学校就有了一次又一次的突围与超越，取得了一个又一个令人惊喜的成绩。

为“两困生”点燃希望之火

固原属国家确定的六盘山集中连片特困地区，南部山区的学困生和贫困生在学生中所占比例都在30%以上，成为学校发展的“瓶颈”。薛吉强校长说，他喜欢品学兼优的学生，可对学困生与贫困生更有割舍不下的感情。固原一中的生源，学生入学时学习水平起点差异较大，给教师教学带来了不小的困难。为了让这些学困生急起直追，后来者居上，教师们耗费了很多的时间与心力。分管德育工作的副校长何成江在与我交谈时很是感慨，他说，他们的教师不做有偿家教，却加班加点为学困生进行课外辅导，而且做得心甘情愿、认真负责。不少学困生不但学习成绩有了稳步的提高，也因受到教师的特殊呵护而心怀感恩，且自然而然地自我努力起来。

在固原一中艺术特长部，很多学困生其实家境不错，但个性桀骜。有的孩子逆反心理严重；有的孩子性格忧郁，有时甚至还会自残；有的孩子长期与父母冷战，家庭矛盾激化……“不好管，不好教，不听话。”对这些学生，教师们也感到很头疼，经常诉苦。

薛吉强校长对特长部的教师说：“如果能够把这样的学生教好，使他们成为社会的栋梁，你们不是更有成就感？贡献岂不是比培养出一个大学生更大?”教师有责任点亮他们的心灯，需要用爱来跟学生沟通和交流。也许，这些学生未来不一定能考上大学，但只要他们能够自食其力，长大成人，同样也是一种成才。

一位特长部的教师讲了这样一个故事：有一名学生说话结巴，胆子特别小，在大家面前从不敢说话。经过几天观察，教师发现了这名学生的几个优点——非常爱干净，心细，且乐于帮助别人。这不就是很好的生活委员吗？教师安排了一次颁奖班会，让这名学生为近期表现好的同学发奖。当念第一个人的名字时，这名学生的嘴唇上下颤抖，就是说不出来。教室里几十双眼睛看着他，却没有一丝嘲笑的意思。终于，他说出来了，那热烈的掌声激活了他。从此，这名学生自信心提升，成绩提高也很快。“发现学生的潜力并不难，重要的是怎样去激活它。”这位教师说。

“低重心、近距离、手把手、耐得住、不放弃”，这是固原一中特长部的承诺。他们把那些中考成绩平均不到300分，低于普通高中招收分数线近200多分的学困生特招进特长部，又一批批输送到全国知名的艺术院校。他们连续7年参加自治区音美专业联考的合格率保持在98%以上，先后向中国传媒大学、星海音乐学院、四川美术学院等全国知名艺术院校输送了300多名优秀的艺术类学生。

固原属于经济欠发达地区，贫困生占学生总数的30%，尽管学费很低，不少学生依然难以拿出这笔钱。有的学生没钱从食堂买饭买菜，只好从家里带点干馒头和咸菜充饥。

说到这里，薛吉强校长的声音变得低沉起来。他说：“这些学生的父母吃了一辈子的苦，他们也像父母一样在生活的底层挣扎。我们如果不关心他们，不要说没有尽到教育工作者的责任，就是良心上也过不去。”学校不但要解决这些学生经济上的困难，还要让他们中的绝大多数考上理想的大学，进而改变他们自己及其家庭的命运。为此，学校承办了一个“宏志班”，专门招收品学兼优的贫困家庭的孩子，每人每年补助3000元，解除了他们经济上的后顾之忧。12年来，“宏志班”已经形成一个品牌，它点燃了一些贫困家庭的孩子努力学习、积极向上的希望之火。为了让更多家庭贫困的学生上学不再困难，学校还办起了“工会班”“建行班”以及“鹏荣班”。“鹏荣班”是一对夫妻用从自己所办企业的收益中挤出来的钱才办起来的，已经办了6年，却从来不让宣传他们的事迹，他们只是有一个朴素的想法，就是能多让几个穷人家的孩子有学上。这让我不由得想起了老子之言：“善行无辙迹。”是的，最高的善行是不求回报的，也是不需要张扬的。可喜的是，这种善行也无声地润化着人们的心，一些民间企业也加入帮扶贫困生的行列。薛吉强校长欣慰地说，他们已经先后办了五六个扶助贫困生的班，基本上解决了家庭困难的学生上学难的问题。

这些学生深知求学的不易，也懂得要加倍努力学习来感恩社会。“宏志班”的学生连续多年全部考取了重点大学，其他被资助的学生绝大多数也走进了大学。

薛吉强校长说，学校不只是一个学习知识的地方，还应当是一个追求真善美的圣地；社会也不应当只是一个只为自己生存发展而去拼搏的战场，还应当是一个“立己达人”的精神天堂。只有更多的人在自己发展的同时也在努力帮助别人成长，我们这个社会才有腾飞的希望。

正如自治区示范性高中回访评估反馈意见中所说的：固原一中关注“两困生”教育，为宁夏、为固原教育积累了某些经验，这也是学校成功的一个标志。

教学上的传承创新

不管是经济条件，还是地理位置，固原一中都没有任何优势，可是，固原一中的教学质量在宁夏高中学校中名列前茅。其中的奥妙到底在哪里?

在他们看来，这个经济欠发达地区的孩子走出困境仅有的出路是上学脱贫，为他们提供优质的教育资源，是唯一的选择。

一、它山之石，可以攻玉

要想提升教学质量，就必须学习，除了研究教材与阅读书籍之外，教师还可以到名校学习，因为“它山之石，可以攻玉”。固原一中的教师曾先后到衡水中学、北京四中、青岛二中、洋思中学、杜郎口中学等学校考察与学习。“取经”于人，用之于自己的教育教学工作之中，往往能产生比较好的效果。可是，学习并不等于照搬，也不是全盘拿来，而是“弱水三千，只取一瓢饮”，适用于本校者，用之；不适用者，舍之。

固原一中所学的洋思中学教学上的“四清”，对提高学生的学习成绩起到了不小的作用；将钱梦龙老师的“三主四式”教学模式应用于教学之中，对于打破教师的“满堂灌”，激发学生参与课堂教学的积极性颇有成效；学习衡水中学培养学生的自主能力与快速反应能力，让学生的学习能力大大提升；学习刘京海的成功教育法，其“低起点，小步子，快反馈”的教学方式，对于提高基础薄弱的学生的积极性与学习成绩，起到了立竿见影的效果。

二、传统教学，取其精华

薛吉强校长认为，一些被斥责为传统教学方法的东西，其实却有着永久的能量。比如，语文本应是学生最爱的学科之一，可是学生对它渐行渐远，失去了兴趣，其实就是因为语文教学将听、说、读、写等传统的方法丢掉了。为了让语文教学回归本位，学校要求学生在早读时间大声朗读文学作品，甚至可以到教室外放开声音朗读。同时，增加练习写作的机会，让写作成为学生的一种生命常态。没有大量的阅读与写作，语文水平就永远在低层次徘徊。

三、构建模式，形成品牌

薛吉强校长说，固原一中既重视学习先进理念，又坚持采用传统的教学方法，形成了属于自己的“一二三四五有效教学模式”品牌。

“一”是树立一种精神，坚持一种思想。树立一种精神，即树立“只要拼搏，就能出彩；只要自信，就能成功；释放正能量，共圆成才梦”的精神。坚持一种思想，即坚持“以教师为主导、以学生为主体、以训练为主线”的教学思想。

“二”是恪守两个规范，实现两个转变。恪守两个规范，即以“班级管理规范”和“教研活动规范”为依托，努力实现管理与教研一体化，向管理要质量，向规范要效益。实现两个转变，即立德树人，围绕“三主”思想，转变观念；转变方法，突出“三主”方法，充分激发学生内在的、持续的自主发展动力，带领学生由被动学习走向主动发展，提高教育教学质量。

“三”是完善三环节，落实三结合。完善三环节，即进一步完善课前、课中、课后三个环节的功能。落实三结合，即教学注重落实知识体系与应试体系相结合、精讲与多练相结合、课堂教学与个性辅导相结合，实现课堂教学形式与内容的完善。

“四”是坚持教学四项原则，做到四个到位，落实教学“四清”。坚持教学四项原则，即教学坚持低起点、小步子、多互动、快反馈四项原则。做到四个到位，即师生努力做到管到位、练到位、查到位、做到位。教学“四清”包括两方面，一方面是教师“四清”，即“堂清”——有效完成三环节，讲清讲精主干知识，组织学生训练到位；“天清”——检查练习，批阅作业，个别辅导，精心备课；“周清”——认真参与一次集体备课，细心选编一套训练题，认真检查一次学生的“周清”题，真心帮助解决一些学生的困惑，认真参与一次听课、评课、做课活动，上好每周一次晚自习，深度进行一次周教学反思；“月清”——按时完成教学进度，认真准备一次集体备课主讲，认真批阅一次月考试卷，认真讲评月考试卷，认真进行月考总结反思，彻底解决一项教学中存在的问题，达成教学目标任务。另一方面是学生“四清”，即在坚持原有“四清”规定内容的基础上，根据教学新要求，“堂清”注重学生当堂训练的完成质量；“天清”注重对学生的个性化辅导，促使学生有收获；“周清”注重定时定量完成训练，并力争能掌握、有收获；“月清”注重及时解决出现的问题。教学“四清”关注了不同起点的学生实际，注重开发学生的能动性，实现了全体学生共同发展、人人成才的教育理想。

“五”是注重五个关键，树立五种观念。注重五个关键包括以下几方面：①关注学生，激情上课，激发学生全身心投入学习是有效课堂的必备前提；②精讲多练，学生能够接受，是课堂有效的唯一标准；③处方式教学，个性化辅导，是促进各层次学生进步的重要途径；④注重命题、检测、评价三步骤有机结合，真实反映教和学的效果，为学校决策和备课组教学提供依据；⑤打造五大团队协作体。树立五种观念包括以下几方面：①个性辅导是贯彻新课程理念（以人为本、全面发展、个性成长、课程选择性等）的有效途径；②强化训练是促进学生自主学习、主体性发展的核心措施；③加强管理是教学有效的必要前提；④学生的潜力是无限的，不断创新思路，激发学生的潜力，是实现有效教学最现实的捷径；⑤班级教学团队是一切教学措施产生效果的落脚点。

据分管教学工作的副校长马树田讲，在推行这种模式的时候，学校给教师提供了很大的空间，让教师可以根据自己的优势，积累一些成功的经验。现在，不少教师在遵循模式又超越模式方面已经取得了令人可喜的成绩。也因此，固原一中不但取得了很好的教学成绩，而且在老百姓中有了越来越高的信赖度。

2007年7月5日，原州区十五坊清真寺阿訇、穆斯林群众80余人为答谢固原一中的教师，自发组织给固原一中送来了写有“民族教育的希望，学生成才的摇篮”的巨幅牌匾，并为教师披红戴花，向其馈赠礼品，以示对学校和教师的感谢。1936年毛泽东同志率领中国工农红军长征经过六盘山时，这里的穆斯林群众曾经给当时的临时政府送过牌匾，时隔70年后，这是固原回族群众第二次为政府和学校送来了牌匾，表达了人民群众对政府关心发展山区民族教育的感激之情。

优秀教师团队支撑了学校的发展

我第一次去固原一中，是从济南机场乘坐飞机去的。从银川机场一下飞机，就被从未见过面的固原一中语文教师杨杰一眼认出。我们坐上小车后，便快速地向固原驰去。

一路上，杨杰老师不但谈到他们学校近几年来的发展，谈到学校领导的理念与人格，还谈了很多闻所未闻且让我十分敬佩的教师。如果不是后来与这些教师有近距离接触，以及采访学校的领导与师生，我甚至很难相信这里竟然会有如此精神高贵的教师。

在向薛吉强校长了解情况的时候，他首先谈的就是学校的教师。这不但印证了杨杰老师在路上所谈的情况，也让我了解到了固原一中教师们的精神品质。

薛吉强校长首先向我谈到了特长部主任何文峥老师，他说她的教学与管理几乎全是人文性的，而且收到了特别好的效果。

何文峥老师是学音乐的，大学毕业的时候，她怀着为山区培养音乐人才的梦想，放弃了留在银川的机会，毅然返回家乡任教。她先后在固原民族师范学校、固原一中任音乐教师，一教20年，不离不弃，无怨无悔。每天早晨6点半，她都会准时到学校组织学生晨练，每天下午顾不上回家，就简单吃个便餐，又组织学生晚练。她每周平均带19节课，每周6个晚自习在校值班，数十年如一日，已成为生活习惯。

艺术特长生进校时大多属“双差生”，学习差，行为习惯差。在特长部近十年来，何文峥老师以“爱”为核心，细心观察、精心呵护、用心感化学生，赢得了学生的认可和尊重，唤醒了学生的良知，激活了学生的潜能，把100多名学习差、行为习惯差、升学无望的学生教育感化，使他们变得自信、自尊，走上了知识与品德双赢的成才之路。她挽救了近40名因家长放弃而走在流浪边缘的学生，并使他们考上了大学。学生们亲切地称她为“何妈妈”。有家长拉着她的手说：“是特长部挽救了我的孩子，能遇到您这样的老师，真是孩子们的福分!”

当我感慨于她的动人事迹的时候，何文峥老师却说，她只是做了一些她应该做的事情。如她一样的教师，在固原一中还有很多。

的确，固原一中有一批德才兼备的优秀教师——

2013届（20）班班主任王宏兵家离学校较远，孩子尚小，母亲从病危到亡故，他没有占用一天教学时间去照顾，一直守在学生身边。2014届（20）班班主任王永华因坐骨神经痛而时常坐立不安、彻夜难眠，但她依旧在教学一线早出晚归。学校让她去医院医治，她说舍不得这些学生，直到这些学生高三毕业后，她才疲惫不堪地走进了医院。

英语教师任山旭的爱人去英国参加培训半年，孩子正在上小学。他每天早晨将孩子安排好，6点半准时到学校；有的时候家里没有人，他就将孩子带到办公室里。他不仅从来没有耽误过一节课，而且教学质量非常高。

正是有了他们，固原一中才有了持续发展的力量，才有了越来越高的美誉度。

人生感悟中透射出高尚的品格

薛吉强是固原市以至宁夏回族自治区的名校长，被人们认为是一位既有良知又有智慧的教育工作者。他的身上积聚了很多弥足珍贵的精神能量，受到了广大师生的拥戴。在与他交谈的时候，尽管他很谦虚，但还是让我们看到了他身上的许多闪光点。

一、责任

他在教育岗位上工作了32年，总有一种责任在肩的感觉，尤其是当了校长之后，更有一种舍我其谁的担当意识。他说自己不适合做行政工作，做教师与当校长才是他生命的归宿。

他是在农村长大的，从小吃了不少苦，直到20世纪80年代后期，才告别了日复一日的饥饿生活。走出大山，改写命运，成了他的一个梦想。他知道，只有知识可以改变命运，只有靠自己拼搏才能闯出一条新路来。

薛吉强最终走出了大山，成了一名令人羡慕的大学生。

大学毕业，重回固原，改变山区老百姓的命运，则成了薛吉强的一种使命。他从当教师，到现在担任校长，一直没有放弃山村孩子改变命运的期待。特别是2005年，他又返回固原一中任校长时，市领导语重心长地对他说："选固原一中的校长比选一个局长难，教育关乎千家万户，教育是天大的事情，老百姓对孩子接受好教育的期待越来越高，特别是像固原一中这样的名校如果出了问题，固原的老百姓会骂我的，不要说教育部门难辞其咎，就是我这个当领导的也难逃罪责。"

薛吉强校长说，那次谈话的当天晚上，他彻夜未眠，市领导的话一直在他耳边回荡。是啊，校长责任大如天啊！

屈指算来，薛吉强已经当了十年校长，历届市领导对固原一中都高度重视，这让薛吉强校长感动不已。他说，前年他已55岁了，当时就应当退居二线了，可领导说："校长不能与行政上一个政策，你可以继续担任校长。再说，近年来学校发展一直呈现持续上升的趋势，这说明你这个校长干得不错嘛！"固原市评选"十大突出贡献人物"，市领导亲自提名，并将薛吉强放在第一位。去年，他又被评选为"六盘英才"。多年来，学校师资欠缺，市领导亲自来到学校，为学校解决了23名急缺教师的问题。新学校初建的时候，市里专门成立了项目管理办公室。新校建设一年时间，所有贷款、利息全部由政府承担。

市领导说，固原一中是全市的品牌，甚至是整个宁夏回族自治区的品牌；这不但是固原一中的骄傲，也不只是固原教育的骄傲，还是整个固原市的自豪。所以，全市要关心教育、支持教育。

每逢听到市领导表扬固原一中，薛吉强校长在感到无上荣耀的时候，更多了一份沉甸甸的责任。他说，真的是“如临深渊，如履薄冰”啊！

多少年来，他都是早晨6点半到校，晚上10点半才离开办公室。他无暇过问家中的事情，用他妻子的话说，即使在家，他也是身在家中、心在学校啊！

可他说：“市里把这个重任交给我，老百姓用期待的目光看着我，我能不把整颗心放到学校上吗？”

毋庸讳言，薛吉强校长到了这个年龄，干得再好也不可能提升上去，干得再差也不至于被贬到其他地方。可人是要有良心的，人也是要有追求的。多干，不需要谁来督促，是心向往之，不干不行啊！

薛吉强校长坦言，从固原一中毕业考上大学的学生，很少有人再回到固原。可是，学校可以改变一个家庭的命运，特别是农村的孩子，考上大学，尽管暂时会给这个家庭带来一定的经济困难，却会给这个家庭带来希望，甚至会给这个村落带来新鲜的东西。而且，当他们成家立业、功成名就的时候，一定会回报这个地方的。

薛吉强校长说，正是基于这种想法，他提出了要对每一个学生负责的理念。他说，以前曾经有一个品学兼优的学生考入固原一中，一年之后，他却沉迷于网吧，导致学习成绩直线下降，最后只好休学。对此，他的父母感到非常痛心，薛吉强校长也感到愧疚不已。为此，学校领导认真探究其原因，认为管理不善是重要原因之一。于是，学校下决心解决这一问题，不再让任何一个在固原一中的学生因沉迷于网吧而失学。从2008年开始，学校安排专人每天检查学生的出勤情况。有一次检查时发现一个学生不在学校，马上组织几个人到固原所有网吧逐一查找，但没有发现这名学生的踪影。迫不得已，学校请求公安部门帮忙，通过手机定位系统，发现这个学生竟在中宁县。学校立即派人奔波300多里路赶到中宁县，于凌晨3点在一家网吧里找到了这名学生。这让学生本人及其家长大为震动，学生最终回到学校，与网吧作了最终的告别。

薛吉强校长说，这个学生虽然只是学校的一员，对于其家庭来说，却是百分之百，对于其自身来说，学校的学习生活关乎其一生的命运。所以，学校坚持对每一个学生负责，不管多么艰难，费多少周折，都在所不惜。

二、梦想

薛吉强校长说，学校所在地比较封闭，经济也不发达，不少人看不起固原人。所以他们一直有一个梦想，就是让固原的经济快速发展，让固原的教育腾飞。2005年薛吉强来到固原一中当校长，当时学校有70%的建筑属于危房，后来新校区建好了，他决定带领教师们在教学上拼一拼。十年的奋争，学校教学质量持续提高，尤其是2007年之后，固原一中的教育教学质量一路攀升。目前，提起固原一中，整个宁夏回族自治区几乎无人不知、无人不晓。很多人也改变了对固原的看法，感到山区的人不但不笨，而且有冲锋的韧性，有不屈的精神，有向上的态势。固原一中，成了整个宁夏回族自治区教育界令人敬佩的一所优质学校。

三、守望

20世纪80年代，固原经济很不发达，教育环境也不尽如人意，一些教师忍受不了，选择远走高飞。仅固原一中，教师流失的人数就达二三十人。可是，也有一些教师固守贫穷，坚守师道，十年如一日，甚至几十年如一日地坚守在这片土地上，将自己最美好的青春都献给了山区。

当然，为了留住教师，薛吉强校长及学校领导班子成员也尽了极大的努力。学校为教师搭建公平公正的平台，如职称评定，不是由哪一个领导说了算，而是形成考核教师的制度，每年考核下来，谁优谁劣，一目了然，且信息全部公开，凸显公平公正。教师在这样的人文环境中工作，会有一种安全感、尊严感。当年鲁哀公曾经问孔子："何为则民服?"孔子这样回答："举直错诸枉，则民服；举枉错诸直，则民不服。"意思是说，把正直无私的人提拔起来，把邪恶不正的人置于一旁，老百姓就会服从统治了；把邪恶不正的人提拔起来，把正直无私的人置于一旁，老百姓就不会服从统治了。评定职称也是这样，只有让那些德才兼备的教师评上高一级的职称，大家才能心服口服。这种正向导向，会形成一种积极向上且有正气的氛围。

薛吉强校长说，教师们如此努力、认真地工作，学校就应当千方百计地为他们提供更好的条件，解决其后顾之忧。20世纪90年代，教师们住的大多是土木结构的平房，条件非常差。从2005年开始，学校用几年时间，建起了两个住宅小区，为每位教师提供了两套基本是成本价的住房。对于工作相对辛苦的班主任，学校还每天免费提供早餐。

分管德育工作的副校长何成江说，他很为固原一中能有这么一批默默无闻、任劳任怨的教师而自豪，他们将一批又一批学生送进了大学，让学生展翅高飞了，可他们依然在这个相对贫瘠的地方守望着。就在这份守望中，他们品尝到了教书育人的幸福。

锻造“完美”的精神品质

——山东省青岛经济技术开发区实验初中优质快速发展解码

校长介绍

李素香，中学高级教师，青岛市人大代表，现任青岛市黄岛区教育体育局党委委员，青岛经济技术开发区实验初级中学校长、党支部书记，青岛经济技术开发区育才初级中学党支部书记。荣获全国优秀教师、全国名校长、全国十佳创新校长、山东省特级教师、齐鲁名校长、青岛市劳动模范等30余项荣誉称号，先后4次受教育部邀请为全国教育厅局长做教育信息化培训，近五年获得省级以上成果3项，主持10项国家级课题；发表国家级论文20余篇，出版《李素香与完美教育》《完美教育的理念与实践探索》专著两部，在教育界反响强烈。

近年来，青岛经济技术开发区实验初中异军突起，在很多方面取得了骄人的成绩，短短几年，已经跃进全国名校的行列。这所学校何以能有如此的生命突围呢？我带着对这所学校的好奇与疑问，走进了这所学校，去感受它追求“完美”的精神品质。

开放办学：实现教育社会化

传统的学校，是一个相对封闭的地方，有高墙与外界隔离，有门卫严格把守，尤其是学校安全事故屡屡发生之后，就更成了与世隔绝的一个禁区。这固然有利于学生的安全，可是也阻隔了学生与社会的联系。联合国教科文组织教育丛书《学会生存——教育世界的今天和明天》已然指出：“教育正在越出历史悠久的传统教育所规定的界限……在一个空前要求教育的时代，人们所需要的不是一个体系，而是‘无体系’。”

构建一所现代化的学校，就不能“闭关锁国”，生活中的教育教学与教育教学中的生活是大教育与小教育的关系，学校应当在保障学生安全的前提下，最大限度地对社会开放。用李素香校长的话说，这也是一个教育者应当履行的社会责任。

人类学家格里高利·贝特森提出：“在教与学的过程中起到主要和决定作用的是社会环境和信息传递的方式。”作为青岛经济技术开发区政府高标准配置的初中，学校建有标准全塑型跑道、多功能室内体育馆和标准游泳池。为使学校资源发挥社会效应，李素香校长在学校资源社会化管理方面进行了大胆的尝试，通过校企合作，在节假日、晚间等闲暇时间将学校的体育运动场所向社会开放，使开发区居民有了高标准的健身场所，提高了周围居民的幸福指数，受到了社会的广泛赞誉。学校还不断盘活教育教学资源，与青岛泳联汇游泳俱乐部合作，每周每班开设两节游泳课，使学生群体中的游泳人才脱颖而出，为学生“每天运动一小时，幸福生活一辈子”的全面发展打下了坚实基础。与此同时，学校还发挥联盟办学的优势，积极为周边小学开设游泳课，让小学生也充分体验到游泳健身的乐趣。学生不出校门，就能得到高级教练的指导，学到了游泳的本领。企业借用游泳馆向学校支付一定的费用，也为学校增加了一定的经济收益。

学校不是孤立于社会之外的一个封闭之所，而应当成为一个开放之地，无论是杜威提出的“学校即社会”，还是陶行知提出的“社会即学校”，都体现出教育不能脱离社会的教育理论基础。李素香校长的这种大胆尝试，不但让学校“名利双收”，也给其他具有优质资源的学校一个有益的启示。生态主义课程观认为，人、自然、社会与文化本身是一个有机统一的整体。学校应为学生提供能使他们与自然环境、社会环境和谐相处，并从中汲取力量，获得智慧而使身心得到和谐发展的教育经验。

学校充分挖掘社区资源，建立四大实践教育基地，通过“走进石油大学”“小小志愿者服务”等系列社会实践活动，促进学生综合素质的提高。学生的成长，需要科学文化知识的不断丰富，同时也需要社会实践能力的持续提高。古人之所以强调“读万卷书”，还要“行万里路”，就是因为他们知道“纸上得来终觉浅，绝知此事要躬行”。现代学校就要为学生提供社会实践的机会，让学生形成“有弗行，行之弗笃，弗措也”的良好的社会实践习惯。后现代知识观从知识的本源上考察知识源于生活、源于实践，主张知识首先意味着实践能力和实践智慧，而不仅仅是一种理论能力。现代学校的一个重要特征就是培养出来的学生要能适应现代社会的需求。因此，让学生走出校园，参加社会实践活动，不只是提高了学生的社会实践能力，更让他们感受到了社会实践的意义，并为学生未来步入社会奠定了一定的基础。

与此同时，学校注重家校合作，让家长成为学校管理的同盟军。通过支持、指导学校家委会全方位参与学校管理及民主监督，联合成立实验初中家长学校家庭教育研究室，建立完善“五级作业规范”制度，设立“同文阳光”教育基金，建立学校、班级家长QQ群，实施动态化的家校“联动管理”。学生家长来自不同的社会阶层，他们走入学校，参与学校管理，不但可以融洽家长与教师的关系，还会让不同家长的理念相互碰撞，进而形成更为优质的家庭教育共识。这既是社会对学校教育的一种深层次的介入，也是对不同家庭教育的一种辐射与影响。不同的家长为学生开设座谈会，以及走上讲台承担某些课程教学任务，为学生打开了一个学校教育无法抵达的境界。正如雅斯贝尔斯所深刻阐明的，教育是人对人的主体间灵肉交流活动，是人与人精神相契合，文化得以传递的活动。而在这种教育共同体模式中，学生不仅学到了技能，更开阔了眼界，从另一个角度来说，他们走进了一个更加重要而又丰富的社会。

中国第一篇教育学论著《学记》中说：“发虑宪，求善良，足以谀闻，不足以动众；就贤体远，足以动众，未足以化民。君子如欲化民成俗，其必由学乎！”看来，我们的古人早就知道办学的目的是“化民成俗”，而不只是让学生学到书本知识。如果办学的时候与“民”隔离，没有影响百姓、有利于百姓、教化百姓的思想与行动，其办学的品位就会大打折扣。两千多年过去了，这种教育思想非但没有落伍，反而与现代教育一脉相承、相得益彰。这不能不让我们惊叹于古人的境界与智慧。李素香校长的高超之处在于，她清楚地认识到了自己肩上的责任，她本身就是从“民”中来的，也是不断地服务于“民”的。而服务于“民”，就要让百姓的孩子从小走进“民”中，就要有“化民成俗”的意识与行动。教育的中心和灵魂在学校，而作为社会文化系统的子系统，学校需要开放办学，实现教育社会化，形成独特的学校文化，这不但是为百姓提供方便，也是让学生走进社会，更有了“化民成俗”的精神意义。我国明代平民思想家颜钧一生在民间讲学，韩贞“生成难并衣冠客，相伴渔樵乐圣贤”，黄宗羲曾描述他们“以化俗为己任，随机指点农工商贾，从之游者千余”。总之，如苏国勋在《理性化及其限制——韦伯思想引论》中所言，“化”不仅需要“伦理先知”的教育引导，更需要“楷模先知”的教育引导。

构建制度：形成内化于心的文化

学校文化是课程改革的载体，而学校制度文化是学校文化建设的根本保障。青岛经济技术开发区实验初中根据《国家中长期教育改革和发展规划纲要（2010—2020年）》“坚持以人为本、全面实施素质教育是教育改革发展的战略主题”的指示，确定了“努力打造师生共同成长的幸福家园，建设高质量、有特色、国际性、现代化，国内一流的知名中学”的办学目标，不但构建了一系列的学校制度，而且让这些制度有了文化的特征。

一、构建“以文化人”的制度文化

几乎所有的学校都有制度，可是有些制度只是挂在墙上，或装订成册，并没有内化到师生的心里，更没有变成自觉的行动。这样的制度只是制度，并没有形成制度文化，没有进入现代学校管理制度的殿堂。

李素香校长在实验初中建校之初，就决定构建一整套现代学校管理制度，并希望尽快形成一种文化自觉。为此，她组织人员广泛搜集资料、分析研究、征求意见，相继出台了《章程》《制度汇编》《管理流程》《学校的资源社会化制度》《扁平化管理制度》《家长委员会制度》《家长全员参与评价学校》《学生社团管理制度》《学校教育董事会工作规程》《学校基金会制度》《家长义工制度》《学校救济制度》等60多项制度。制度的构建，旨在形成做事的标准与流程。现代化的企业，无一例外地注重标准与流程，标准告诉我们做到什么程度，流程告诉我们怎么做。

从一定意义上讲，制度的变革与实施是学校的现有文化与变革建议所隐藏（或昭示）的文化之间的交汇、冲突、融合的过程。上述制度的形成，是在公开状态下产生的，反映了教师们的心声。当然，制度也就有了“文而化之”的功能。从某种程度上说，这些制度就是教师们用生命孕育出来的“孩子”，他们呵护它、遵守它，以至敬畏它。

制度之于学校，具有“法”的特质，不管什么人，只要违反制度，都要受到相应的惩罚。正如杜威在《民主主义与教育》中所阐述的：“从制度层面上讲，我们的学校依据社会的组织原理和模式构筑了与社会具有同一性的组织框架、管理控制方式以及权利分层的特点，对学校中的每一个成员的权利，如校长、教师、学生的权利都有明确的规定，师生自己的行为只能在一定的制度允许范围内回旋。”但是，制度不只是惩戒，也有奖励。如果说通过惩戒可以警示师生少犯错误的话，奖励则会让师生士气更加高涨。

李素香校长认为，建立制度的目的，不是限制人的创造性，而是激发人的积极性。所以，学校制度并不是冰冷的，而是内蕴着人文的温度。陕西师范大学的张立昌教授说："建设民主规范的制度文化，关键是要使学校由'藩篱'变成'家园'，在制度建设中重塑人的尊严和生命的可贵，以生命的观照重建学校的制度文化。"比如，不是等到师生出现问题的时候去惩罚，而是适时友善地予以提醒。这种提醒文化，不但能让师生更少违反制度，还能让师生感受到来自学校的人文关怀。而当有的师生取得优异成绩的时候，也就有了奖励的制度保障。

李素香校长说，学校提倡远离原点，坚决反对在原地踏步。因为每一个人都有巨大的发展潜能，制度的作用就是让这种潜能被有效地开发出来，从而让学校不断发展，让师生持续前进，从而产生生命的超越。俄国著名教育家乌申斯基曾经指出："任何章程和任何纲领，任何人为的管理机构，无论它们设想得多么精巧，都不能代替人格在教育事业中的作用。"

二、构建"一体两翼"的现代学校制度

社会改造主义代表人物布拉梅尔德指出，学校应该是民主社会的先导，因而学校首先应该是民主的学校。要确保学校的民主，校长必须具有主体的意识和相应的生活方式，而教师必须有意识地进行民主教育生活。青岛经济技术开发区实验初中构建了以校长负责制为主，教职工代表大会和学校教育董事会为"两翼"的现代学校制度。教职工代表大会侧重协调学校内部关系，学校教育董事会侧重协调外部关系，一内一外，构成了管理中环环相扣的网络，放开了学校管理权，激发了办学活力，践行了教育民主化。

李素香校长认为，现代学校制度下的教职工代表大会有审议建议权、审议通过权、审议决定权、评议监督权。所谓审议建议权，即教职工代表大会依法享有的对学校重大决策审查、讨论的民主权利，如听取、讨论校长的工作报告，对办学指导思想、发展规划、重大改革方案、财务工作报告等有关学校发展的重大问题提出意见和建议，并做出相应的决议；所谓审议通过权，即教职工代表大会对涉及教职工切身利益的重要方案、规章制度等享有审议并就通过或不通过进行表决的职权，这是教职工代表大会对学校的重要规章制度和方案的认可权；所谓审议决定权，即教职工代表大会有审议决定有关教职工生活福利费使用的原则和办法及其他有关教职工生活福利的重大事项的权利；所谓评议监督权，即教职工代表大会有评

议和监督学校领导干部的职权，这是教职工代表对干部行使的评议监督和任免建议权。

校长能力再强，如果把所有大权小权都集于一身，也会感到分身乏术。而有了教职工代表大会，并赋予其相应的职权之后，校长就可以从繁忙的事务中摆脱出来，思考一些大问题，去办一些大事情。这种明确权限、厘定职责、践行义务的做法，让学校事务更加公开透明，让教师们体验到了有权的愉悦与责任。

学校教育董事会主要由学校举办方代表、学校校长、教师代表、学校管理干部代表、专家代表、学生家长代表、社区代表、社会贤达人士及企业家代表等组成。其职能是提出有关学校管理和学生教育的建议，协调学校、家庭、社区之间的关系，让社会和家长对学校享有知情权、参与权、监督权。毋庸讳言，目前学校在整个社会中已经成为“众矢之的”，有些校长为此烦恼不堪，无力应付，而且与校外的很多人打交道，也是颇费时间的。有了学校教育董事会之后，涉及校外的绝大多数的事情，李素香校长不必亲自过问，而由董事会来做。这样，不但会让社会更信服，也树立了学校良好的公众形象。

美国课程理论研究者乔治·A. 比彻姆曾在其著作《课程理论》中谈道：“教育委员会对所有学校来说，都是制定政策的权力机构。”他同时坚决主张：“所有专职人员，即教师、督学、校长都应该和学校管辖范围内的非专业市民一道参加教育与课程规划。”可以得见，“一体两翼”学校制度的建立，让实验初中与世界先进国家学校管理体制接轨，也让学校有了更好更快发展的可能。

扁平化管理：让人人有权又有责

我在采访一些校长时，总感到他们有一种心力交瘁的感觉，虽然忙得不可开交，可管理的效果并不理想。然而，我在青岛经济技术开发区实验初中采访李素香校长的时候，却感到她有一种洒脱与轻松的感觉，学校的各项管理也井井有条，各得其妙。管理者与专职教师的精神状态不但是积极的，而且是愉悦的。

孔子说：“不在其位，不谋其政。”可一些校长，不但谋了校长之政，还谋了副校长之政，甚至还谋了中层干部之政。副校长与中层干部因没有了权力，也就没有了责任，甚至心怀不满。这种微妙的情绪，有时还会让校长的管理出现梗阻。

李素香校长是智慧的，她虽然大权在握，可绝对不越权行事。她会大胆地分权，也会巧妙地分责任。扁平化管理，则是她的得意之作。

自2011年9月建校以来，李素香校长就构筑了以扁平化管理为核心的高效运行机制。学校没有副校长，校长直接与中层干部对接，他们直接对校长负责，其间也不设副主任。中层干部之间没有上下级关系，而是互相支持、和谐相处的“合作共同体”。中层干部在其所属的项目管理中，都能代表校长实施“首脑级”管理，行使学校所赋予的权力。

中层也一改传统的叫法，称为“发展服务中心”，学校设立了教师发展服务中心、学生发展服务中心、信息发展服务中心、学校战略发展服务中心、艺体卫发展服务中心、三级部发展服务中心等12个发展服务中心。学校把日常教育教学管理、监控、指导和部分评价等权力分别下放给各发展服务中心。譬如在年级发展服务中心，作为中层干部的年级主任全面负责年级教育教学工作，拥有对本年级所有教师的考核权、评优推荐权等，直接对校长负责；同时他们又与学校其他发展服务中心构成互助协作、指导监督、合作共赢的关系。年级发展服务中心定期召开班级联合会，研究班级管理中的问题，明确教师和学生的管理目标，形成了“事事有人管，人人有事干，人人能负责”的全员责任管理体系。

之所以冠以“发展服务”之名，是因为在这个运转系统中，每个人都要有强烈的发展意识和优质的服务意识。发展既是一种状态，又是一个过程。没有个体的发展，就没有整体的发展；没有整体的发展，个体发展也会受到影响。这种互相促进又互为关联的发展服务中心，就形成了真正意义上的发展共同体。发展服务中心的中层干部，说其是官，权力还真不小，大凡其所管辖的范围，几乎都可以说了算。可是，中层干部的话语权，不是建立在校长所赋予的权力上，而是建立在优质的服务上，所以，中层干部又不是官，他们更多地肩负着责任，是真正意义上的师生的公仆，一切围绕着师生的发展而去工作。

中层干部的权力是校长与教师赋予的，所以，中层干部也要对校长与教师负责，甚至有时还行使校长的职责。这就是李素香校长提出的“值周校长责任制”：每周由一名中层干部担任值周校长，行使校长职责；每天一位中层干部作为组长，带领几位普通教师直接参与学校管理。每天的重点工作是“走课”（行走式观察课堂），巡视校园，及时发现问题，并及时在一线解决。“值周校长责任制”折射出的是教育赋权的深层次问题。德国社会学家狄尔泰说：“人们生活在体验之中，并透过体验而生活。”德国哲学家伽达默尔也谈道：“如果某个东西不仅被经历过，而且它的经历存在还获得一种使自身具有继续存在意义的特征，那么这种东西就属于体验。”“值周校长责任制”就是这样一种体验的过程，它使中层干部们经由这种体验获得了生命价值的深刻意义。

这是对中层干部的重用，也是对他们的锻造。在担任值周校长期间，中层干部不是校长，却胜似校长。他们要公正、果断、正确地处理出现的问题。这不但需要良好的品格，还需要管理的智慧。渐渐地，中层干部也就自觉地思考促使学校发展的谋略，以及如何让自己部门更好发展的问题。久而久之，一些中层干部就有了立足本部门，心怀全校发展的高品质。李素香校长欣慰地说，如果将哪位优秀中层干部提拔到某所学校担任校长，无须再培养，便可胜任。

在采访中我发现，这所学校的中层干部个个精神饱满，意气风发。这不只是因为他们有了权力，更重要的是，他们在行使这些权力的时候有了强烈的责任意识、服务意识，有了克服困难、走向成功的自信心与自豪感。

绝大多数的中层干部都有潜在的管理能力，很多时候，是校长过多的干涉与专权，让这种潜力慢慢地沉寂下去了，也让他们失去了自信，认为自己不具备做领导的智慧与魄力。李素香校长的扁平化管理，让中层干部有了一展才思的舞台，其潜在的管理能力在体验中被一次又一次地激活了。能干事，能干好事，甚至能干成大事的思维越来越活跃。可以说，体验是超越的源泉，超越经验而达到理性，超越物质而达到精神，超越暂时而达到恒久。对此，李素香校长兴奋不已，适时给予他们鼓励，于是，中层干部就有了更大的干事热情、更优质的管理水平。我们颂扬体验，因为体验让生命的珍贵显现。

让中层干部有权、用权，并不等于让他们专权。中层干部也要像校长一样，学会分权，因为每一位教师与学生都是学校的主人，都应当拥有属于自己的那份权力，以及与之相关的责任。为此，李素香校长推行了“项目负责制”，即将学校日常工作以项目形式呈现，鼓励干部和师生根据各发展服务中心和自身的专长进行项目申报，并负责组织实施，让广大干部和师生成为学校管理工作的参与者、支持者、评价者。威廉姆·多尔曾明确指出，教师在教学交往中的角色作用——“平等者中的首席”，认为“教师是内在于情境的引导者，而不是外在的专制者”。学校的语文组、英语组、艺体组、九年级师生发展服务中心分别申报并承办了诗文吟诵节、英语节、艺术节、体育节、九年级毕业课程等活动，让普通教师真正品尝到了当家做主的滋味。

有人说，教师工作累，其实，如果心不累，就不会特别累。而让教师心不累的一个绝招就是给他们一定的权力，让他们既愿意干，又可以干好。正所谓“自诚明，谓之性；自明诚，谓之教”。教师们在承办那些活动的时候，虽然增加了许多工作量，常常忙得不可开交，可是他们个个精力充沛，乐此不疲。

学生也不只是学校里的被管理者，有时他们也可以是管理者。李素香校长认为，学生自主管理是管理的高层境界，即通过学生会、学生社团、学生智囊团等组织实现学生日常事务自主管理。学生有着很高的自主管理积极性，也有着很强的管理能力，当他们成为管理者的时候，也就有了责任，有了主动将力所能及的事情做好的愿望。当更多的学生有了这种诉求与行动之后，学校管理也就抵达了更高的境界。而且，这还让学生体会到了当家做主的滋味，培养了他们的责任意识与担当精神。爱因斯坦曾这样深刻地阐述，通过专业教育，人可以成为一种有用的机器，但是不能成为一个和谐发展的人，要使学生对价值有所理解并产生热烈的感情，那是最基本的。教育应凸显人性化，弘扬一种超越狭隘知识的、充盈着生命关怀的人的教育。

李素香校长欣慰地说，学校提出了“责任胜于能力，责任心就是竞争力，责任感就是凝聚力”的责任管理理念，完善了以责任为核心的管理机制，构建了精简高效的运行机制，形成了“事事有人管，人人有事干，人人能负责，有责必追究”的全员责任管理体系，实现了工作效率最大化，过程管理纵横、双向、无缝隙发展。

责任之所以胜于能力，是因为有责任心的人会主动积极地工作，即使没有督促与检查，即使领导不在场，都会呈现出“不令而行”的生命态势。法国社会学家埃德加·莫兰认为，所有事物都既是结果又是原因，既是受到作用者，又是施加作用者，既是通过中介而存在的，又是直接存在的。人长期在这样的工作状态下，必然会获得能力，因为任何能力都是在实践中锻炼出来的。相反，那些没有责任心的人，即使有一定的工作能力，也会因为责任心的丧失而弱化本来就有的能力。那么，有些学校的教职工为什么缺少这种责任心，没有积极行动呢？事实上，绝大多数的人都想在工作中做出成绩，可是，如果不为他们创设做出成绩的积极环境，他们不但难以很好地工作，甚至原有的创造性也会渐渐地泯灭。而李素香校长所说的“创造人人能负责”的学校文化，不但让教师感到自己身上的责任之重，也让他们收获了与责任同在的成果。这样的学校文化，在教师的心里积淀了一种积极向上的正能量，让他们感到了积极工作的意义。而当更多的教师有了这种生命状态后，学校的发展也就有了一种内在的必然。

如何让人人都有权，人人有事干？“日清双轨制”是一项很好的措施。“日清”指各部门负责人和值日组长对当天的管理情况进行表格化梳理，并于当天反馈给校长和值周校长，从而做到“今日事，今日毕”。“双轨”指学校常规管理和学生自主管理两个轨道。学校常规管理即通过“值周校长责任制”“今日我当家”“干部走课”等方式使学校每天的事都有人管，做到控制不漏项。“日清双轨制”确保学校所有的人均有管理职能，实现了“人人有岗位，人人有责任，事事有人管，人人都管事，管事凭效果，管事凭考核，问题要纠偏，结果要兑现”的全程、全员责任管理目标，极大地提高了管理效率，使学校处于不断发展的良性循环之中。

“日清”让学校里大大小小的事情及时得以处理，这便在无形中培养了教师与学生良好的行为习惯。一旦养成这种好的习惯，他们不但可以将学校里的事情做好，还会悄悄地向外迁移，在做其他事情的时候，也会“今日事，今日毕”。叶圣陶先生说：“教育是什么？往简单方面说，只需一句话，就是养成良好的习惯。”人最终能否取得成功，与掌握知识的多少有关，而有着更大关系的是情商，习惯则是情商的核心元素。从这个意义上来说，“日清双轨制”不但利在当下，而且功在未来。

拓展课程：让学生生命更丰富

我们不仅应当关注学生的学业成绩，更应当关注学生的生命成长。作为非智力因素的情感、态度、价值观等对学生学习和成长的积极作用，是近 20 年来才被心理学界和教育界所关注的。我国学者燕国材等人的研究表明，非智力因素对学业成绩的影响非常显著，尤其对中小学生而言，其影响甚至远甚于智力因素的影响。青岛经济技术开发区实验初中通过课程构建，让学生感受到学校生活是快乐的，每天都是成长的。其优质的课程体系，放飞了学生的思维，从而让学习变得更加丰富多彩而意义深远。

一、整合课程，拓展思维

课程文化的一个重要任务就是国家课程的校本化，学而不“化”，虽有课程，则很难形成文化。青岛经济技术开发区实验初中在这个“化”字上是下了一番大功夫的。他们通过选择、改编、整合、补充、拓展等方式，对国家课程进行校本化、个性化再加工、再创造，形成了烙印着本校特色的创意课程。尽管原有的教材有很多优点，可是，在教师们看来，还应当从其内在的规律上进行本质性的整合。有时候，也许会破坏原有单元的整体性，却从另一个视角挖掘了人文的因素。比如，以前的小说阅读教学多是从主题与写法上分解成不同单元的，教师们则变换视角，从中找出了更加重要的共性特质。如他们将《变色龙》《我的叔叔于勒》《范进中举》《最后一课》《故乡》等小说体裁的课文组合成一个新的学习单元，从一个“变”字中寻找其共性的东西，从不断的变化中剖析人性最深层的东西。由此，再让学生关注生活、关注社会、关注人性，进而让学生思考：现实之中的人是不是也在变？是在向好的方面变，还是在向不好的方面变？为什么会发生这些变化？如何更好地写出这些变化及其背后的意蕴？这样的课程整合，不但盘活了教材，也盘活了学生的思维，从而让他们由此及彼，去关注生活与人生，以及人性中那些最本质的东西。古人说“文如其人”，其实，课程整合的过程，也是让学生学会做人的过程。如果什么都可以变的话，那么人性中最美好的品质不能变；如果什么都不能变的话，那么学生的生命成长则要不断变化，只有“苟日新，日日新，又日新”，才能让生命不断地产生新的飞跃。就这样，原来那些一成不变的“样板”教材，变成了开放思维、锻造思想的课程。

课程整合不仅可以在学科内部进行，还可以跨学科开展，如书法与语文的整合、语文与戏剧的融合等，都会让课程形成一种全新的文化，让学习变得更有趣味，也更加开放。当学生思维拓展、对学习充满兴趣时，课程开发才能实现更大的价值。

在传统的课程教学中，音乐、体育与美术“各自为政”。教师们在实践中发现，这三者既有区别，同时又有内在的联系，将其整合在一起，构建模块化的“健美课程群”，更有利于学生的成长。为此，他们在每学期的前半段采取班级授课制，重点整合本学期的教学内容，集中完成教学目标，并进行学习评价；每学期的后半段实行选课走班和“267”“268”上课组织形式。游泳、足球、篮球、武术、健美操等体育活动化课程的开设，让健身成为一种愉悦身心的精神追求；国画、声乐、乐器、剪纸、陶艺等艺术生活化课程的开设，为学生艺术素养的提升开辟了广阔的空间。新颖的课程设置让学生的学习不再死气沉沉，也不只是在教室里进行，而是兴趣盎然，有了一个挥洒生命的更大的生活天地。

P. H. 郝斯特教授在《文科教育和知识的实质》一书中指出：“在课程中的各学科应各具特色，各自成为一定种类知识的最为典型的体现。”尤其是审美和运动一类的科目，由于它们可以引导学生参加一些能使他们个人得到很大满足感以及能提高生活价值的活动，因此应该选用。如学校音乐学科在积极融合舞蹈、戏剧、美术等多种艺术形式的同时，还大胆尝试与语文、数学、历史等其他非艺术课程的整合。利用现有资源，开发校本课程，当是青岛经济技术开发区实验初中的一个突出特点。

二、走进生活，综合实践

智慧需要知识，但不等于知识，智慧是运用知识分析和解决问题的能力，所以，教育要致力于转识成智。李素香校长认为，学校除了要有丰富的文本课程之外，还要有丰富的生活课程。古人说的“读万卷书，行万里路”，就是强调要在丰富文本知识的同时关注生活知识的积累。单靠文本知识，是很难形成智慧的，也是很难拥有生命底气的。只有两者兼具，才能让学生的生命之水流动起来。

学校还大力拓展了综合实践活动，让每个学科都与生活“联姻”。学习，不只是从书本上学，还要动脑想、动手做，尤其是生物、化学等学科更是如此。只有学、做、讲交叉进行，学生的智能才能有效地提升。而课程构建，就需要有一种新的思维，有一个更大的生命空间。

有人认为，学校生活太过单一，让学生走进生活并非易事。其实，无处不生活，关键是你是不是有强烈的生活课程意识。正如我国教育家陈鹤琴先生所说：“大自然、大社会都是活教材。”青岛经济技术开发区实验初中校园里种了很多树，郁郁葱葱，生机勃勃。于是，在课程构建时，就有了一个静读校园课程，而且由此开展了作文竞赛。学生通过观察、静读后发现，原本就在自己身边的树木，竟然是这么美，还有着这么多的故事。李素香校长认为，之所以这么做，就是要让学生关注生活、留意生活，让平时那些熟视无睹的生活走进他们的视野，变成他们的生活积累与写作素材。这样，学生的思维中就有了生活与文本自然而然的链接。从这个意义上说，课程资源也是丰富多彩的，学生可以在构建中享受这种资源，同时又创造新的课程资源，并由此逐渐形成创造性的思维品质。

有些生活实践课程，单凭学校的力量是很难完成的，但又是学生生命成长的必修课，于是，学校家委会“挺身而出”，提供实践场地，无偿担任指导教师。这些家委会成员来自不同的工作岗位，也有着为学生发展努力的愿望。他们的参与，为学生的学习增加了活力。

三、毕业课程，终生铭记

仪式是一种形式，但是人们需要这样一种使人在肃穆之中产生敬畏之情和尊严之感的形式。青岛经济技术开发区实验初中的毕业课程就是这样一种仪式，备受学生喜爱。毕业生及其家长与教师们齐聚在一起参加毕业课程，整个过程隆重而热烈，不但有精彩的节目与感人的话语，还有专门为即将毕业的学生铺的红地毯。学生踏着红地毯，体验其生命特殊时刻的特殊感受，激动得哭了，家长们也是热泪盈眶。毕业课程让学生在整个生命中有了一段永生难忘的记忆。学校，成了他们终生向往的地方。

教师发展：让生命灿烂起来

当代社会崇尚张扬人的主体性，而其所追求的人文精神即在于关怀人的尊严、价值和生命的意义。青岛经济技术开发区实验初中的教师的平均年龄只有33岁，正值风华正茂的黄金时期。如何让他们持续发展，让其生命不断地走向更高的层次，就成了李素香校长思考的问题。

一、读书生成智慧

谈起教师的备课，往往就会想到研究教材与细读教参，这当然是重要的，可是，如果没有深厚的文化功底，即使将教材与教参背下来，也未必能够抵达教学的高层境界。陆游曾对他的儿子这样说："汝果欲学诗，功夫在诗外。"这当是一句至理名言。我们可以这样说，要想成为名师，你就要在教材之外的大量阅读甚至经典背诵上下功夫。只有在不断地吸纳优质文化的精髓后，才能形成自己优质的思想与语言系统，才能站在一个更高的视野上，游刃有余地将课上好。苏霍姆林斯基说得好，每天不间断地读书，与书籍结下终生的友谊，就是最好的备课。李素香校长对此大为赞赏，而且想方设法让教师不间断地读书，在教师中实施了"读教育名著，做智慧教师"的读书实践工程。学校一次性购买了8000多本教师专业成长类书籍，配备到开放阅览室，鼓励教师每日阅读。

陈越老师就是一位饱读诗书的教师，她说自己这么多年来的发展，其中一个关键性的原因就是读书让她有了生命再造般的提升。赵春风老师之所以成为特级教师，其中一个重要的原因也是读书。她在接受采访的时候说，学校通过开展书香教师、书香教研组、《我的读书成长集》评选、结集出版《改变教育的经典案例》等活动，让大家共同分享了阅读的智慧。教师们有了读书成果，就希望能有一个展示的平台，而学校也为教师们提供了很好的展示平台，如举办读书演讲会、读书沙龙、读书节，当教师在谈自己的读书体会与感受的时候，来自听者的欣赏会在教师心里积淀下自信，从而更加热爱读书。而听的教师也会在心里涌动起一种好好读书的欲望，以至爱上读书。当更多的教师都喜欢读书，且从读书中有所收获的时候，课堂教学的妙道也就自在其中了。

读书可以丰盈智慧，也可以升华人生境界，因为好书中不但摇曳着智慧的光华，也多流泻着思想的要义。经典名著的滋润，促进了教师智慧的生成。而经典名著之中所蕴含的真善美，也会自然而然地内化于教师的心里。教师在教学的时候，会将这些真善美传递给学生，学生也受到了高品质的教育。

李素香校长认为，教师文化品格的提升，除了读书之外，还应当体现在课堂文化上。传统的课堂教学，往往是教师一个人讲，尽管讲得特别认真，但学生因处于被动听课的状态，而缺失了学习的积极性。学习，本应当是生命个体不断吸纳精神营养的文化之旅，却变成了一场又一场的精神苦役。为学生的生命快乐与幸福成长考虑，就应当改变这种传统的课堂教学模式，让学生的学习变成一种积极主动的快乐行为。为此，学校采取 6 人小组合作的形式，变革了原有的课堂教学模式，让学生成为课堂学习的主人。不同小组之间的展示，有了竞争之势；同一小组之间的合作，又有了和谐之美。教师不再是课堂教学的主讲者，而是变成了引领者，“道而弗牵，强而弗抑，开而弗达”。李素香校长说，学生蕴藏着巨大的潜能，很多时候教师低估了学生自我学习的能力。而小组合作学习组织的构建，则让学生从被动学习走上了主动学习的舞台。不管是哪个层次的学生，都有了展示的机会，也都感到乐在其中。社会建构主义学习观认为，学习是一种社会文化活动，同时强调个人的参与和个体之间的交流沟通，在交流过程中建构知识，知识是学习者与他人磋商互动的社会建构的结果。

二、助推教师发展

孔子虽然是一位民办教师，但他的一生实现了其生命价值的一次又一次的突破。他说：“吾十有五而志于学，三十而立，四十而不惑，五十而知天命，六十而耳顺，七十而从心所欲，不逾矩。”孔子从十五岁到三十岁，实现了他生命的第一次飞跃，此后每十年都有一次飞跃。他在用自己的文化之光照亮他的三千弟子的时候，也让自己的生命逐渐丰盈起来，以至抵达至圣先师的高度。可是，他说自己并非“生而知之者”，而是“学而知之者”。那么，我们的教师能不能让自己的生命实现一次又一次的飞跃呢？李素香校长认为，这完全可以，关键要持之以恒地“学而知之”。为此，她设立了“实验初中教师名片”，成立了“教师智囊团”，建立了“教师发展银行”，积极承办国家、省、市等各类级别的教学研讨活动，大胆启用青年教师执教全省公开课或前往外市区送课助教，大力助推教师发展。同时，她将名师培养、骨干教师培养和青年教师培养系统整合成“三级人才链”；实施“凤凰计划”，制订教师专业发展规划，并请专家指导教师制订《个人专业成长计划书》，学校给予必要的资源保障和支持，激发名师的使命感——“我不仅自己要做得最好，还要帮助别人做好”，激励骨干教师的进取心——“我一定也能做得更好，我不比别人差”，鞭策青年教师的自信心——“我有能力做得好，我也一定能做得好”，让教师量身定做“个人成长路线图”，根据个人“最近发展区”描绘发展目标。于是，教师们积极向上的氛围形成了，实现人生价值，让生命发生飞跃，就不再是一个不可企及的神话。

几乎每一位教师都希望实现自我发展，但为什么那么多教师会产生职业倦怠，甚至不断后退呢？除了其自身原因之外，还有一个特别重要的原因，就是学校没有为教师持续发展创造一种有效的机制，提供一个激励性的平台。虽然教师不可能都达到孔子的境界，却完全可以实现人生的更大发展，让自己的生命灿烂起来。李素香校长所提的“完美教育”，就是希望学校的教师去追求完美，实现自身价值的最大化。

学校高度重视师德建设，把每年的3月与9月设立为“师德建设活动月”，每学期举行一届师德报告会，通过“明星教师”“感动实中教师”“十佳师德教师”评选等活动，大力表彰敬业爱岗的优秀教师，树师风，铸师魂，让师德高尚的教师成为大家学习的榜样。

名师之所以成为名师，除了其业务精湛之外，几乎无一例外的都是具有高尚人格的教师。孔子当年的教学，更多也是进行人格道德教育。他的教学总纲只有十二个字：“志于道，据于德，依于仁，游于艺。”前九个字，谈的全是人格锻造，最后三个字与人格生成也不是毫无关系的。《大学》开篇即讲“大学之道，在明明德，在亲民，在止于至善”，而且说“自天子以至于庶人，壹是皆以修身为本”。身修才能道立，才能齐家、治国、平天下。所以，促进教师发展，其中一个核心的问题就是要引导教师形成崇高的人格，并以其人格感化学生，让学生也拥有良好的品德。

人格道德教育，不是空洞的说教，而是润化的过程，这就是文化，就其生命本质来说，是一个“以身体之，以心验之”的真实的生命体验过程。良好的教师文化，不但是一个群体发展的文化圈，也是一个人格高尚的道德圈。青岛经济技术开发区实验初中着力打造的，就是这样一种文化环境。

让每一个生命在这里腾飞

——福建省泉州五中国际部创新纪实

校长介绍

刘殊芳，1970 年出生。1992 年毕业于福建师范大学教育系，2002 年和 2009 年先后获福建师范大学教育硕士学位和博士学位，并获国家心理咨询师职业资格、中学高级教师职称。2004 年任晋江市教师进修学校校长、党支部副书记；2006 年任晋江市委教育工委常务副书记、晋江市教育局副局长；2010 年任福建省泉州第五中学（以下简称泉州五中）校长；2012 年任泉州市教育局党组成员、副局长，泉州五中校长、党总支副书记。荣获福建省首批中小学名校长、教育部首批领航中小学名校长称号。

百年老校泉州五中，凭借敏锐的洞察力和自强不息的奋斗精神，始终挺进在蓬勃发展的路上，现已成为福建省首批重点中学、福建省首批示范性普通高中、福建省一级达标中学。尤其是近几年来，泉州五中因高品质的教育教学名闻遐迩。泉州五中从机制体制创新管理入手，以构建融合中西方文化精髓的课程体系为着力点，以丰富多彩的主题实践活动为载体，以多元评价为保障，办起了国际部。旗开得胜，2014 年首届 40 名毕业生，凭着良好的综合素质，先后收到 144 所世界名牌大学的录取通知书。

培养高素质的国际人才

当泉州五中声誉日隆的时候，学校领导班子没有得意忘形，而是在谋划如何让学校创新求索，再次闯出一个新天地。泉州是经济发达之乡，也是改革开放之地，一些家长希望孩子早日走出国门，接受国外优质的教育。2011 年，泉州五中与美国劳雷尔斯普林斯学校合作共建国际部，成为学校突围的一个起点。这一举措不但促进了课程改革的深入实施，促进了学校办学多样化、特色化的探索，还展现出学校价值取向的高品位与前瞻性。

一、构建三级管理体系，形成学校制度文化

学校本着既注重规范创新发展，又注重关注学生未来发展的目标，在大量调研、考察、分析、论证的基础上，紧锣密鼓地召开了6次会议，达成了共识：泉州五中再次振兴的时机已经成熟，突破口就是打造独特的管理体制，创立强势品牌。校务会经过讨论一致建议，采取中西方文化融合的管理体制，成立“管理委员会—国际教育部—班主任”三级管理阵营，组建起具有创新特质的学校项目管理委员会。

项目管理委员会是学校、家长的主心骨。作为国际项目的管理机构，其综合了两所名校的教育教学资源，也欢迎家长提出有关教学与管理方面的建设性意见，家长可以走进课堂与孩子一起上课，参与国际班的各类活动，学校给予家长随时随地了解自己孩子的机会。

国际部是学校的先锋队，主要任务是合理研究和设置国内与国际课程，做好国内外课程的深度融合，负责课程项目的常规管理，设置各项管理制度，把常规管理与现代管理紧密结合起来，全方位、全天候、全心全意地关心学生。国际部的管理步入了有条不紊地高效运转的新轨道。“向高端挺进，创强势品牌”的声音不仅响彻在校园的上空，更烙印在了每位国际部师生的心里。

班主任是学生的贴心人，也是家长的朋友。班主任和家长拥有一个共同的目标，那就是促进孩子的优质发展。孩子虽各不相同，但在“因材施教”的家校合力下，都有了快速的成长。

三级管理的梯队结构形成之后，各司其职，各负其责，各尽其力，积极主动，还有什么难关不能渡过?

制度既是一种规范，也是一种保障。在管理制度建设上，国际部以国内教学大纲为准绳，借鉴国外的先进经验，把管理制度做全做细，先后出台了《泉州五中国际班学生手册》《泉州五中国际班学籍管理办法》《泉州五中国际班课程教学常规管理制度》《泉州五中外籍教师生活管理制度》等规范性制度。

这些制度不是几个领导想出来的，而是国际部师生经过反复讨论与研究构建起来的。更重要的是，这些制度已经“化”到了大家的心里，大家不再认为制度是对自己行为的一种约束，而是对制度有了一种敬畏感，甚至将遵守制度升华成一种行为习惯。于是，制度就有了文化的特征，就有

了文而“化”之的作用。

二、引进外籍教师授课，学员教师全员参与

“问渠哪得清如许，为有源头活水来。”泉州五中国际部不鸣则已，一鸣惊人的重要原因是，这里既汇集了中外名师，又是培养优秀教师的摇篮。学校先后出台并实施了《名师工程实施方案》《学科竞赛项目工作方案和奖励方案》《国际项目奖教奖学方案》。制度出台后，名师既有用武之地，又可“名利双收”；青年教师努力上进，有施展才华的舞台。同时，学校引进优秀的外籍教师。外籍教师授课使学生不仅可以接触到纯正的英语发音和海外原版教材，更能受益于先进的教育教学理念。外籍教师在课程教学中以学生为主体，充分调动学生主动学习的积极性，引导学生采用主动参与、探究发现、交流合作的学习方式，激发学生的创新意识和创新思维，促进学生提高创新实践能力，发展高效学习和终身学习的能力并形成习惯。

此外，学校还开展国际讲坛，开阔师生的国际视野。学校陆续邀请了新加坡国立大学、加拿大约克大学等世界知名院校的知名学者、教授开办国际博览系列讲坛，使师生对国际前沿科学、文化教育、人文地理、风俗习惯等有了更加深入的了解与认识。

学校认为，培训是教师最大的福利之一，也是教师精神成长的必由之路。在培训中，教师并非被动的接受者，而是积极的参与者。比如，对数次来自美国教育专家的培训，教师们的积极性特别高，全程参与，或演示，或组织沙龙，或答辩，或团队展示。培训结束后，中美双方的教师还举行了英语联欢会，进一步突出了“学习英语必须运用英语”的教学理念。泉州五中的郭贝、雷五平老师是联欢会的主持人，美国的Christy老师和学校的20位学员教师都登台演出。培训让教师们不但有了巨大的精神收获，也有了独特的审美体验。

三、开展国际交流，传播中国文化

“雏飞不出林，鹏举轻千里。”打开“西窗”，让新奇的风猛烈地吹进来。学校以互联网为基础，搭建桥梁，使学生能够携手美国米德尔塞克斯中学共同研究探讨如何解决一些超越国界、影响人类可持续发展的问题。此项活动不仅增强了学生作为世界公民的责任感和作为未来20年世界中坚力量的使命感，同时增强了学生的主人翁意识，促使学生为解决世界问题贡献出自己的一份力量，在走向世界舞台的道路上迈出了坚实的一步。

学校注重开展国际交流，传播中国文化，促使学生观察世界、了解世界，培养学生的世界公民意识。学校定期在寒暑假组织学生到美国及欧洲开展各种主题冬（夏）令营。学生走出国门，参观了世界著名高校，近距离接触世界各国的教育和国外的先进科技展，与世界各国的学生针对各种主题开展互动交流和活动。学校组织学生参演团赴联合国参加“中国非物质文化遗产展演”活动，70 名学生于 2012 年 2 月 1 日晚在纽约联合国总部表演了节目《南音闹元宵》，充分展示出南音这一中国古老乐种的精华。精彩的演出博得了在场观众经久不息的掌声，充分传播了中国文化。展演结束后，李保东大使、泉州籍联合国官员傅鹏辉、艺术大师姜昆等登台祝贺展演获得圆满成功，与全体演出人员亲切握手并合影留念。

构建高标准的全新课程

泉州五中国际部在融合国内高中课程和美国中学课程的基础上，实现了国际课程和国内课程的整合，并精心推出中国国学课程和心理辅导课程，形成了具有特色的、立体化的国际课程体系，从而完善了人才培养模式，畅通了人才培养通道，为培养具有中国情怀的创新型、国际化、综合型人才奠定了基础。

一、中美双证，优势发展

泉州五中国际部以构建融合中西方文化精髓的课程体系为圆心，课程设置采用“双飞”的形式——福建省普通高中课程＋美国中学课程。国内三年高中课程的设置、教学计划的制订等按照福建省课程要求的计划落实，共计 12 门学科，占总课时的 65%。学生按规定时间参加福建省高中会考，参与研究性学习、社区服务、社会实践并完成地方课程，以获得足够的学分，获得福建省普通高中毕业证书。同时，学校为国际部学生注册美国劳雷尔斯普林斯学校的学籍，课程按照美国加州课程要求计划落实。学校开设 ESL 英语（包括口语、听力、阅读、写作及活动 5 个部分）、英国文学、美国历史、经济学、美国文化、世界文化、美国文学、世界文学共计 8 门学科，占总课时的 35%，要求学生在高中三个学年共六个学期内完成，以达到美国加州的高中毕业要求。学校也开设各种选修课程（包括 SAT 培训、大学先修课程），使学生的个性和能力得以充分发展。学生学完全部美国中学课程且考试合格后，获得美国合作学校高中毕业证书，享受与美国应届高中毕业生一样的申请条件。美国高中毕业证书是进入全美

50个州所有大学深造本科的主要标准，并被世界其他国家所承认。

二、量身定制，快速成长

根据每位学生的水平，国际部为所有学生提供了一对一的学习指导和服务，并为每个学生量身定制了适合其成长的课程，为学生的个性化成长提供了充分的空间。学校以丰富多彩的主题实践活动为载体，全方位锻炼学生的胆量、口语表达能力、组织管理能力等综合素质。部分学生凭借出众的综合能力在面试中脱颖而出，被世界名校录取。

量身定制课程后，高一年级学生白鹭的学习积极性立即得到提升，学习成绩突飞猛进，在高中国际部新生英语演讲比赛中获得了一等奖。回顾初赛时的紧张生硬，她感慨万分地说："正是老师耐心细致的指导、帮助，才让我感知到了演讲的内涵。演讲的力量在于感染力，因此不仅仅需要注重单词读音、升调降调、意群停顿，更需倾注自己对演讲主题的感情。"最终，她以情感充沛、自信从容的表现赢得了教师和同学们的认可。

三、开设国学，古为今用

中华文化博大精深，国学经典中蕴藏着中国五千年文明的智慧，体现出来的对事、对人、对自然的看法都是学生未来人生的价值所在。面向世界的国际部，同样把中国优秀传统文化作为学习的"根"，因为这些经典文化中不但摇曳着智慧的光华，也流淌着思想的要义。通过学习，其中经久不衰的传统美德、微言大义的中华美学，"随风潜入夜，润物细无声"地滋润着学生的心灵世界。

高一国学课程从中国古典诗词赏析入手，培养学生对中国诗文美学的欣赏能力。高二、高三则针对国学经典《论语》《孟子》《大学》《中庸》《庄子》等开展课题式研究教学，启发学生古为今用。池家仪同学印象中的语文课是枯燥的，学习古文便是不断地背诵和翻译，学习现代文则是听老师讲析写作方法和中心思想。而在国学课上，池家仪同学感到老师推荐的经典诗词文赋，经过层层解读，渐渐溢出了隽永的香气，自己也在诗词文赋中提升了人生的境界，得到了心灵的净化。黄雅欣同学着迷于国学已久，她认为迷人的文字在静静地述说着五千年历史的起起伏伏、成败兴衰，这让她学在其中而又感动不已。她虽不敢说自己对国学的了解有多深，却敢自豪地说，学习国学已经成了她生命中的精神游历。

四、小班授课，个性培养

清代商人胡雪岩说："前半夜想想自己，后半夜想想别人。"刘殊芳校长则说："我们泉州五中人连做梦都想着学校的发展。"学校从不同学生的情况出发，采取"以人为本、因人施教""小班授课、个别辅导、分层教学"的教学方法组织教学。每个小班人数都控制在 20 人以内，以充分保证每位学生的学习空间和时间。从高一开始，学校就对学生进行人生规划方面的引导，根据每位学生的特点、水平量身定课，让不同学生的不同个性得到了充分的发挥。

蒋雪婷同学于 2011 年初中毕业后，为小班化教学模式所吸引，来到了泉州五中国际部，这种教学模式让她受益匪浅。在挑战 20/20 的活动中，班上 18 人分成了三组，组内的每个人都有各自的任务需要完成：制作海报、寻找投资方、布置会场……每个人的才能都得到了锻炼和展示。

蒋雪婷同学认为，小班化教学模式突出的好处是，老师可以了解每一个学生的学习情况，然后针对不同学生制订出准确有效的学习方案，并进行学法指导。课堂上，同学们有了更多的机会进行讨论。这正是以前她在传统的大班授课中所看不到的。小班化教学模式让学生更透彻地了解彼此，更有机会展示自己的才能，思维在交流中得到拓展，思想在师生互动中得到升华。而通过课堂展示，学生拥有了自信心与自豪感，这些恰恰是他们走向成功的必备条件。

五、课堂学习，乐此不疲

国际部张海峰主任简要地回顾了泉州五中教育教学改革的历程："这里的工作之所以做得好，首先因为有一支精诚团结的教师队伍，他们在必要的时候都能豁得出，冲得上。其次，一项项部署、一次次会议，都是以学生为主体的。我们采取过启发式教学法、自主学习式教学法……每次探索都旨在调动学生主动参与、探究发现、交流合作的积极性，激发学生的创新意识和创新思维，促进学生提高创新实践能力。"

学校还组织了形式多样的语言训练活动，如英语角活动、外教帮扶活动、"我爱记单词"大赛、英语小品比赛、英语歌曲大赛等，为学生创造了运用英语的机会。这些活动主题新颖，贴近生活，极大地调动了学生开口说英语的积极性，学生的语言表达能力和人际交往能力在潜移默化中得到了大幅度提高。在交谈中，张海峰主任递给我们一封蔡智源同学的短信——

只要我们对英语抱有一颗炽热的心，它就会给我们回报。开始学习雅思的时候，我心想：单词多得密密麻麻，我八成学不好，果然前几次考试都"名落孙山"。就在我不知所措的时候，老师和我谈话："学习英语要靠日积月累，想一下子就学好绝对是天方夜谭。学好英语最重要的一点就是记忆单词。词汇量增加了，其他方面的英语能力也会慢慢地提高。老师对你的期望很大，你只需要跟着老师的节奏学习，英语水平肯定会提高……”这些话就像黑暗中的一盏明灯，照亮了我前方的路。在接下来的学习英语的过程中，我每天都会背10个雅思高频词汇，成绩自然而然地进步了。现在我的成绩已经在班级处于中上游了，家人也为我感到自豪。但我并不骄傲，因为我还没有骄傲的资本，等到被名牌大学录取的时候再骄傲也不迟！我的目标是英国巴斯大学，巴斯大学被普遍认为是英国排名前十的大学之一，并且它是著名的工程学、人文科学、社会科学、管理学和理学中心……

走进教室，打开教师为学生建立的综合性评价成长档案，发现学生的点滴进步都受到了教师的肯定和鼓励，学生在自信中获得学习的动力，学生潜在的求知欲最大限度地被调动和满足，于是，学而不厌，乐此不疲，就成了学生学习的常态。

六、心理健康，积极向上

目前，学生的心理问题有“愈演愈烈”之势，如果得不到及时有效的疏导，就可能出现比较大的问题。为此，国际部开设了心理健康课，不但解决了当下某些学生的心理问题，也为他们注入了一种积极向上、乐观进取的精神元素。比如，有的学生遇到困难的时候，特别是遭遇失败的时候，往往垂头丧气，裹足不前。通过心理健康教育，他们明白了一个道理：任何人的一生都不可能一帆风顺，必然会遇到困难，关键是在这个时候，要鼓足勇气克服困难、战胜困难，甚至由此享受解决困难的心理愉悦。这样，就能树立积极的信念，并形成一种坚忍不拔、知难而进的意志品质。

国际部心理健康课程的主要内容包括情绪管理、人际交往、压力管理与挫折应对、生命和教育、心理危机应对等，在课堂教学中采取知识传授、心理体验与行为训练为一体的授课方式。例如，在课堂中融入电影课的理念及教学方法，借助于电影课的形式，带领学生深入电影人物的内心世界去了解、理解和感受人丰富的内心世界，进而通过心理活动课的形式结合电影感受，引导学生深入个人内心去探索、体会、感悟自身不同层面的心理内容。这不仅给心理健康课程注入了新的活力，还从另一层面促进了电影艺术对学生的陶冶。

七、媒体关注，赢得好评

泉州五中国际部优质的课程以及由此培养出来的人才，引起了诸多媒体的关注。《人民日报》、中央电视台等国内外12家知名媒体从不同视角对泉州五中进行了报道。2013年，福建省教育部门对课程进行年检并给予较高评价，指出泉州五中精心打造国际课程、教育教学管理规范、教学成果显著，是福建省内现阶段具有引领示范作用的国际项目。泉州五中的课改在福建省乃至全国发挥了引领和辐射作用，先后有新加坡公教中学、深圳实验学校、成都外国语学校、贵州实验中学、柳州高级中学等40多所国内外知名中学领导前来参观和交流，他们对泉州五中的课程培养人才模式给予了高度赞誉。

参与高素养的实践活动

为把学校打造成一方洋溢着浓郁文化气息的净土，让每个学生从中受到潜移默化的人文熏陶，帮助学生树立正确的人生观、价值观、道德观，泉州五中国际部开展了一系列丰富多彩、颇有意义的活动。

一、组织爱心公益活动，培养责任意识

学校经常组织学生开展爱心公益活动，培养学生的爱心和社会责任感，让他们为社会做一些力所能及的事，用切实的行动传递感恩的心。比如，定期为家庭困难学生、福利院孤寡老人或重病患者进行慈善募捐。

据国际部张海峰主任介绍，他们和泉州义工协会联合，在学校设立了大本营，然后出去张贴海报，制作宣传板，走上街头进行爱心募捐。前后共为弱势群体募集到20多万元的善款，帮助泉州市许多贫困家庭解了燃眉之急。学生不仅帮助了他人，自己也收获了从书本上学不到的东西。傅燚同学的推荐信就说明了这一点——

她的爱心还体现在她热衷于参加各种社会慈善活动，“爱心妈妈的捐助”“雅安地震的募捐活动”“永春珍卿希望小学手拉手活动”等各种社会活动中都能见到她的身影。她告诉我，她在投入这些工作中后，发现除了奉献爱心以外，还学到了从课本中学不到的知识和经验。她感到很有成就感。

泉州五中国际部与永春珍卿希望小学结对子，定期开展各种形式的帮扶活动，对永春珍卿希望小学的贫困学生在学习、生活、心理健康等各方面给予帮助，捐献了152套桌椅、2500本图书和200个新书包，并设置国际部爱心基金，用于帮助该校家庭贫困的学生。

高一学生黄佳妮回想两次上街募捐时的情景，既充满激情，又深有感

触。当她抱着募捐箱面对行人时，她感到天空是那么高远，而自己是那样渺小，更难以接受的是一些人怀疑的目光。稚嫩的心、天真的激情突遇料峭的春寒，但这并不能阻挡她行善的坚强信念，反而让她鼓足了勇气，多了一份坚毅的成熟和沉甸甸的责任感、使命感。

从一份份推荐信中，我们发现了活动的功效——

康雅琦是个综合素质全面的学生，尤其在组织才能方面有着不凡的表现。让我印象深刻的是在高二的时候，她为了组织一场慈善演出，与同学合作制订了详细的策划方案。从联系演出场地，到找企业拉赞助，再到展演节目的编排，她雷厉风行，有板有眼，一副职业策划人的风范。只是高中生的她，确实令我惊讶不已。为了能得到一家知名企业的赞助，她和她的同伴们三顾茅庐，最终得到了对方的赞助，这种坚持不懈的精神也令我非常欣赏。

二、参加社会实践，提升综合能力

学生要想取得全面发展，不仅要学习课本知识，更应该走进社会、接触生活，通过社会实践，感悟生活真谛，体验人生价值。泉州五中国际部以学生为主体，以实践为核心，以活动为载体，组织学生通过实地走访、问卷调研、参观等多种形式，深入村庄，体察民情，了解国情，分析社会现实，培养学生的创新意识和实践能力，全面提高学生的综合素质。

2013 年 11 月 23 日上午，泉州五中国际部高一学生来到永春珍卿希望小学开展志愿者活动。他们分成了三个小组，深入小学生的班级进行教学活动，还慰问了两位家庭贫困的学生，将募集到的善款交到两个学生的父母手中。肖瑜涵同学清楚地记得贫困学生家破旧不堪的房屋、凹凸不平的地板，只要一不留神，就会被绊倒，但是房间被收拾得整整齐齐、井井有条。穷人的孩子早当家，他们勤快、独立、学习刻苦。肖瑜涵同学感慨地说："贫困不会成为这些孩子的绊脚石，而会使他们成为更懂坚持、更有毅力的人。"王安琪同学在调查材料中把实践和心灵交汇的闪光汇成一段文字——

在这个世界上，有很多贫困山区的学生为了学习而历尽艰辛：有的凌晨 5 点就要起床，有的回家需要翻过一座山，有的连一本像样的课外书都没有……

通过活动，我们了解到了贫困学生生活的艰辛及学习环境的恶劣。相比之下，我们能在如此优越的环境下学习，应该要感到满足。

国际部的学生是志愿者，也是施善者，同时，他们也是受益者。正是在这种实践活动中，他们体验到了人生的意义，感悟到了生命的价值。

厨艺课特别受学生欢迎。从买菜、清洗食材、做菜到整理厨房，学生无不在体验着实践活动的乐趣。在小组中，有的学生负责洗菜，有的学生负责切菜，有的学生则负责掌勺。大家各司其职，认真地完成自己的任务。钟晨烨和同学们在一节课的手忙脚乱中学会了红烧肉和海蛎豆腐汤的做法，懂得了团队合作的重要性。张鑫炜同学说厨艺课让他享受到了学习之外的乐趣。这种实践活动一方面很实用，另一方面在培养学生动手能力的同时，也让学生形成了热爱劳动的生活态度。

张鑫炜同学在《厨艺大比拼》感言中把操作的过程写得淋漓尽致——

赴海外留学前准备工作很多，由于出国后要独立生活，学校给我们提供平台，让我们提前在国内学习厨艺，掌握一些基本菜肴的做法，以免上了大学后因不会做饭而饿肚子。为此，学校邀请了食堂的几位大厨对我们进行烹调技能培训。

本学期学校专门为高三年级的学生开设了厨艺选修课，学生可以在课堂上学到各种实用菜式、点心的做法。许多学生坦言，学习烹饪是为将来出国打基础。上个月，40 名学生成为厨艺课的第一批体验者，我们的任务是包馄饨。课程一开始，食堂大厨便向大家详细地展示了从擀皮、调馅儿到包馄饨的全过程。随后，大家自由组成 3～4 人小组，围坐在两张长桌旁，开始完成第一节烹饪课的任务。

每个小组都选择了“流水线操作”：一个负责擀皮，一个负责调馅儿，另一个则负责包馄饨，成员分工明确。一节课下来，每个同学的面前都有了数量不等的成品。之后，同学们又互相品尝了煮熟的馄饨。“太好吃了!”“自己包的馄饨吃起来特别香!”同学们连呼好吃。原以为类似烹饪这样的课程，不会吸引很多男生来参加，但在现场，老师仔细数了一下，发现居然有 28 个男生，占到全班人数的三分之二。

“以后出国想吃中国菜，放学回来就可以自己做饭了。”这是选修烹饪课的一个初衷。许多男生选修烹饪课不是图新鲜，而是感觉厨艺课很有趣。

活动中，授课教师详细讲解了西红柿炒蛋、排骨炖奉芋的做法，并做了精彩的演示，精湛的厨艺引得学生啧啧称赞，他们专心致志地边学、边问、边尝，还不断地向大厨请教平时做菜时遇到的问题。在大厨的点拨下，学生大展身手，现场展示了拿手好菜，有西芹炒目鱼、葱烤肉、丝瓜烩白蟹等，飘香阵阵，令人垂涎欲滴。几位大厨逐一做了指导点评，学生还和大厨们相互交流了经验。

学校开设厨艺课是考虑到饮食文化是我国民族文化重要的一部分，除此之外，还能让学生在动手的基础上多动脑，多掌握一门生活技能。在每周1课时的厨艺课堂上，学生能学到蛋糕、曲奇等小点心的制作方法，也会自己动手炒青菜、煎鸡蛋，尝试一些家常菜肴的烹饪。

没有亲自去做，没有切身的感受，是不可能写出这样的文字的。在字里行间，我们看到了学生的成长，看到了他们对生活的热爱与向往。

郑胜安老师是高二年级的班主任，对学生热情洋溢地参加这些实践活动感到欣慰不已。这些学生的家庭条件比较好，从小衣来伸手、饭来张口，在厨艺课上他们却做得津津有味，有的学生回到家后还大显身手，让父母惊喜不已。

2013年11月，泉州五中国际部在泉州大剧院举办了一场大型的文艺演出，在社会上引起了强烈的反响。高三学生魏钰婧说，这场演出不但展示了泉州五中学生高超的演出水平，更体现了泉州五中学生的自信，她自己也在这场演出中得到了很大的锻炼。

三、开展各种活动，增强自信魅力

学校围绕中西方的各个传统节日，开展了丰富多彩的各类征文大赛、作品创作、文艺展示等活动，让学生对中西方传统节日有了更加深入的认识，从而弘扬了中西方的优良传统，培养了学生的动手能力、想象力和创造力，同时也让学习成了一种快乐的享受。

初来国际部时，文煌同学不善言辞，尤其是在公共场合常常不敢发言，他为此非常苦恼。可参加几次演讲比赛后，他变了，说起话来从容自若。于是，一个自信、阳光、对未来充满希望的文煌同学“再生”了！

据国际部徐柏瑜老师讲，泉州五中国际部的学生生活丰富多彩，活动五花八门。学生进校后，性格都发生了很大的变化。陈诗萍同学初来时不善与人交往，有时一个人坐在教室里，一整天都不与人说一句话。没想到，一年之后，她的性格发生了很大的变化。特别是去年夏令营结束时的会演，她一上场就引起了大家的特别关注。她不但打扮得时髦漂亮，舞也跳得火爆而热烈。就连她的妈妈也大吃一惊，怎么也没有想到女儿竟然焕发出了如此的青春活力。

一次次不同凡响有备而来的活动，一项项含金量十足打开心扉的举措，不仅锻炼了学生的意志，也改变了学生的个性和命运，让学习更加快乐，让生命更加灿烂。

实现高层次的办学目标

泉州五中国际部首届 40 名毕业生凭借综合能力，收到了 144 所世界名校的录取通知书，不少学生同时得到了多所学校的青睐。几乎所有学生都被排名前 100 名的世界名校录取，其中有 16 名学生被排名前 50 名的世界名牌大学录取，24 人被美国公立常春藤名校录取，9 人获得每年高额的奖学金。

对于国际部的“首战告捷”，学校领导的欣喜之情溢于言表：“这证明了我们的办学模式卓有成效。不过成绩不能说明什么，真正的办学成效不在于有多少学生被名牌大学录取，而是他们未来能否成为各行各业的优秀人才。”确实，泉州五中的办学眼光是长远的，国际部旨在培养具有国际视野和中国情怀的、高智商高情商的健康人才。为此，学校借鉴和吸收国外先进的教育理念和教学方法，丰富学校的品牌内涵，全面提升办学层次和办学质量，让泉州五中真正实现“面向全国，走向世界”的办学目标。

泉州五中的创新发展在教育界有目共睹，他们精诚团结，相互支持，稳扎稳打，实现了一次次突围。我们不禁感慨：一个民族有了这种迎难而上、顽强拼搏的精神，还有什么困难不能克服，还有什么事情不能做成？我们相信，在不久的将来，泉州五中的国际教育，肯定会成为泉州教育一道特别绚丽的风景。

为大山里的孩子托起希望的太阳

——宁夏回族自治区六盘山高中的办学品质与精神追求

校长介绍

金存钰，宁夏回族自治区六盘山高级中学（以下简称六盘山高中）校长，教育硕士，中学高级教师，省级骨干教师，宁夏回族自治区优秀教育工作者，宁夏回族自治区优秀共产党员，宁夏回族自治区教育咨询专家组成员，宁夏回族自治区首届“塞上英才”，享受宁夏回族自治区政府特殊津贴。

六盘山，地处宁夏回族自治区的南部，这座毛泽东带领红军最后翻越的大山，由于干旱少雨，相对封闭，迄今还是贫困地区。如何从根本上改变这里的落后面貌，路径自然不只一条，而让这里的孩子接受优质的教育，从根本上提升其文化修养与精神境界，才是摆脱贫困的根本之策。

2002年，宁夏回族自治区党委、政府决定：在首府银川兴办一所专门招收南部山区贫困学生的高中学校。于是，六盘山高中应运而生。

六盘山高中建在哪里？开始的时候，人们的意见并不一致。有的认为，应当建在六盘山山区，让孩子就近入学，可是，建在那里不可能吸引一大批优秀的教师。没有优秀的教师，让孩子接受优质的教育就只是空谈。

在商讨与争辩的过程中，人们的意见渐趋一致：就建在银川，让六盘山山区的孩子来银川上学。

六盘山高中，好一个响当当的名字！校址就在银川市，而且自治区党委、政府一开始就高投入地建起了一座高规格的高中学校，成为整个银川市一道迷人的文化风景。

六盘山山区的老百姓是贫穷的，也正是因为如此，他们希望自己的孩子未来能经济富裕、精神富有，进而改变六盘山的经济与精神面貌。而当这里的孩子一个个走进六盘山高中后，老百姓看到了希望，看到了一抹美好而又绚丽的曙光。

2013 年 6 月上旬，我专程来到六盘山高中，采访了金存钰校长及一些教师与学生，从他们那里看到了六盘山的希望，感受到了大山里的孩子那种发自内心的幸福感。

让六盘山山区的孩子享受优质的教育

中国最早的一篇教育学论著《学记》开宗明义："化民成俗，其必由学乎?"就说明了办学的目的是"化民成俗"。六盘山高中办学当然也有明确的目的——

一是扶贫教育。六盘山山区的孩子家庭经济困难，支付不起学费。于是，学校对招收的所有学生都不收学费与住宿费，对于农村户口的学生，一年再给予 1000 元的生活补助。假期之外的 10 个月，每个学生每月可以领取 100 元的生活费。

二是民族教育。六盘山地区是宁夏回族的集聚地，为了尽可能多地让少数民族的孩子进入六盘山高中，学校对他们实施特殊政策：升学考试录取线降低 20 分，从而让他们感受到中国这个多民族大家庭的和谐与温暖。

三是优质教育。大山里的孩子很少走出山区，有的甚至终生与山为伴，难以接受优质的教育。而六盘山高中的开办，让这里的孩子燃起了与大城市里的孩子接受同等优质教育的希望。

要想让学生接受优质的教育，就要有一支高素质的教师队伍。六盘山高中"平地而起"，原本就没有一位名师；而要想从银川市区调来优秀教师，几乎没有可能，因为他们不可能为了这所前途未卜的学校而离开原本不错的学校。

怎么办?宁夏回族自治区的主要领导果断决定，面向全国招聘优秀教师，对于应聘而来的名师实行年薪制，工资相当于宁夏回族自治区一般教师的两倍。于是，2003 年和 2005 年，一批优秀教师相继来到六盘山高中。2006 年开始，面向全国招聘大学生，一些优秀大学生又落户六盘山高中。经过连续 8 次的全国招聘，六盘山高中的教师队伍已经形成规模，一些名师也被吸引过来。

学校尽管也招聘了一些名师，但大多数都是年轻教师或刚刚毕业的大学生。这些教师缺乏教学经验，怎么办?一是培训。每年陆续从全国各地请来多位名家名师，为全体教师做报告和讲课。同时，每年派出多位教师去上海、北京、山东等地学习，金存钰校长称之为“借船出海”。这样的学习，让教师们大开眼界，也学到了实际的教学经验。二是联系全国名校中国人民大学附属中学（以下简称人大附中），获得他们的支持与帮助。人大附中的刘彭芝校长亲临学校，为教师们开设讲座。六盘山高中每年选派教师到人大附中学习，选派中层领导或副校长到人大附中挂职锻炼。此外，还通过互联网远程互动教学活动，免费享受人大附中的优质资源。2010年9月9日，在第26个教师节到来之际，时任国家主席的胡锦涛同志来到人大附中，在学校的远程教室观看人大附中与六盘山高中进行远程互动教学，并通过视频与远在六盘山高中的师生通话。他勉励边远地区的学生要充分利用远程视频系统，努力学得更多一些、更好一些，长大以后成为建设国家、建设家乡的有用之才，这给六盘山高中的师生以极大的鼓舞。于是，名师有了施展才华的更大舞台，走上了“更上一层楼”的教育境界；而那些在学校中占大多数的年轻教师，因心怀热忱，而积极工作，努力学习，有些已经具备了优秀教师的素质。

既要教书育人，又要当好“父母”

对于怎样的教师才是优秀教师，当是仁者见仁，智者见智。金存钰校长认为，优秀教师固然需要有比较高的教学水平，但首要的是师德好。如果教师只是为了追求经济利益，只是为了高工资，那是绝对当不好老师的。在六盘山高中，教师首先要有教育信仰，要有吃苦精神，要有“教学生三年，想学生一生”的思想。因为很多家庭只有一个孩子，每个孩子一生只有一个高中阶段，任何学生都耽误不起。作为教师，就要兢兢业业，将每一个学生教育好。

在六盘山高中，不关爱学生的教师可以被一票否决。因为这里80%以上的学生都来自数百里之外的山区农村，他们最需要的是关爱，所以，教师，尤其是班主任，就是学生的第二父母。如果教师的任务只是上课，学生尽管也可以学到一定的知识，可是他们的心里会犹如沙漠一样荒芜。

一、拒绝有偿家教成为定律

在六盘山高中，有一条铁的定律，那就是拒绝有偿家教。一是这里的学生与家长没有钱，二是从良知与道德上也说不过去。晚自习期间，每个教室里都有教师为学生辅导；每逢周末，教师辅导学生成为天经地义的事情。这自然感动了学生，他们谈起自己的老师，几乎个个都激动地说：

“不好好学习，不好好做人，就对不起爱我们的老师!”这里的年轻教师，有的教学水平未必有多高，但是他们的爱心与责任心每天都感动着学生，于是就有了“亲其师，信其道”的教育景观。而当学生自己想学、爱学的时候，学习成绩也就自然而然地提高了。

二、教会学生说话与生活

在采访高三（7）班班主任张天信老师的时候，他告诉我，学生刚入学的时候，有的见了老师不说话，有的说起话来很不礼貌。这不能怪他们，因为他们从小在家里没有受过这方面的教育。学校有义务让学生讲文明，懂礼貌。见到学生的不文明行为，教师不是严加批评，而是诚心诚意地说明道理，从而让学生从心理上认可这种教育，敬畏这种教育，学会礼貌言行。

学生也会给教师出不少难题。在这些学生的生活经历中，水一直是匮乏的。高一新生一进校门，平生头一次用水龙头，只会使劲掰。开学没几天，学校的水龙头就坏了不少。不少学生连基本的生活自理能力都没有，不知道怎么洗衣服，不会使用冲水厕所，不认识斑马线，不懂城市交通规则……六盘山高中的教师就像教自己的孩子一样，一点一滴，手把手地教。功夫不负有心人，六盘山高中的学生很快就学会了这些生活常识，也有了相应的文明行为。

说起自己的学生，张天信老师很有成就感，因为他经常会从家长那里受到表扬。这些山区的农民不会客套，可是说的话真诚至极。他们说：“你们六盘山高中的教师怎么这么会教育孩子呢？没上六盘山高中之前，孩子见了人低头就走，即使大人和他说话，他也不敢抬起头来，说起话来也不那么好听。可是，现在不同了，他们见到村里人，老远就会打招呼，笑着问好，乡亲们都说我们的孩子长大了，懂事了。”还有家长说，以前孩子给父母打电话，没说两句话就大声喊叫起来，甚至还发脾气。可是，现在孩子大不一样了，说起话来很有礼貌，连邻居们都啧啧称赞。

李晓璇同学也是从农村走出来的。开始的时候，他对学校的教育方式非常不理解，原来在初中上学的时候，每天都要学到深夜，而且大家都认为这样学才能取得好成绩。可是，到了六盘山高中，情况就大不一样了，晚上休息铃声一响，教师就要求学生回宿舍睡觉，如果再学习，就会受到制止。不久之后，他习惯了这种学习方式，不仅按时起床，而且按时睡觉。由于晚上休息好了，第二天学习的时候精力很充沛，学习的效率自然就高了，学习成绩当然也就“水涨船高”了。

很多学生在家里是不叠被子的，可到了六盘山高中，自己的事情得自己做，要把被子叠得整整齐齐，不然就会影响整个宿舍的形象。除了叠被子，学生各个方面的生活都有了规律，做任何事情都有了一定的程序。这会影响到他们的一生，生活有规律，会让他们幸福一生。

三、全心全意做好学生的“父母”

在六盘山高中教学楼的走廊里，有一块精致的牌匾格外醒目，上面写着“教师誓言”：“我们像爱护自己的子女一样爱护学生，为人师表，言传身教；我们像热爱自己的家庭一样热爱学校，尽职尽责，不遗余力；我们像珍惜自己的生命一样珍惜事业，创造价值，追求永恒。”誓言是这样写的，教师们更是这样做的。

六盘山高中是寄宿制学校，学生绝大多数来自山区农村，远离父母，很少有机会回家，思念亲人在所难免，尤其是刚入学的那段时间，学生更是思乡情切。为此，从 2005 年开始，学校实行“学生健康成长导师制”，要求每位教师分别指导本班 6～8 位不同层次的学生，培养他们良好的学习习惯、生活习惯和卫生习惯。教师经常与学生谈心，了解学生的思想状况、学习情况、生活困难、人际关系，帮助学生制订切实可行的学习计划，建立指导学生成长的记录，以促进学生身心的健康成长，培养学生的健全人格。

为了这些学生，学校有很多教师长年吃在学校食堂，住在集体宿舍，以学校为家，把满腔的热情化作滴滴甘露，融入学校的每一项工作中，滋润了每一个学生的心田。所以，教师都有两个身份：一是要教书育人，二是要做好父母；上讲台教书育人，下讲台当好父母。

六盘山高中的学生全部寄宿在学校，节假日、周末期间有学生回不了家，有的教师就将学生请到自己的家里，与学生共享美餐；有的教师会买点小礼物，赠送给学生；有的教师则把东西直接送到学生宿舍。王生银副校长在端午节期间，将蒸好的粽子送到学生宿舍，与学生快快乐乐地过了一个很有意义的端午节。

学生一天的学习生活都在校园，管理工作非常繁杂，尤其是公寓管理难度更大。中午，当学生走出食堂，到宿舍休息，公寓内外一片安静后，值周的领导才能走出学生公寓的大门；晚上，等到学生酣然入睡，值周的教师才拖着疲惫的身子走向回家的路。日复一日，年复一年，以至每年刚刚踏入学校大门的新聘教师都会不解地问：在这所学校，除了要教书上课当老师，还要管学生吃饭睡觉当父母？

马信同学也是来自农村的孩子，他说男生公寓楼的叔叔阿姨可有爱心啦！他们与学生像一家人一样，看着学生睡了，才能安心去休息。虽然他们个个看上去表情都非常严肃，可是心地特别善良。按照规定，学生是不能晚回宿舍的，可是总有一些学生出于各种各样的原因回来晚了，他们一边批评，一边还是把门打开，让学生进入宿舍，并督促学生快点睡觉。

马悦同学说起他们的老师总是感慨万千。他说，为了让学生按时休息，中午与晚上老师都要检查学生的休息情况。一天下雨，晚上将近11点了，王晓荣老师还在轻轻地提醒学生赶快睡觉。他说他的班主任是一位男老师，脾气比较大，可是他每次发脾气，都是为了学生好，都是在关心学生。所以，学生不怕他发脾气，甚至喜欢他发脾气。学生总觉得班主任就像自己的父亲，特别亲切。他在对我说这些话的时候，眼睛已经湿润了。他说："老师的恩情一点儿也不亚于我们的父母，他们不但在生活上、心理上、学习上关心我们，而且在一些重大的人生选择上，也成了我们的主心骨。比如，我们是选学文科还是理科，是报考这所大学还是那所大学，老师都要一一推敲，直到感到最好为止。"

师生的感情都是相互的，学生爱自己的老师，老师也爱自己的学生。高三年级吴建琴老师说，全校6000多名学生，不可能没有学生不出现心理问题，为此，学校给每个年级配备了一名心理学专业的教师，对学生出现的心理问题及时疏导。即使一般教师，也全身心地爱着学生。她说，到了宿舍里，与学生聊天，真是幸福极了！而学生呢，则对老师无话不谈。这种爱，这种情，只有身处其中的人，才能体会出有多么深！每当学生离开学校的时候，也是老师们最伤感的时候。特别是那些女孩子，总是抱着老师哭个没完没了，她们说，舍不得离开老师，舍不得离开六盘山高中。到了大学，还会有这么好的老师吗？

每当高三学生毕业的时候，在优美的《毕业歌》旋律中，高三毕业生代表则满怀深情地致辞——

一直以为自己很坚强，可每次回想在校的日子，想起您细雨润物般的教导，总能让我泪湿眼眸。老师，假如我能搏击蓝天，那是您给了我腾飞的翅膀；假如我是击浪的勇士，那是您给了我弄潮的力量！六盘山高中的老师们，您永远是我们心底最温暖的记忆……

一个个学子，和着旋律，泪水不由自主地流了出来，感动、不舍之情，也在这旋律中久久回荡……

四、尽责尽职做好教学工作

孔子最得意的学生颜回称其老师教学的时候"循循然善诱人"，而六盘山高中的学生认为他们的老师也如孔子一样，循循善诱，让他们走进了乐学与善学的境界。

田燕同学说起她所在的班级，快乐与欣慰之情马上洋溢在了她的脸上。她说班主任王晓东老师非常爱学生，请学生回答问题时，总是称之为“亲爱的”。他一般不将现成的答案告诉学生，而是让学生自主学习，享受学习的快乐。因此，学生不但形成了自主学习的习惯，也品尝到了学习的幸福感。

朱炎鸣同学谈起六盘山高中，感到很自豪，他说，学校教风正，学风好，教师特别负责任，学校被网友们评为“最具幸福感的学校”并非虚名。

不管是学校领导，还是教师，心里都有一份沉甸甸的责任，那就是六盘山高中不是一般意义上的高中，它是党委、政府的民心工程，是老百姓的期待，不能让这些孩子更好地成长，就对不起党委、政府与老百姓的期望。山区的孩子英语基础差，有的在初中就没有学过英语，即使学过，水平也很不理想。2003 年学校招来的首届学生的英语平均成绩只有七八十分，可是，到他们毕业的时候，有的学生的英语成绩竟然达到了 130 多分。对于教师的付出，只有身在其中的人，才能感受到那是多么艰辛。这届学生到 2006 年毕业的时候，二本上线率达到了 68%，一本上线率达到了 40%。第一次听到这个消息时，山区老百姓认为这是绝对不可能的事情。

可这是千真万确的啊!

六盘山山区的老百姓欢呼起来，学生家长奔走相告，无形中为学校做了一个免费而又有效的广告。

金存钰校长认为，学校的优劣，不是靠已有的名气，而是靠老百姓的口碑。老百姓不说好的学校，不管其以前名气多么大，也不是真正意义上的名校。

感恩母校的“知”与“行”

在六盘山高中教学楼的走廊里，还有一块精致的牌匾也格外醒目，上面写着“学生誓言”:“我们像渴望雨露一样渴求知识，我们像崇拜太阳一样尊敬师长，我们像热爱家园一样挚爱母校，我们像回报父母一样报效祖国!”学生是这样说的，也是这样做的。

有的学生考上大学后，因家里贫困，便把自家炒的黄豆或者亲手纳的鞋垫送给老师，以表达对老师的感恩之情。更多的学生，则唯有以自己的刻苦和勤奋回报师恩。

学校里经常会出现这样的景象：一些毕业生多年之后又不约而同地回到学校，来看望教师。那些远走高飞，离开家乡多年的学生，归来的第一件事就是先到母校看看，在感恩石前照相留念，向教师汇报近几年的成长经历与取得的成绩。金存钰校长说，若干年后，这些学生就会走向社会，努力工作，用一颗感恩的心回报父母、回报社会。这将成为六盘山高中一笔极其珍贵的精神财富。

高三（8）班班主任瞿军讲了一件 2010 届学生的事情：他们上了大学一年之后，有一天打来电话，说要每人向学校捐 100 元，一共 5000 元，被瞿军老师拒绝了。他知道，这些孩子家境非常贫寒，100 元对他们的家庭来说，是一个不小的数目。结果，后来他们专门来到学校，执意每人捐出 100 元，用于资助贫困学生。他们说，这些钱不是从家里要的，而是他们从奖学金里节省出来的。他们也知道家里非常需要钱，可是，在六盘山高中上学的那些贫困家庭的孩子更需要钱。瞿军老师对政教处主任讲了这件事，政教处主任又向校长进行了汇报。金存钰校长答应了这些学生的请求，因为一个懂得感恩母校的学生，未来一定也知道感恩社会，也一定会成为对社会有用的人才。同时，他还将这些学生的感恩事迹讲给在校的学生听，从而让他们也学会感恩。

六盘山高中的学生也特别懂得感恩父母，为了节省路费，大都是一学期回一趟家。他们在紧张的学习之余，会定期给父母写信，汇报自己在学校的学习生活，和父母交流自己的感受、理想，倾诉拳拳之情。学校食堂早餐和晚餐提供免费的菜汤，免费菜汤加馒头，就是一些孩子的一顿饭。他们每月省出 10 元、20 元，寄给父母，补贴家用。

汶川地震刚发生后，六盘山高中的不少学生就把自己的奖学金、特困救助金捐给了灾区。要知道，这可都是学生从牙缝里一分钱一分钱节省出来的。有位领导考察六盘山高中，被学生的行为深深感动，问道："你们本身经济并不宽裕，为什么还要帮助灾区的师生？"金存钰校长憨厚地笑了笑，只说了一句话："因为我们更理解什么是苦难。"

据金存钰校长讲，从六盘山高中考入北京大学的一个学生，毕业后被招聘到新疆维吾尔自治区克拉玛依发改委工作，中央电视台新闻频道还对此做了报道。当年，他家里十分穷困，他失去了到县城上学的机会，他的母亲送他到乡里的初中上学。2006 年，六盘山高中给予照顾录取了他。入学之后，他积极努力，不负众望，考上了北京大学。他说："没有六盘山高中，我就不可能考上北京大学。我要感恩母校，而感恩的最好方式，就是到祖国最需要的地方去。”因此，他毅然选择了新疆，而且如愿以偿。他说，他会在那里全心全意地工作，回报社会对他这个穷人家的孩子的关心。

无教师监考的诚信考量

《中庸》有言：“诚者，物之终始，不诚无物。是故君子诚之为贵。”看来，中国儒家先师就特别重视诚信教育。六盘山高中的学生绝大多数来自六盘山山区农村，他们生性纯朴善良，有着诚信教育的基础。那么，如何让学生守持诚信美德呢？学校经过讨论决定实施无教师监考。一开始，有人担心这样做学生作弊会更加严重。而金存钰校长认为，应当尊重学生、相信学生。当然，要给学生讲清道理，不但要讲诚信的意义，还要告诉他们，通过作弊得了高分，既欺骗了父母，也欺骗了自己。《大学》中说：“所谓诚其意者，毋自欺也。”明白了这个道理，学生就会“如恶恶臭，如好好色”地诚信考试了。

当问及学校有没有作弊的学生时，金存钰校长坦言：“有。”高一年级有 2000 多名学生，作弊的最多有十几个人，为了这些学生，而让教师监控所有学生，是得不偿失的。况且，他们作弊，全班学生都看在眼里，于是，这样的学生也就在学生群体中失去了信任。同时，他们也逐渐明白了一个道理，作弊不但不会赢得信任，还会害了自己，考场上的诚信，带来的是全部生命历程的诚信，带来的是人格的升华。

2013 年 6 月 2 日上午，我在六盘山高中采访，恰逢高二学生正在考试，无教师监考，我悄悄地看了七八个考场，真是安静极了，一个作弊的学生也没有。考试结束后，我采访了几个学生，提起无教师监考，他们说得更加直接：“以前考试，老师紧盯着我们，把我们当成贼，让我们心里很不是滋味。现在，我们的考场我们自己做主，我们不但不作弊，还要做诚实守信的好学生。”还有学生说：“作弊的学生，全班同学都看得一清二楚，作弊会被大家瞧不起，从而降低自己在班级中的威信，甚至有的同学从此不再与他交往。”是的，还是孔子说得好：“人而无信，不知其可也。大车无輗，小车无軏，其何以行之哉？”意思是说，一个人不讲信用，是根本不可以的。就好像大车没有輗，小车没有軏一样，它靠什么来行走呢？毫不夸张地说，无教师监考是用诚信呵护了诚信，从而培养了学生自尊、自重、自立、自律、诚实的道德素质。

送考的壮观场面

六盘山高中还有一道特殊的风景——送考。

每年的6月2日早晨，是送考的第一个场面，如果不在现场，很难想象那是何等激动人心的场面！

清晨，高一、高二年级的学生站在校园道路两侧，为高三的学生送行。高三学生气壮山河的口号声此起彼伏，犹如远征的战士，胸有成竹地奔向战场；高一、高二的学生高喊口号，挥动旗帜为他们助威。每个班都有自己的口号，而且制作了韵味无穷、特点不一的祝福标语。学生有序地相聚于广场上，或赠送礼品，或送去祝愿，有的则激动地相拥在一起，泪流满面。

2013年6月2日早晨，我采访一位高一的学生时，她的脸上还挂着泪珠，激动而兴奋。她说："高三的学长学姐就是我们的榜样，希望他们考出好的成绩，步入理想的大学。"而在采访一位高三的学生时，他则表现出一个男子汉的铮铮铁骨。他说："我们从穷山沟里走出来，如今要走向大城市，要在全国知名的高等学府上学，我会努力为父老乡亲争光，努力成为他们的骄傲。"让他寄语高一、高二的学弟学妹，他略加思索后说："不忘家长，不忘自己是农民的孩子，不忘国家的重托，成为一个真正意义上的六盘山高中的好学生！"

据冯雄主任讲，第二天是毕业典礼，也是为高三学生送行的第二个场面，将会更加激动人心。有校长致辞，有学生祝福，高三学生要为学校留下具有纪念意义的东西，虽然没有昂贵的礼品，但他们都会用自己的心，用不同的方式，为母校留下美好的回忆。冯雄主任说，从2014年开始，学校将采取种树的方式，让毕业生为后来的学生留下更多的绿荫。

6月7日至8日，是高考的日子，也是送考的第三个场面。一班一队，六位任课教师，有的给学生送糖果、巧克力，有的抚摸学生的头，有的与学生击掌、拥抱，有的对学生说悄悄话，他们用不同的方式缓解学生的压力，稳定学生的情绪，送学生走进考场。教师们给予学生鼓励，让学生更加充满信心。在进考场前，其他班级的教师和学生会一道为他们呐喊助威。打仗既需要气势，也需要呐喊助威，考试亦然，因为这助威中有鼓励，有期待，也有祝福！

送考的第四个场面是填报志愿。这些学生的家长都是山区农民，学生也没有填报志愿的经验，绝大多数学生又回到学校，在教师的指导下填写报考志愿。为了填好志愿，教师们对所有高校招生情况进行了认真的研究，对每个学生的考分进行了理性的分析，经过反复斟酌，才确定下来。家长们看在眼里，不由自主地流下了感动的泪水。

送考的第五个场面虽然没有前面场面的轰轰烈烈，可是让不少学生感动终生。有的学生收到大学录取通知书后，却因家庭经济困难交不起学费而忧虑，家长无能为力，有的连去大学报到的路费都凑不齐。为此，学校通过联系企业家、社会爱心人士为他们筹措学费，解决他们的困难，用金存钰校长的话说，把这些学生扶上马，再送一程。

开设丰富多彩的校本课程

有的学校在高二下学期就将必修课教完了，随后便进入迎接高考的复习之中，因为他们认为，选修课内容没有列入高考科目，所以干脆不开，抑或只是走走形式。据邓树栋副校长介绍，开始的时候，六盘山高中也很少开设选修课程，自从与人大附中成为联谊校之后，发现人大附中竟然开设了100多门校本课程，而且开起来也并不困难。比如，有的教师喜欢韩语，就可以带几个喜欢学韩语的学生，开一门韩语校本课程，教室就设在这位教师的办公室里。甚至烹饪，也可以开一门课程。六盘山高中有400多位教师，有着各种各样的爱好，可谓藏龙卧虎。于是，学校决定调动教师的积极性，尝试让教师根据自己的爱好与特长开设校本课程。2008年3月，学校首次举行校本课程推介会，大大出乎人们意料的是，推介会上，学生纷纷报名，可谓人头攒动、盛况空前。

开设校本课程，尽管对于高考成绩的提高不一定起到立竿见影的作用，但是对学生的长远发展大有好处。为此，学校九大学科的选修课的开设，已经达到85%，文科生必须选学生物，理科生必须选学政治。六盘山高中是绝对不允许学生在高三之前提前进入高考复习状态的，因为如果没有必需的校本课程的生命滋养，学生虽然一时可以考出高分，却失去了持续发展的内在力量。

学生在学校里不只是学习教材，还学习他们喜欢的课程，这让他们兴奋不已。元旦期间，学校大张旗鼓地举办了一场校本课程成果汇报会，很多教师与学生踌躇满志，大显神通。

信息技术改变着人们的生活方式与学习方式，实现了教育信息现代化，这也成了六盘山高中的必行之事。2004年，政府投资2000多万元，全面实现办公与教学的信息化。400多名教师的网上教研与学习，以及与人大附中的互联网教学，已经结出了丰硕的果实。

李恃帆同学来自六盘山山区的一个小县城，从小喜欢玩电脑。上了六盘山高中，本认为不可能再有时间玩电脑了，可让他没有想到的是，学校开设了很多校本课程，当然也有计算机课程，他就报名参加了。结果，不仅使他掌握了相关的信息技术，而且对他的学习也起到了很大的促进作用。

如果不到学校里亲自走一趟，是很难想象六盘山高中的内部设施配备是如此齐全，又是如此高品位的。我去过很多高中，即使那些大城市里的重点高中，也很少有像六盘山高中这样大气的通用技术实验室。在一般人看来，只有职业技术学校才开设通用技术课，才拥有如此好的设备，在这样一所普通高中开设通用技术课，是不是多此一举？

金存钰校长认为，这不是多此一举，而是极其必要的。按照《普通高中课程方案》规定，在高中要开设通用技术课。这些看似与学生的高考没有多大关系的课程，恰恰是培养学生动手习惯与实践能力的重要载体。六盘山高中开设通用技术课的全部是物理、信息教师，学生对通用技术课的热情，也是超乎想象的。

让学生的生命世界更宽广

学生学到更多的知识固然重要，考出好的成绩也很重要，可是，如果不能开阔生命世界，没有丰盈的精神，是不可能拥有更好的生命前程的。

一、阅读提升人生境界

金存钰校长认为，阅读是开阔视野、丰盈精神的一种有效方式，因为好书中蕴藏着精神的营养，阅读的过程既是提高文化素养的过程，也是提升人生境界的过程。有了一定的文化素养与人生境界，即使一时学习成绩不是很好，终究也会步入学习与考试的良性运转之中。

为此，学校建设了三个大阅览室，每年为学生购买 13～15 万元的报刊，在高一、高二的课程安排中，就有一周一次的阅览课，周六、周日则全天向学生开放。同时，学校开设了绿色网吧，让学生周日上网，让他们能从网上选取优质的内容进行学习。

学校图书馆藏有 35 万册图书，而且年年更新，图书的质量高，数量大，满足了学生的借阅要求。每年 4 月，全校 60 位语文教师各给学生推荐两本书，并附有一二百字的推荐语，制作成大展板，让学生从中选取自己最喜欢的图书阅读。

二、两个“6 点半现象”

大凡到过六盘山高中的人，都知道有两个“6 点半现象”。

一是每天早晨 6 点半学生上操之前，校园里到处都是读书的学生。每周五早操结束后，各年级会组织学生诵读经典诗词，台上有人领诵，台下 2000 人合诵古今中外的诗词名篇，气冲霄汉，令学校周边的行人驻足观望、感叹不已。

二是每天下午 6 点半学生收看《新闻联播》之前，伴着夕阳，整个校园里都是读书的学生，个个都是那么专注，让你不由得感慨于相对喧嚣的当下社会还有这么一片“宁静以致远”的神圣之地！是啊！这些从山区里走出来的孩子，多么珍惜这来之不易的学习机会啊！他们的骨子里有一种不怕吃苦的精神，而当读书的时候，则有了特殊的愉悦感与幸福感。

三、走出校门见世面

六盘山高中位于宁夏回族自治区首府银川，学生在这里上学，视野宽，见识广，是山区学校的孩子所无法想象的。

城市里的孩子司空见惯的事情，对于山区里的孩子来说，则有可能是见所未见，甚至闻所未闻的事情。为此，每年开学之际，学校都要组织新生走进银川，让他们了解城市的建设和规划，感受城市的变迁和新貌。

节假日，大多数学生无法回家和家人团聚，学校就组织学生游览银川的中心地带，让他们接受城市文明的洗礼，了解社会的变迁，路上的所见所闻让学生既充满好奇，又欣喜不已。回到学校，校团委紧接着组织开展“感受大银川”征文活动。

孙立荣同学来自六盘山山区，父母都是地地道道的农民。高一时在学校的组织下她去了北京，高二暑期时，她被选派到香港大学进行学习交流。谈及此事，她既激动又自豪，她说，她的父母一生都没有走出过六盘山山区，而她不但来到了宁夏首府银川，还走出了宁夏。她成了整个乡镇第一个去过香港的人，而且是免费去的。她说：“如果没有六盘山高中，我也许会像我的父母一样，终生在六盘山里劳动。”孙立荣同学不但品学兼优，还参加了健美操比赛等活动，成了社团活动的积极分子。她的老师说，她很有希望考上北京大学或清华大学。我在想，大学毕业后，她还会飞得更高更远。

学校办学得到了人大附中的援助，每年会派出 8 名高二学生到人大附中进行为期一年的学习。李月同学来自六盘山山区，是一位特别优秀的学生，也是去人大附中就读的一个幸运者。人大附中的开学典礼给她留下了非常深刻的印象，刘彭芝校长的讲话很有气势，她很崇拜刘校长。她说，如果有哪一天她也当了老师，甚至当了校长，她也要让爱洒满校园。

并非结尾的结语

六盘山高中的教育教学质量越来越高，老百姓的信赖度也随之提高。北京大学等全国名牌大学也已关注这所学校，关注从这所学校里走出来的大山里的孩子。六盘山高中不但成为宁夏回族自治区高中教育的一个品牌，而且成了全国学习的一个榜样。

六盘山高中的故事有很多，六盘山高中的精神很强，它不只是让六盘山山区的孩子享受到了优质的教育，而且影响深远。有的孩子因为考上了大学，而改变了整个家庭的命运。想想看，一万多个山区的孩子，改变了多少家庭啊！何止是脱贫致富，还有精神层面的影响，还有社会风气的优化。六盘山高中的“扶贫教育、民族教育、优质教育”办学模式，从政治、经济、社会、教育、民生、民族团结等方面来看，意义非常深远！

来自新疆班的真情报告

——马志平校长与教师们的民族情结

校长介绍

马志平，1963年出生，青岛市高科园二中（现更名为青岛市崂山区第二中学，即崂山二中）校长。中学数学高级教师，全国优秀教师，山东省优秀教育工作者，青岛市劳动模范。学校抓住开办新疆高中班的机遇，在各级政府的大力支持下，办学条件不断得到改善，教师队伍得到进一步优化。学校被评为山东省规范化学校、青岛市办学水平督导评估优秀等级学校、山东省民族教育民族团结先进集体、青岛市民族团结进步模范集体。

青岛市高科园二中办新疆班的故事有很多很多，不仅感动着新疆来的孩子们，感动着他们的家长，也感动着所有关注新疆班的人们。我也是被感动着的千千万万中的一个，而其中的真情故事真的太多太多了，由于篇幅受限，我只能撷其部分，与读者共享。

“我一辈子都愿意在这所学校里当校长！”

2006年4月，马志平校长当选为青岛市劳动模范，为此，电视台对他进行了采访，请他说一句感受最深的话，他的回答出人意料：“最怕的是深夜的电话铃声。”原因是，这个时段铃声一响，肯定是新疆班的学生出现了问题。

何止深夜的电话铃声令他害怕，他说：“六年来，天天如履薄冰。”是的，新疆的孩子不远千里来到青岛市高科园二中，不只是承载着家长的重托，也寄寓着新疆少数民族的厚望。这些年仅十四五岁的孩子，离开朝夕相处的亲人之后，青岛市高科园二中就成了他们唯一的依靠，成了像家庭一样温馨的心灵港湾。学校的领导与教师如父母一样关照他们，特别是要确保他们的安全，这使学校的领导与教师有了如家长一样的义务与责任。“孩子”有事，心系“父母”；民族问题，关乎国家。对于一位富有责任心的校长来说，天天如履薄冰，就成了一种必然。

深夜的电话铃声并不少，更多的原因是孩子们得了急病而被教师送进了医院。汉族的孩子有病，可以打个电话让其家长领走医治，而新疆孩子在山东的“父母”便是学校的领导与教师。所以，电话铃声预示着自己的“孩子”出现了“险情”，作为“家长”的领导与教师，理所当然地要出现在第一现场。

时任青岛市人大常委会副主任的马论业多次视察新疆班管理工作，他曾感慨地说道：“新疆班六年没有出现安全问题，说起来是简单的一句话，可实际上他们付出了多少心血！”

也许有人会说，马志平担任这样一所学校的校长是迫不得已而为之，我采访他的时候，听到的却是另外一种观点。他说：“我一辈子都愿意在这所学校里当校长！”

话语中透露着真情与执着。

原来，“如履薄冰”的背后，还有让他更加向往的东西。

他说，办新疆班的确很累，压力也很大，但绝不能将其看成一个负担，而要把它当作一项光荣的任务、一件利国利民的大事，这是对开发大西北的直接支援。凡是有历史感与责任心的人，都愿意承担这项光荣的任务。

新疆班的开办，使这所历史短、规模小的学校拥有了独具一格的特色，从而为学校的发展创造了机遇。据马志平校长介绍，自办新疆班以来，不仅崂山区和青岛市的领导，山东省、新疆维吾尔自治区和教育部的领导也都陆续光临学校指导工作，给学校师生以极大的精神鼓舞。崂山区、青岛市和中央政府都加大了对学校的财政投入。2005年，学校基本建设在原有基础上还缺150万元，学校就向青岛市政府财政局递交了申请拨款的报告，只过了几天，150万元便拨付到位。而新疆班500名学生每人每年8000元共计400万元的生活补助，青岛市政府都会非常及时地拨付到位。几年来，仅基本建设一项，各级政府就投资了1100多万元，从而大大改善了学校的办学条件。2003年，学校顺利通过了省规范化学校的验收工作。来自不同地区的参观者慕名而来“学习经验”，学校的领导与教师却在“省检自身”，希望学校各方面都能“更上一层楼”，于是，这无形中促进了学校管理水平和教师思想文化素质的提升，校风越来越正，学生的精神面貌和学习成绩越来越好。

新疆来的孩子善良、纯朴、真诚，他们在与汉族孩子相处的过程中，有摩擦，更有融合，时间越长，他们就越友好、越和谐。马志平校长说，身为校长，看到孩子们和睦相处，甚至交上了朋友，不能不由衷地感到喜悦。这不就是做着一件民族大团结的事情吗？

原来，正因为这诸多让马志平校长幸福的事情的存在，才有了他对就任这所学校校长的情有独钟。

“你们父母有你们一个、两个孩子，我却有你们160个孩子！”

校长助理高彦江是与新疆班孩子接触最多的人之一。几年来，他给人最深刻的印象就是具有高度的责任心且全身心地投入教育工作中。为了将新疆班的孩子们培养好，他倾注了很深的感情。

2000年秋季开学前夕，济南火车站。

高彦江和老师们翘首以待的火车终于来了。当一批身着新疆服装的孩子从火车上走下来的时候，那一双双好奇而又陌生的眼睛，就如电流一样触动了高彦江的心弦。从那一刻开始，他就下定决心：要像培养自己的孩子一样，将他们培养成人。

一、缓解孩子的思乡之情

绝大多数的新疆孩子是第一次来山东，到校后不久，一些问题便凸显出来。有的上课不能专心听讲，有的吃不下饭，有的睡不好觉。几个新疆孩子与家人打电话的时候，哭声一片。为了缓解孩子们的思乡之情，高彦江与老师们就像父母和哥哥姐姐一样与他们交流，抚慰他们的情绪。有个叫帕提古丽的女孩，整晚都睡不着觉。为了稳定她的情绪，于颜颜老师多次与她谈心，后来干脆与她睡在一起，如母亲一样给予其关爱与照料。几个月后，帕提古丽的思乡之情开始转化为对老师的依恋和对学习的努力。渐渐地，她变得活泼大方起来，学习成绩也越来越出色。

2006年5月4日下午，我在青岛市高科园二中采访时，适值一些从这里考入大学的学生专程返回母校来看望他们的老师。我便对就读于天津外国语学院的大二学生米热吉汗进行了采访。

提起老师们对她的关心与照顾，米热吉汗至今依然感动不已。她说：“老师与我们新疆班的同学就像家人。不管是春节还是新疆少数民族的节日，老师们都不回家，他们和我们一起过节，为的是不让我们想家。大年三十，老师们与我们一起包饺子。大年初一早晨，老师们和我们一起放鞭炮。我们感到太幸福了，而他们的牺牲太多了。”

2001年8月7日晚上，时任新疆维吾尔自治区教育厅党组书记的张贵亭宴请马论业率领的教育代表团，“敬酒之时突发联想，归来连夜写成小诗，以为谢”。他在诗中说：“像我这样的年龄不会轻易动情，你却点燃了我心头的一把火。”是的，青岛市高科园二中的老师们点燃的是一把民族团结之火，它温暖的不只是在这里读书的新疆班的孩子们，还有新疆少数民族千千万万的人们。

二、让他们突破语言关

新疆班80%以上的学生来自经济欠发达的南疆，汉语不好，此前很少与汉族人接触。一天，高彦江发现阿不都海拜的脸色不佳，就问道：“你病了吗?”他似懂非懂地点点头。高彦江又问：“你吃药了吗?”他仍然似懂非懂地点点头。通过带队老师的翻译，他们才明白了对方的意思。语言，成了他们难以逾越的一道大关。在老师与汉族学生的帮助下，阿不都海拜和同来的新疆孩子提高了汉语水平，对此充满了感激之情。阿不都海拜将老师与同学帮他突破语言关的过程写信告诉了父亲。远在新疆的老人专门给高彦江寄来了一封信。他说：“来山东前，孩子从来没有与汉族人说过一句话，你们对孩子如此关心，让我们一方面感激不尽，另一方面也彻底放心了。”

三、改善生活习惯

新疆班学生原来吃的都是新疆特色饭菜，在家经常吃的是面食和肉食，而学校的饭是汉族风味，多是米饭与蔬菜。为了照顾新疆班的学生，学校便尝试着做一些油炸鸡腿。可有的学生一天竟吃了26个鸡腿，没几天就把菜票用完了。为此，学校就一周发一次60元的饭票，同时教育他们要多吃一些蔬菜。

对于新疆班学生的某些生活习惯，也不能一味迁就。因为固有的生活习惯一旦影响到身体健康，就要想方设法予以改正。曲文峰老师在新疆班学生生活习惯的纠偏上，可谓匠心独运、用心良苦。

2000年，曲老师一参加工作就到了新疆班，她教的学生中，有一个大帕提古丽，还有一个小帕提古丽。

小帕提古丽初来青岛的时候身体比较瘦弱，在上预科时，竟然晕倒过几次。送到医院一查，原因是营养不良，从小不吃蔬菜，肉也吃得少。预科学业完成后，她被分到了曲老师担任班主任的高一（7）班。当时曲老师就想，一定要让她的身体好起来。

一天晚上，曲老师特意做了一盘韭菜炒鸡蛋，并将小帕提古丽叫到办公室，问她："你怕不怕死？"她小声地说："怕。""你想不想上大学？""想。"曲老师说："可是你再这样不吃菜，一次又一次地晕倒，会有生命危险的，更不要说上大学了。为了你能更好地活着，为了你能健康地走入大学，从今天开始，你要多吃菜。现在，就先把这盘韭菜炒鸡蛋吃下去！"在曲老师的严厉要求下，小帕提古丽勉强吃了几口。曲老师想，养成吃菜的习惯并非一日之功，于是，就叫她将盘子端到宿舍里，与同学们分着吃，但有一个要求，那就是小帕提古丽必须吃掉大部分。从那一天起，连续两周，曲老师都会做一盘菜，并将小帕提古丽叫到办公室，当面看着她吃。开始时小帕提古丽吃得很慢，也很艰难，后来，渐渐快了些，吃得也轻松了些。两周过后，曲老师便让舍友监督她。渐渐地，小帕提古丽的身体好了起来，再也没有晕倒过。临近高三毕业时，小帕提古丽在周记中专门为曲老师写了一段话，最后是这样写的："曲老师，父母给了我生命，你给了我活力！"现在，小帕提古丽已经是华中师范大学二年级的学生，她说，在青岛市高科园二中有太多难以忘怀的故事，而曲老师逼她吃韭菜炒鸡蛋的故事，已经镌刻在了她的心里，她会带着曲老师深深的爱，继续行走。

四、医院陪护

一天晚上，新疆女孩汗扎旦木因患流感发高烧，高彦江将其送到医院打针输液。三天后再去医院复诊，医生说："快好了，多喝点儿凉开水就行了。"第二天早晨，高彦江询问汗扎旦木的病情，班主任说："好了，已经上课了。"高彦江还是不放心，中午吃饭时，他又到餐厅去看情况，发现汗扎旦木趴在桌上。用手一摸她的头，发现很烫，于是将她叫到办公室，一量体温，竟然烧到了41.2℃。高彦江大吃一惊，立即带她去医院。为了避免汗扎旦木紧张，高彦江故作镇静地说："有点发烧，再去医院看看。"结果，在医院输液三天，高烧方才退下。医生说："回去吃药就行了。"可是回校的第二天，她又烧到了39.4℃。当第三次再送她去医院时，高彦江心里也慌了，是不是得了大病？此时的汗扎旦木也有些慌了，她下意识地伸出瘦弱的手，紧紧地抓住高彦江的手不肯松开。高彦江就像父亲牵着自己女儿的手一样牵着汗扎旦木挂号、买药。汗扎旦木用惶恐但又信赖的眼神看着高彦江，似乎在说："老师，我的病很重吧？全靠你了。"高彦江更加用力地抓着她的手，笑着说："放心吧，没事的!"是呀，像汗扎旦木这样的新疆女孩离家千里之外，父母不在身边，得病了，不靠老师还能靠谁呢？高彦江突然想到自己的女儿，虽然上了大学，可感冒一重，还哭着打电话告诉她母亲呢。怜悯之情和责任感情不自禁地涌上心头，高彦江感到汗扎旦木就像自己的女儿，应该对她尽一个父亲的责任。在高彦江的悉心照料下，汗扎旦木的病慢慢好了。而由此延续下来的"父女情"，一直在两人的心里徘徊着。一次开新疆班大会，高彦江很动情地对学生说："你们父母有你们一个、两个孩子，我却有你们160个孩子!"学生听了，先是一阵肃静，紧接着便是一阵热烈的掌声。他发现，痊愈的汗扎旦木也在里边，笑得很灿烂，一个劲儿地鼓掌。

几年来，新疆班学生多达78人住院，仅医疗费一项，就花去85万元。学校的领导和老师们去医院陪护，已经成为家常便饭。就在我采访高彦江的时候，两个小时以内，就有两个男生推门而入，问他应该如何服药，剂量多少。真的佩服高彦江的耐心与医术水平，他总会令学生满意而归。所以，有人说，高彦江已经成为一位无师自通的医生，不但可以处理简单的疾病，对于诸如阑尾炎之类的较大的病症，他也可以立即诊断，而且全无误差。

预科班的热孜亚、高二（7）班的伊力努尔、高三（12）班的热依兰、高三（4）班的努尔古丽等学生在接受采访时，都谈到了自己生病的经历。他们说，老师和同学们对他们的照顾，他们是永远也不会忘记的。这使他们由此学会了如何关心他人，回报社会。

老师对新疆孩子的照顾，感动着他们的家长。我前去采访时，适值就读高三的罕克孜的母亲海热古丽来校看望女儿。她说，她是得知女儿生病住院才来的。老师和同学们在女儿住院期间给予了无微不至的关心与照料，这令她感动万分，她会一辈子都感激他们。

学校的领导与老师们关爱新疆班孩子的事迹说也说不完，既感人，又真实。这份只有父母才有的爱，新疆班的孩子感受到了。

"我们肩负着太多的责任，我们必须对他们严格要求。"

在新疆班的管理上，马志平校长有一条清晰的思路，那就是严格要求与关爱并重。

马志平校长坦言，起始阶段，学校对新疆班学生关爱有加，但严格要求不足。造成这一问题的直接原因是，老师们感到这些学生多是来自新疆偏远地区，此前大多没有到过城市。远离家乡和亲人，来到人生地不熟的青岛，老师们不但要承担起为人师的责任，还要承担起为人父母的义务。生活上特殊关爱，感情上特殊投入，当他们与汉族学生发生矛盾时，批评的是汉族学生，袒护的是新疆学生。不过，马志平校长和学校领导很快发现了这个问题，通过召开教职工大会、进行个别谈话等方式，让老师们认识到，关爱中更要有责任，关爱中更要瞩目未来发展。他们学成之后，绝大部分还要回到新疆工作，学校则肩负着培养新疆建设者与接班人的重任。

这种以培养使命感与责任感为目标的定位，使老师们对新疆班的学生有了更高的要求。要让学生们知道自己不仅是来学习文化知识的，更重要的是要通过自己所学的知识去建设新疆。所以，老师们开始强化一种意识，即对新疆班的学生除了在生活上给予更多的关爱之外，其他方面没有任何特殊待遇，与汉族学生一样，他们也是学校中的普通一员。汉族学生与少数民族的学生在人格上是平等的。他们取得成绩，一律及时表扬；犯了错误，适时予以批评。特别是有关民族团结的事情，一点儿也不含糊。学生之间出现一些小的摩擦，正如汉族学生之间出现矛盾一样，就问题解决问题，不能上升为民族矛盾。

据马志平校长讲，一次上体育课踢足球时，新疆班的一个球踢到了另一个班的场地上，一个汉族学生马上用脚踢回，不料一时心急踢飞了。于是，新疆班的个别学生便质问为何如此。这个汉族学生认为好心不得好报，心里很不高兴，便吐了口唾沫。新疆班的学生认为这是对他们民族的歧视，于是，双方争吵起来。老师便及时教育，告诉他们这不是民族问题，而是同学之间因一时误解而出现的本不应有的小事。大家应该和谐相处，因为新疆少数民族与汉族的学生都是祖国这个大家庭中的一员，是兄弟姐妹。最后，双方握手言欢。

马志平校长认为，如果不分是非地将汉族学生批评一番，并不是对新疆学生的真爱。相反，小题大做的结果会激化矛盾，伤了汉族学生的心，误导了新疆学生的民族情绪。

马志平校长和老师们在认识上取得了一致，那就是，新疆班的七个民族的学生是一家人，他们和汉族学生也是一家人。作为“家长”的领导与老师，要对他们一视同仁，在关爱他们的同时，更要将其培养成人。而学校的领导与老师们的这种根深蒂固的认识，又通过平时的教育教学与生活细节，传递到所有学生的心里。渐渐地，新疆班绝大多数学生不但能与汉族学生友好相处，而且对自己有了严格的要求，特别是有了一种责任感。

学校党支部书记韩淑玲在接受采访时，谈到了许多鲜活的事例。她说："首先，我们要将新疆来的孩子培养成真正的人，进而将其培养成未来的接班人。"一次学校组织出游活动，新疆班学生有的随手将垃圾扔到地上，有的上车后不知道给老师让座，有的在公共场合大声喧哗，等等。这并不是什么大的问题，但教育必须从小事抓起。所以，活动结束后的第二天，韩淑玲老师就给他们上了一课，使学生们懂得了"积善成德"和"不积跬步，无以至千里"一样重要，也懂得了习惯决定性格，性格决定命运的道理。

韩淑玲老师所教的高三的一位新疆学生虽然性格直率，却很倔强。每次上课，只要他听不太懂，就大声叫喊"听不懂"。课后韩淑玲老师在讲台上给一些前来问问题的学生讲解时，这位学生因没来得及提问，便将书随手一扔，摔门而去。此后，韩淑玲老师对他进行了严厉的批评，教育他要学会尊重老师与同学，并告诉他，老师不能为了他一个人而影响整个班的教学进度，不能在别的同学提问题的时候放下他们不管而先回答他的问题。这位学生真诚地承认了错误。此后，这位学生变得非常有礼貌了。用韩淑玲老师的话说，抓住问题从不放过，直到达到目的为止。她说："我们肩负着太多的责任，我们必须对他们严格要求。不然，既对不起他们的父母，也对不起民族的希望。"

王燕老师在新疆学生的心里是一个"两面人"：课后与学生一起唱歌、跳舞，一起说悄悄话；可军训的时候，犹如红脸关公，严厉得有些吓人。她认为，爱学生要如父母，批评学生要像严师。她说，当新疆班的班主任，既当师长，又做父母。学生一旦犯了错误，要督促其立即改正。

关爱与严格要求在表现形式上好像势不两立，实质上却是殊途同归。责任心与使命感的驱动，使两者并驾齐驱，在学生的心里播撒下健康成长的种子，并在适宜的时期，酝酿出绚烂的花朵与饱满的果实。

"我在学校的最后时间里，交上了一份比高考更令人满意的考卷。"

学校领导与教师们的关爱与严格要求，收获的是思想与行为的双丰收。学生在学校以至校外的突出表现，为学校赢得了最大的荣誉，更为他们的人生书写了一段永远值得骄傲的乐章。

一、"小公主"步入以关心他人为幸福的境界

阿依铁肯是学生中的一个"小公主"，从新疆坐飞机而来，从青岛坐飞机回家。初来时，她感到很自豪，很优越，生活上表现得特别"大方"。老师们发现这一情况后，对她进行了批评教育，使她渐渐地开始在生活上严格要求自己，学习上关心他人，由以自己为中心，变为以关心他人为幸福。高考前夕，一位与她成绩同样优秀的学生生病住院，她便天天在医院陪着她，直到高考。本是竞争对手，她完全可以在这个特殊时段努力超过对方，可她想到的是自己的伙伴更加需要照顾，更加需要精神与感情的支持。在医院里，她们一起谈思想、谈学习，成了很好的朋友。高考之日，她们俩双双走进考场，都取得了优异的成绩。特别是阿依铁肯，在高考中获得了全校文科第一名的好成绩，如果分数再高一点，她就可以被中国人民大学录取。可是她并不后悔，她很自豪地说："我在学校的最后时间里，交上了一份比高考更令人满意的考卷。"毕业前夕，阿依铁肯和另外两名同学一起光荣地加入了中国共产党。

二、他懂得了做促进民族团结的事情的价值

高三民族班的班主任刘晓玲在新疆班工作了六年时间，她是一位和这些新疆孩子融为一体的年轻教师。她向我讲述了许多孩子成长的故事，欣慰之情一直洋溢在她的脸上。

有一个男孩叫阿布都沙拉，预科结业后，他进入了高一学习。在刘晓玲老师的影响与教育下，他进步非常快，不但在学校里品学兼优，在校外的表现也特别突出。放假回家时，他看到一个汉族人与一个维吾尔族人打架，就毫不犹豫地走上前去，对维吾尔族人说："我们都是一家人，不要打了！"很快，刚才还拳脚相加的两个人，很敬重地看了看阿布都沙拉，然后很不好意思地各自走开了。

阿布都沙拉对刘晓玲老师说："如果没有学校的教育，要是在以前，我会立马帮助维吾尔族人打汉族人的。我很自豪，因为我进步了，特别是我知道了民族团结是多么重要。"

刘晓玲老师说，当她听到阿布都沙拉讲述这个故事的时候，她的眼里一直闪烁着泪花。她感到很欣慰，因为在新疆班教学的老师，最满意的不是哪个学生考上了名牌大学，而是学生走出校门后懂得了去做促进民族团结的事情。她说："我是因为学生的存在而幸福，每天都是累并快乐着。"

三、老师的手机里传来新疆男生的拜年问候

春节里，预科班班主任王晓静老师到一个朋友家拜年。突然，手机铃声响起，她以为准是哪位朋友打来电话拜年了，可传来的是一个操着很不流利的汉语的男孩的声音：“祝老师节日快乐!”她一下子震惊了。这是新疆班的学生！更让她震惊的是，紧接着，是全班所有男生的拜年问候声。她控制不住自己的感情，当着朋友全家的面，泪流满面地向自己的新疆学生拜年致意。这使她想起了过古尔邦节和肉孜节时与学生们一起载歌载舞的情景，天真烂漫与兴奋激动一览无余地写在他们脸上。当时学生们说：“过汉族节日的时候，我们给老师拜年。”那个时候，她只当学生们说说而已，没想到，这些话是他们写在心里的祝福，只不过今天才表达出来而已。

新疆班的学生在老师的爱中，学会了爱老师，爱其他人。而这份爱，会伴随着他们的生命成长，走进“己欲立而立人，己欲达而达人”的境界。

四、新疆班学生要和刘老师同过古尔邦节

新疆班学生在与老师同过汉族节日中，感受到了老师对他们的那份真爱，那是融入血液中的一种情感。而这情感，也如春风化雨般滋润着老师的心田。

2001 年，刘晓玲老师被临时调到汉族班代课。古尔邦节早晨，刘晓玲老师上完两节汉族班的英语课，刚走出教室，便被眼前的景象惊呆了：她教的几十个新疆班的学生，穿着崭新的节日盛装，眼里含着泪水，正站在教室门口迎接她。班长走上前说：“刘老师，如果今天你不和我们一起过节，那这个节日，我们也不过了!”看看学生们哭红的眼睛，再看看他们手中紧紧攥着的手帕，刘老师的眼睛也湿润了……是啊，平时，她用她的行动感染、教育着学生，而此刻，她撒向学生的那缕阳光，也正温暖着她自己。

刘老师说，学校的领导与教师并没有陶醉于新疆班学生对某位教师的感激回报之中，而是在长期的教育中，让他们渐渐地懂得了回报学校、回报社会、回报祖国。而这种感情的升华，为孩子们的未来发展奠定了坚实的思想及感情基础。

校长要“基于问题解决”

——郑杰校长的“另类”思想与行动

校长介绍

郑杰，上海市北郊学校校长，上海市十佳青年校长，上海市优秀教育工作者，上海市十大读书成材标兵，2005年度《中国教育报·读书周刊》十大推动读书人物。他致力于重建学校，在上海市北郊学校尝试建设现代学校文化的改革，取得了一定的成效，并引起了教育界的广泛关注。他对学校转型期校长角色变迁、教师身份变化、学校生存与可持续发展、师生的生命质量与人生幸福等问题，进行了诸多有价值的思考和实践，因其观点新锐而独特，被戏称为“另类校长”。

“学校发展需要动力，那么动力在哪里？动力在于问题。什么是问题？问题就是理想和现实之间的差异。所以，一个要带动学校发展的校长，其基本的思路就应该是基于问题解决。”这就是郑杰对于“基于问题解决”的最简约的解说，也是他行走在校长实践之路上的最为清楚的概括。

中国教育面临着很多问题，学校当然也不例外。这属正常，但很多人不能破解这些问题。所以，郑杰说，要正确地面对问题，谁能解决问题，谁就是好校长。他甚至说：“如果没有问题，还要我们校长干什么？”

好学校的“公约”性标准

好校长的标准不一，而在郑杰看来，好校长首先要思考什么样的学校是好学校，并为实现这一理想目标而运筹与策划。

在不同的人看来，好学校的标准也各有其言之成理的说法。郑杰自言找到了一些“公约”的部分，寻到了好学校的内核：一是高效能，二是讲人道，三是可持续。

一、高效能

郑杰认为，评价一所学校的优劣，不在于其投入的多少，而在于其在一定的投入下的效能如何。如果随着投入的加大，效能没有相应地增加，甚至不断地降低，就不是好的学校。有的学校一年投入上亿元，却没有高质量与高效能，可以称之为“中国教育的癌”，而不能称之为“优质学校”。投入不多而效能很高的学校，才是中国教育发展的希望所在。所以，郑杰不主张评“优质学校”，而倡导评“高效能学校”，因为很多所谓的“优质学校”是用钱堆出来的。

什么情况下学校的效能才能最高？当教职工的目标和校长的目标一致时，才能实现效能的最优化；其目标不一致时，效能也会降低。

这种目标达成一致并不容易。

在绝大多数情况下，管理者与员工的目标并不一致。管理者有各种各样的事情要去做，力不能及，就聘请了许多员工。所以，员工和管理者之间是一种委托代理的关系。因为是被委托，员工的目标是工资最大化、休闲最大化；管理者的目标是少给员工钱，而让他们多干事。其目标之间存在着天然的不一致。

历来的管理者，都希望实现两者目标的一致化，但由于目的不同，就有了形同而神异的不同形态。

一是将自己神化。被神化之后，管理者可以让自己的下属放弃自己的目标，像吃了迷魂药一样跟着他的目标走。郑杰不主张这种目标的一致化，校长需要人格魅力，但不能让教职工处在休眠状态而缺失思想。

二是让职工入股，年终分红。这是基于员工的目标与管理者的利益不一致而采取的一种方式。但这种方式更多追求的是经济利益的一致，而由于没有精神的和谐，有时会因利益的冲突而产生矛盾甚至对抗。

三是任人唯亲。所用之人，特别是干部，都是自己人，以“亲”让下属与自己的目标一致。这个时候社会资本最低，这个资本就是诚信度与亲近度。

四是“桃园三结义”。《三国演义》中的刘备和《水浒传》中的宋江虽然自身没有多大的本事，但是他们都很讲义气，以情动人。校长和学校的教职工都成了哥们儿，也容易达成目标上的一致。

五是空洞的说教。教职工的目标跟校长的目标不一致，校长就用一些空洞的大道理说服他们。有时校长用自己都不太相信的空洞的说教去说服教职工，怎么能让人相信？

六是在每一个员工后面派一个员工监视他。学校有100位教师，为了让他们的目标跟校长的目标一致，就派100个监督者来监督，这是不可能的。问题是，谁去管那些监督者？所以人类就有了一项发明——“科层制”，它有一个好处，校长一声令下，大家都服从。这种模式类似“金字塔”，首席执行官管理十几个人，这十几个人每人再分别管理十几个人，每人管理不超过15人。学校是为学生服务而不是为校长服务的地方，这种分层管理的方式虽然有一定的作用，可是问题是谁去监督监督者。特别是由此可能造成人人对上负责的“以上为本”的价值走向。学校是为学生服务的地方，如果人人都对上负责，学生对教师负责，教师对中层负责，中层对校长负责，校长再对局长负责。结果，必然加重官本位的强度，使“以学生发展为本”成为一种形同虚设的口号。

七是自主管理。郑杰认为，这是被实践证明的最有效能的管理方式，也是他现在实施的一种管理方法。校长实现最大限度地放权，让教职工自主管理。但自主管理并不是放任自流。校长让教师自主选择，如果教师选择错了，如不干活，或用最差的方式去做，又逃避责任，怎么办呢？所以在自主管理之前要有一整套的制度，然后再放权。所以，民主与法制是一致的。

二、讲人道

对于讲人道，人们的解说也不尽相同。郑杰所说的讲人道，即给他人创造幸福，而不是制造痛苦。

郑杰认为，中国人不太重视此刻当下的人生幸福，往往将幸福如存银行一样放在未来，以致错过人生本应有的幸福季节。郑杰认为，人的不同时期，应当有不同的幸福。儿童时代，玩是孩子最大的幸福，如果这个时间段没有玩够，长大后一定会有不合年龄的非常态的“玩”。

讲人道不是单纯的救死扶伤，也不是单纯的关注弱势群体，关键在于为他人创造幸福。这是一个永恒的主题，是德育的主体内容。作为一个好的校长，要有牧师般的关怀、宗教般的情怀。

三、可持续

不但关注学校今天的存在，更加关注未来的发展，这样才是真正的可持续。郑杰不赞成“一个好的校长就是一所好的学校”这种说法。如果校长说了算，这所学校就比较危险了。学校的好坏，不能寄托在一个校长身上，好的制度才能催生一所可持续发展的好学校。制度要在校长之上。不然的话，一个好的校长走了之后，学校就会衰败下来。

好的制度：好人得好报

郑杰认为，制度有三种形态，第一种形态（也是最初级的形态）是人们的习俗，第二种形态是道德，第三种形态是通过强制力来推行的成文的法律。以前的制度没有从道德形态向成文的法制形态推进。而法律制度也有良法与恶法之分，所以，在法律之上有一种理念叫作“正义”，没有正义，人们是可以推翻它的。什么是好的制度？就是代表正义的制度。如果不能代表正义，是不会创造出好的学校的。什么是正义？就是好人得好报。学校要制订出一套好的制度。学校里谁是好人，就给谁好报。

一、好人得好报

什么是好人？对此也是众说纷纭，而郑杰自有他的解说——

一是工作量大的人，如上课多的教师。多劳多得，是天经地义之事，让这样的人得好报，才能促使更多的人去做更多的事情。

二是工作质量高的人。这样的人给学校创造的不只是一种品牌，还有一种精神价值取向。人人追求质量，好的学校便会不求自得。

三是贡献大的人。郑杰认为，锦上添花者不算好人，雪中送炭者才是好人。比如，学校缺少的升学率、钱款等，你能取来，就是好人，就给予奖励。学校有一位教师，不好好上课，后来按照其特点给他安排了一个工作——“要债员”，发挥其专长，别人要不回来的钱，他一出马，即可带款而归。所以，他每次帮学校要回钱，学校就给予他相应的奖励。

四是责任大的人。校长、主任的责任大，得到的奖金就多。学校教师的总体收入中，奖金占了二分之一。有的教师提出意见，校长责任大在哪里？班主任一天不在，班级就没人管，责任之大，超过校长。可郑杰认为，对责任大小的评价，是以破坏性大小为标准的。你不只是要承担责任，更重要的是防止干坏事。从这个层面上看，当然校长的破坏性更大。班主任可以毁掉一个班级，校长则可以毁掉一所学校。当然，得到好报的同时，受到的相应的处罚也重。学校实施的“问责制”，就是层层问责。如果一位教师在监考中失职，则其上面的领导层层受罚，而校长是受罚最重的。

五是不可替代的稀缺人才。学校最缺名牌教师，为此，郑杰非常着急，于是制订政策，凡是评上名师者，享受与校长一样的待遇，不但拥有一间与校长一样的办公室，收入也高出一般教师一倍。对此有的教师提意见说，一所学校的生存与发展靠的是默默无闻的群体教师的支撑，而不是几个名师。但是郑杰说，不能用默默无闻取代庸碌无为。再说，你今天不是名师，并不等于你明天不是名师。教师们都在为走进名师行列而努力之后，就可以使更多的默默无闻者成为名师。

二、给好人什么好报

调动教职工工作积极性的办法之一，是用好报给予激励。那么给教职工什么好报呢？第一是给他们机会。外出考察学习，让好人去；有了晋升机会，让好人得。第二是设施调配。有的设施是一种身份的象征。比如，发手提电脑，不要一次性地每人一台发下去，而是要分三次发放：第一次是给好人，第二次是给一般人，第三次是在好人又发了新的电脑后，将不用的旧电脑再给对学校贡献最少的人。第三是给他们自由。人类最宝贵的是自由，要给好人多一点自由。自由在哪里？一是时间，如坐班制，好人可以晚上班早下班。排课的时候，可以让好人先排。二是空间，比如，给好老师单独安排一个房间，如果实在不好安排，就在同一间办公室里为其安装隔板，让其有一个独立的活动空间。除此之外，还适当以钱、名、权作为激励手段。

三、好人怎样得到好报

郑杰认为，好报即资源，将资源配置到好人身上，好人才能得到好报。世界上有两种资源配置：一是计划经济时代，由校长配置，这是用一双看不见的手进行配置，如果不是一个全知全能的人进行配置，当然就不会公平。而校长无一是全知全能者，所以，计划经济时代的校长配置是不可能实现好人得好报的。二是市场经济时代，出台合法、合理、合情的规章制度，在学校建立一个内部市场，实现好人得好报的目标。

郑杰自称是市场经济时代制订了合法、合理、合情的规章制度的校长。

郑杰的贡献是做了三本手册：一是质量手册，二是人力资源手册，三是课程手册。凡 49 万字，几乎所有的工作都在制度管理的范围之内。

三本手册在握，人们会不会都去执行呢？回答是不尽然。如果想让教职工都去执行，就必须转变他们的价值观。现实中法、理、情三种价值观总会产生冲突，所谓价值观的转变就是法、理、情的转变。制度背后是文化，核心是价值观。我们在制度面前往往是灵活的，没有高度的心理认同感。郑杰认为，制度是无上的，管理者只有在法律起不到作用的时候，才能发挥效用。校长应当是会说话的制度，规章制度不发挥作用的时候，才能发挥校长的作用。

郑杰就是将学校的规章制度真正内化到教职工心里，使其得到高度的心理认同的一位校长。

上海市北郊学校正是因其高效能、讲人道、可持续，才有了今天的飞跃与明天可以看得见的灿烂，成为郑杰所说的名副其实的好学校。

打造学校品牌的要件

2001年，上海市北郊学校由三所基础薄弱的学校合并而成，郑杰奉命前来就任校长。上海的学校比较多，生源却越来越少，所以，绝大多数小学实行了小班化教学。很多学校不是思考小班化有多少优势，而是迫不得已而为之。有的学校招不到学生就合并起来。如果不将招生工作做好，那么学校连生存都非常困难。当时北郊学校最大的问题就是招不到学生。

郑杰走马上任之后要解决的首要问题就是招生。郑杰认为，破解这一问题，一般需要三个战略：一是个体战略，即通过促进教师发展带动学校发展；二是组织战略，通过变革内容管理，激活学校发展的生命力；三是系统战略，引进外部力量，使外部能量和学校能量实现统一，从而使学校在内部基本结构不变的情况下获得发展。三个战略没有高低之分。校长根据不同时期的情况，选择一个主战略。

郑杰认为，这需要校长有眼光、有思想，在正确的时间和地点做正确的事情。回顾发展的过程，北郊学校之所以成功的原因，主要是开始时选择了系统战略，其后选择了组织战略，最后选择了个体战略。

学生和家长为什么不选择北郊学校？因为北郊学校没有名气，他们选择的是品牌。北郊学校要想破解招生难题，就要成为品牌学校。如何成为品牌学校呢？要有三个要件：一是知名度，二是美誉度，三是信赖度。

一、提升学校的知名度

再好的商品，如果没有人知道，就无法走进市场，所以需要宣传。这叫传播。传播一要靠语言，二要靠文字。郑杰就借助语言与文字，向学生与家长传播北郊学校的品牌。当时，他差不多有一半的时间在外地传播。当时本区域内的许多人甚至都不知道有一所北郊学校，郑杰通过传播让北郊学校家喻户晓，在人们的心里具有了一定的知名度。

二、提升学校的美誉度

只有知名度还不行，还要有美誉度。如果人们只知道学校的存在，而没有对其产生好感，即没有美誉度，学校还是不能吸引学生与家长。北郊学校的名声不响亮，校徽也不漂亮，学生甚至不愿意佩戴校徽。北郊学校的前身是一所初等职业学校，那时的校长将学校搞得声名狼藉。直到2001年，依然口碑不佳。郑杰认为，必须将理念系统做好，形成文字，且要富有诗意，同时，做好学校的形象设计。于是，他请来了形象设计师，将校徽设计得十分美观，让人一看就产生审美的感受。

三、提升学校的信赖度

郑杰认为，最难做的是提升学校的信赖度。要让家长心理预期比现在看到的更好，就要在质量上下功夫。

到底什么叫质量？历史上有几种理解，一是质量就是符合标准。后来发现，新产品在柜台里都贴上了符合标准的标签，有的还是卖不出去。卖不出去的原因是没有满足顾客的需求，所以有人说质量就是满足需求。后来，大家都在满足需求方面大做文章，质量就成为一种服务。教育也是一种服务，是一种什么样的服务呢？教育这种服务的固有质量是什么？到底应该满足谁的需求？

教育到底是一种什么样的服务？郑杰从餐饮服务业上受到启发。餐饮服务业提供的产品是饭菜，功能是让人填饱肚子，宗旨是让人满意。饭店之间的竞争更多的是让顾客更加愉悦、满意。为了让顾客满意，他们简直到了“无所不用其极”的地步。于是，郑杰将餐饮业的服务意识引入学校。产品是什么？不是学生，如果将学生当成产品，便与制造业没有什么两样。学校的产品是课程。这是学校独有的东西，别人拿不走。郑杰就是借助课程这一新产品，尽量满足人们的需求。他们开发出的课程是北郊学校的产品，既有丰厚的内容，又有悦人耳目的形式；做出的“产品说明书”，即课程手册，也是北郊学校的品牌。在招生的时候，郑杰与教师们向家长介绍的是“我们的课程”，让家长看的是学校的“产品说明书”，用课程来说明北郊学校是一所品牌学校。

教育服务旨在促进师生发展、精神愉悦

教育的功能是促进人的发展。教育的宗旨是让人愉悦。教育服务是通过课程让学生发展，且使其精神愉悦。教育的固有特性是什么？

一、高效

学校不应通过加班加点来提高教育质量，而应通过高效能的工作来提升工作品质。为此，北郊学校规定下午 4 点半下班，郑杰带头到点离校。评价一位教师成绩的高低，不再看其加班不加班，而是看其工作效率。

二、舒适

郑杰认为，时下的教学拖堂有两种情况：如果学生上一位教师的课度日如年，且教师经常拖堂，则是令学生难受的教学；如果教师教得让学生进入了物我两忘的境界，快乐无比，虽然拖堂，但因愉悦心境而受到学生的欢迎。这才是真正的教育服务。

三、快捷

北郊学校的教师中午不能休息，因为这个时间段是学生的休息时间，他们可以利用这个时间段向教师寻求帮助。同时，规定教师批改学生作业必须两天内完成，作文批改不能超过三天。

四、安全

学校应让学生感觉心理安全。学生对未来不可知的时候，就会感到不安全。学校要想让学生感到安全，关键要明确对于他们的不良行为将由谁对其施行什么样的惩罚。为此，学校制订了《中小学生惩戒条例》，包括伤及和危害公共利益行为及影响个人利益和价值的 20 多条惩戒规定。一旦触犯，就必然照章受罚。同时，要想让师生感到安全，就必须保障个人的隐私。所谓隐私，就是和公共利益无关的事情。郑杰坦言，他从来不到教师的家里探访，除非受到教师的邀请。因为每一位教师都有自己的隐私，都有不希望校长看到的地方。几年来，教师们没有邀请郑杰光临他们的家，他也没有邀请任何一位教师到他的家里来，甚至很多教师不知道他的手机号码。因为当一个人的隐私被人窥知的时候，他就会产生不安全感。他举例说，一位教师在表扬一位学生的时候说，大家都要向他学习，他的父母一直在打麻将，可他的学习还是那么好。结果，学生非但不会感到快乐，反而会感到受到人格上的伤害。

让学生在校内感到安全，就必须消除非暴力心理虐待。郑杰认为，心理虐待有四种方式。一是啰唆。有的教师教育学生时一说就是一两个小时，看似关怀备至，其实，这是一种精神折磨。二是威胁。教师对学生使用威胁性语言，比如，“下一次再不做作业，就叫你在同学们面前露露脸”，这种柔中带刺的话语中透射出对学生的心理威胁。三是冷漠。有的教师惩罚学生时，让其坐在第一排，且让其他学生都不要理他。四是监视。有的教师利用学生干部监视其他学生，有的教师在学生干部之外还设有小密探。

人权中最核心的是人格尊严。评价某一位教师时，不能让他产生羞辱感。为什么美国的教师上课都不批评学生？其间不只有教育学意义，还有法律意义。人的尊严极其重要。欧洲人可以为了自己的尊严而决斗，即使死在角斗场上，也认为死得其所。普希金为决斗而死，俄罗斯人为他感到骄傲。而中国的传统文化把尊严看得比生命要低，说明我们的民族出现了“缺钙”的危机。

五、文明

文明就是节制，不过分。郑杰认为，教师是公众人物，要言行得体，说话声音不能太大，着装要适宜，女教师穿的裙子不能太短，戴的耳环不能太夸张。上班可以化妆，但不能化得太浓。

优质教育服务的具体操作

郑杰认为，教育服务要比餐饮服务复杂得多，因为学校要满足三方面的需求。一是要满足政府的需求，尤其是公办学校，要了解政府对学校的需求，不能违背法律规章文件。二是要满足学术方面的需求，学校要发展，就要在教育研究方面做出成绩。三是要满足学生和家长的需求，这也是最重要的。满足这三方面的需求并不容易。那么，如何通过具体操作满足这些需求呢？

一、成立三个部门

满足不同层面的需求，就要有不同层面的部门来具体实施。为此，北郊学校成立了三个负责具体操作的部门。

第一个部门是质量管理室，负责满足政府的需求。它的首要任务是把政府制定的所有针对学校的各项法规形成校内相应的制度：一是规范性制度，二是程序性制度，三是评价性制度，四是奖惩制度。四者缺一不可。第二个任务就是负责所有行政部门的检查评估。做好检查工作的所有准备，所定指标就是北郊学校的每项检查必须达到优。第三个任务就是依据质量手册的要求，检查全校教职工的工作。第四个任务是接受投诉，并且三天内要给予答复，最佳状态是“零投诉”。

第二个部门是课程质量室，即课程与学术办公室，负责课程产品的开发与改进。教研组由这个部门负责。对教研活动进行改革，对课程手册负责，形成19种比较有效的活动。

第三个部门是信息室，目的是让学生和家长满意。把家长和学生的需求及时地传达给教师，而且要提出相应的建议。每年进行学生满意度调查，要求一年增加一个百分点。由满意度高的教师总结经验，对满意度低的教师进行指导。

这三个部门就形成一个保障学校知名度、美誉度和信赖度的操作系统，从而达到既定的目标——政府信任、学术认可、学生和家长满意。于是，北郊学校渐渐成了一所品牌学校，自然也就解决了招生难的问题。

二、改造内部组织管理系统

学校有了知名度、美誉度和信赖度之后，新的问题又出现了。教导处作用何在？于是，郑杰的“基于问题解决”又进入了第二个阶段，即改造学校内部组织管理系统。

1. 不设教导处与德育室，取消班主任

郑杰不但不设教导处和德育室，就连班主任也一律取消，让教师团队合作取代班主任的功能，以道德生活化来取代大而空的德育工作。郑杰说，全世界多少个国家的学校还有班主任？如何消除班级间的壁垒？有没有新的东西替代德育？这都是需要思考的问题。他认为，我们的德育大多无效的原因之一，就是太将德育工作化了。工作是有计划、有目标去实行的，生活的计划性没有那么强；工作很严肃，太正经，生活或快乐或痛苦，更自然。德育生活化，就是还原教育本来面目的一种有效形式，让德育如吃饭喝水一样自然地走进人们的生活之中。

2. 师生德行共同成长

郑杰认为，教师和学生的道德水准没有高低之分。看看一年级学生的眼睛，那么纯洁清澈；可是随着年龄的增长，渐渐变得没那么清澈了。所以，郑杰要求教师首先要向学生学，学其天真与自然。反对教师在教学中大讲道德、说空话。

3. 以关怀教会关怀

郑杰说，父母越是关怀孩子，孩子对家庭就越有归属感，没有多少家

长会对孩子进行专门的爱家教育，可孩子们照样爱他们的家。爱国主义教育也是这样，国家越是爱老百姓，老百姓就越爱这个国家。爱国主义教育体现着一个国家对国民的关怀。教师越关怀学生，学生就越尊敬教师；教师给学生多少关爱，学生就会回报教师多少关爱。更为重要的是，学生在这个过程中感受、体验到关怀与关爱，也学会了关怀与关爱他人。

4. 道德教育要远离功利

人在做出某种行为时，一般有三个动机：经济动机、道德动机、社会动机。在一次献血活动中，针对这三个动机，我们设置了三种奖励方式——发500元、发纪念章、贴喜报，以分别满足不同动机者的需求。结果，百分之七八十的人选择的是第二种奖励。由此看来，大多数人会自觉做出符合道德的行为。基于此，郑杰在学校里不进行先进班级的评比等，而是成立了一个志愿者机构，以使教师自发地做出道德行为。现在，郑杰又提出了“有道德的课堂”，以培养学生的道德意识。

郑杰说，问题不断地出现，又不断地得以解决，所以，“基于问题解决”就成了郑杰的一种治校理念与管理方略。

农村教育的拓荒者

——崔其升校长及杜郎口中学改革历程及启示

校长介绍

崔其升，中学高级教师。1962 年出生。1981 年毕业于茌平师范，从事教学工作 4 年后，于 1985 年至 1987 年初在聊城教育学院脱产学习，1987 年至 1997 年在杜郎口联合校历任业务辅导员、会计、业务校长。1997 年至今任杜郎口中学校长。2005 年被评为聊城市“水城名校长”，获“聊城市农村教育先进个人”荣誉称号。任中国教育学会初中教育专业委员会常务理事，山东教育学会常务理事。

在并不太宽的通往山东省茌平县杜郎口中学的路上，几乎天天络绎不绝地行驶着各色各样的小轿车和大客车，里面载着来自不同地区的学习者。他们慕名而来，又满载而归。他们开始也许还有某种疑虑，而学习的归途上，不仅疑云消弭，而且无不惊叹地议论着崔其升这位创造了农村教育奇迹的杜郎口中学校长，以及大步行走在教育教学改革之路上的全校教师与学生。

我不单单是这支学习队伍中的一员，而且用文字记载了自己的所见所闻、所感所思。尽管这只是对崔其升校长及学校师生教育教学改革的一段掠影式的描述，但是希望广大读者能够窥一斑而见全豹，从中感受鲁西这片大地上教育改革春雷滚动的声响。

由乱到治：为改革奠定基础

改革需要大胆的创新精神，也需要稳定的人文环境。1997 年 4 月崔其升到杜郎口中学任校长之际，正是这所学校以乱闻名且教育教学质量步入低谷之时。3 个年级每个班有一半的学生跟不上教学进度，厌学情绪严重，辍学现象时有发生。1998 年春，初三年级一个曾经有 60 名学生的班，中考前只剩下 11 名学生。全校一年升入重点高中的学生仅是个位数，家长抱怨，社会影响每况愈下。教师情绪波动，教学秩序混乱，师生关系紧张，体罚、变相体罚现象几乎天天发生。县里已经将这所学校划入了撤并学校的行列。

崔其升和学校领导班子在分析调研学校的现状之后，认为首要任务当系治乱建制。治乱就必然要批评人、处理人，建制则必然要规范人、限制人。个别人受到批评与惩罚后心存不满，因违反规章制度受到处理而由怨生恨，到教育局告状。于是，教育局纪检组派人来校调查所告问题的真伪。一年之间，学校连续数次接受调查。但成为“被告”的崔其升依然不改初衷，他说，宁愿让人“拉下马”，也不能中止学校的发展。调查结果最终还了崔其升一个清白。教育局不但没有处理崔其升，反而将个别诬告者调离学校。于是，学校有了风平浪静的改革环境，所定规章制度有了顺利实施的基本保证。

问及崔其升何以如此“坚持己见”，他说，如果是非不分，奖惩不明，就不可能建立长久而稳固的教育教学秩序；如果不讲原则地求和息事，所谓的稳定就只能是表面的、短期的。而他所追求的是长久的稳定和本质意义上的和谐。原则与稳定并非背道而驰，制度与和谐也并非“不相为谋”。真正关注学校发展的校长，不但要有改革意识，还要有责任意识、风险意识。个人荣辱并不重要，学校发展才是根本之道。

坦率地说，崔其升走进杜郎口中学的第一年，只是学校改革发展的奠基阶段，大刀阔斧的教育教学改革并没有如火如荼地进行。但他完成了由乱到治的历史使命，为其以后的大胆改革奠定了基础。

摆脱困境：教学改革拉开帷幕

经过一年时间的治乱建制，杜郎口中学已经有了相对稳定的教育教学环境。崔其升感到，人心在思定的同时，也在渴望学校能够摆脱困境，走向良性发展的轨道。这与他的初衷不谋而合。于是，1998 年暑假之后，学校课堂教学改革拉开了帷幕。

一、量化指标

崔其升在一次又一次的听课中发现，现有的接受式课堂教学，至少有半数以上的学生学无所获。从表面上看，他们在课堂上正襟危坐，认真听课；实际上，有的学生根本没有听懂，甚至没有听，有的则漫不经心，不时地做着小动作，心早已飞到了教室之外。所谓的教育“为了所有学生”，只不过是空洞的口号而已。如果不对这种有形无实的课堂教学进行彻底改革，素质教育“皮之不存”，“毛将焉附”？

崔其升决定将课堂教学评价作为改革的突破口，将优质课的评价基点定位于学生的动。为此，学校制订了3条量化指标：一是课堂气氛要热烈、和谐、民主，学生敢提问，敢回答，敢讨论，敢展示，要形成一种积极主动，争先恐后，紧张活泼，读、说、议、评、写贯穿始终的课堂学习环境。二是课堂形式要多样。采取各种各样的学习方法，调动学生的积极性，男女生竞赛、曲艺节目、讨论辨析、小品表演、擂台比武等，都可以走进正式课堂。三是学生参与人数多，密度大，力争做到人人有份。这是课堂教学改革成功的关键。学校通过比例量化考评成绩，以参与人数除以班级人数的比例高低衡量教师教学成绩的优劣。

新的量化指标触动了教师的心灵，他们开始思考并采取行动——由原来注重教师单独的教转移到关注学生自主的学。

二、上好“三课”

虽然有了新的量化指标，但许多教师依然心存疑惑：我这么苦口婆心地讲，学生尚且学不好。要让学生动起来，我少讲，恐怕更是“玩火”。许多教师和领导们玩起了“捉迷藏”：不让明讲，就偷着讲；不在台上讲，就在台下讲。况且，对于杜郎口中学的绝大多数教师而言，新的课堂教学还是一种前无古人的探索。究竟什么样的课才是改革课，假若没有引领与实践，恐怕教师依然难以有清晰的思路。为此，崔其升通过上好示范课、过关课和跟踪课等形式，让全校教师一步一步走上了课堂教学改革之路。

1. 上好示范课

榜样的力量是无穷的，示范的作用是巨大的。以榜样引领，以示范课带路，就成了杜郎口中学课堂教学改革的开端之举。

首先，由学校领导班子上好示范课。学校领导班子成员理念新，影响大，他们的示范，在教师中可以起到“不令而行”的作用。从崔其升到其他学校领导，全部走进课堂，并让学生在课堂上真正动起来。教师们从这样的课堂上感受到了一种全新的教学理念，学到了开放的教学方法。一些骨干教师跃跃欲试，对课堂教学改革产生了兴趣，拥有了获取新的成功的期待。

其次，由各科骨干教师上好示范课。崔其升有意在各科教师中培养课堂教学改革的骨干，旨在通过他们的示范课，引导更多的教师走上课改之路。这些教师的示范课，在全校教师中产生了广泛的影响。看到同事的大胆尝试以及由此获得的成功，教师们也有了积极尝试的愿望。

2. 上好过关课

有了学校领导与骨干教师的示范，教师们学有榜样，教有所依。这时候要求所有教师都上改革课，就有了水到渠成之势。但崔其升仍然将全体教师上改革课称为“过关”，之所以如此，一是说明这一关并不好过，从而引起所有教师的高度重视；二是此关必过，不过则不能成为合格的教师。绝大多数教师经过努力，有了“过关斩将”的成就感，对课堂教学改革充满了信心。

3. 上好跟踪课

教师们对课堂教学改革的认识水平不一，个体素质也有差异，所以，仍有个别教师被阻隔在“关”外。于是，由学校领导或骨干教师跟踪听课，有的放矢地对这些教师进行指导，直到他们真正过关为止。在崔其升看来，改革必须是群体的行动，只有全校教师全部走上改革之路，学校的教育教学质量才能持续快速地提升。

三、“一谈二警三停”

在上好“三课”的同时，“一谈二警三停”的相应惩戒措施也在实施。所谓“一谈”，就是对第一次课堂教学不达标者，崔其升先进行个别谈话，谈课堂教学要求，谈教师角色，谈学生表现，谈课堂教学程序，谈教学改革意图等，指出问题所在，点明改革方向。所谓“二警”，就是对第二次课堂教学不达标者，在学科组会上予以警告。所谓“三停”，就是如果第三次课堂教学还不能达标，让该教师停课一周，专门听优秀教师的课，研读教学改革理论，学习组织、发动学生的方法，由业务主任做专题辅导等。

崔其升认为，惩戒的目的是改革，改革的目的是促进学生的发展。也许有的教师当时未必能体会这么做的良苦用心，但在其后的改革之路上会慢慢地感受到师生共同发展的幸福。

3 年的改革尝试，不仅使学校摆脱了被撤并的困境，而且结出了令人欣慰的果实。到 2001 年秋，一向在全县中考排名倒数第一的杜郎口中学，已经上升至中游地带。更为重要的是，教师的改革意识大大增强，学生自主学习的积极性越来越高，课堂一扫往日的沉闷与单调，激荡起改革的活力与生机。崔其升和教师们看到了未来发展的曙光。

教学改革：向深度开掘

2001年秋季，国家课程改革在一些地区的拓展，给了在改革之路上摸索的杜郎口中学极大的鼓舞。杜郎口中学之前所进行的许多教学改革举措，始料未及地与新的课程改革理念不谋而合；对教师而言，通过对新课程理念的学习，在教育教学改革探索中不少若明若暗的问题也一下子豁然开朗。这使崔其升更加坚定了一个信念：继续改革，向深度开掘，使杜郎口中学再度飞跃。

一、在课堂教学上“大动干戈”

如果说以前的课堂教学改革是小试牛刀的话，此后的改革则是“大动干戈”。用崔其升的话说，杜郎口中学的改革正处于方兴未艾之际。

1. 时间规定：“10＋35”

在课堂上以讲为主似乎已经成为教师的习惯，即使知晓了学生主动学习的重要性，教师仍然会因为“惯性”而滔滔不绝地讲解。为此，2002年秋，崔其升对课堂时间做出“10＋35”的硬性规定，即教师所讲时间不超过10分钟，尽量减少知识性语言，或者说完全不涉及对教材内容的陈述；学生自主活动不少于35分钟。在一节课上教师只要讲解时间超过10分钟，这节课即被判定为教学失败。从形式上看，这只是把一节课的时间重新分配了一下，但事实上教学理念已有了质的变化。

这种改革的阻力之大是可想而知的。一些家长愤怒地质疑：“我们交了钱让孩子来上学，你们老师不教了，倒让孩子自己学?”是啊，教学教学，教师不教，学生不会，先教后学，顺理成章，这可是大家习以为常的教学之规啊!

其实，教师们的思想也是慢慢才通的，其间学校领导甚至采取了一定的强硬措施。但教师由此走上实践之路之后，便出现了崔其升所期待的“学生动起来，课堂活起来，效果好起来”的教学景观，“自主课堂——我参与，我快乐；自主学习——我自信，我成长”也就变成了现实。

崔其升认为，教师不认可改革不行，认可了不实践也不行。没有有力措施的约束，课堂教学改革就不能真正实现。所以，强调教师可以发现知识，总结规律，做“平等中的首席”，但不能硬性灌输知识，做课堂的主宰。

课堂是教学改革的主阵地，如果不在这里“大动干戈”，就很难触动教学改革的命脉。而同时，改革的背后，既是对教师教育教学观念的猛烈冲撞，也是对学生生命成长的极大关注。

2. 取消讲台：学生动起来

2004年秋，杜郎口中学教师的课改理念已经发生了重大变化，教育教学质量有了很大的提高，中考成绩已经跃居全县第二名，他们完全有资格品味所取得的丰硕果实了。可是，崔其升是一个永不满足的人，他的课堂教学改革是彻底的，任何对学生自主学习有不利影响的行为都被他视作“眼中钉，肉中刺”，不拔则寝食难安。在长期的听课研究中，崔其升发现了一个不为人们所注意的现象，就是教师一站上讲台，往往自觉或不自觉地就找到了以前独霸课堂的感觉，情不自禁地多讲起来。这肯定会对学生的自主学习产生影响。他认为，只要学生通过探索可以学会的东西，教师都不需要讲。所以，他提出了取消讲台的大胆设想，而且随之付诸实施。

这样一来，教室前面的讲台没有了，师生同在一方空间，同处于一个平面。每个班级都有自己的标语：“我参与，我成长，我快乐”“课堂大舞台，人人展风采”“新课堂，我主张”“我的课堂我主宰，我的人生我把握”，如此等等，写出的是学生走向课堂教学主人地位之后的雄心壮志，以及一展才思的无限快乐。其他方面的变化更是令人惊奇：教室前后及背光面三面都是大黑板，教室中间是纵向排成的三排课桌，学生分组排位，面对面而坐。课堂形式多种多样，甚至五花八门，台上学生或表演，或辩论，或歌唱，或讲解，或朗诵，小品、课本剧、诗歌、快板、歌曲、绘画等多种形式交相辉映；台下学生或蹲，或站，或坐，或跪，地上、课桌上、板凳上挤成一团。学生想要发言，可以不用举手，站起来就说，说完自己坐下，另一个接着说。由于学生的参与热情很高，常常会遇到两个人甚至几个人同时站起来发言的情景，这时教师也不调解，学生同时说上一句半句的，就会有人让别人先说。这样的课堂，没有教师的呵斥和监督，没有教师的谆谆教导，完全是学生的舞台，学生精神抖擞，精力集中，思维活跃，令所有步入课堂的听课者都为之激动不已。

二、课堂教学的三大转变

事实上，教师不讲，学生可以学会的东西有太多太多，这出乎教师的意料，也超出某些专家的想象。学生一旦成为学习的主人，就没有学不会的东西，群体的智慧与个体积极性的融合，便会在课堂上焕发出奇异的光彩。教师大概怎么也想不到，曾一度被学生非常讨厌的课堂，还有如此强大的诱惑力。

于是，课堂教学发生了“三个转变”。一是学生的知识接收模式由“供应式”向“超市式”转变，课堂教学由“一言堂”变成“百家争鸣”，课堂学习由精英学习为主变成全员参与。学生充分发挥在知识学习中的自主选择性，从哪些材料中学习，学习什么，由自己做主。这一转变改变了学生被动接受、教师教什么学生学什么的习惯。二是教师教学由“注入式”向“发动式”转变。教师在课堂上要“相信学生、利用学生、发展学生”，不能唱独角戏，要由“讲”到“动”，使课堂“成为快乐享受的地方，不是被动接受、枯燥无味的看守所”。要打造“艺术课堂”，让学生“享受快乐”。三是课堂内容由“纯知识型”向“能力、情感、价值观型”转变。课堂学习要能够由知识生成能力，由知识生发情感，能够培养学生正确的人生观和价值观。

课堂教学内容与形式的变化，对学生的影响是巨大的。我采访了几位主动到学校反映情况的家长，他们都说自己的孩子变得落落大方、活泼可爱，而且敢于面对挫折和错误。家长称，以前一提起孩子的某些不足，孩子便很不愿意接受。可现在，孩子不仅乐于接受意见，还主动要求家长指出自身存在的不足。其实，我在采访过程中的感受同样深刻：平时到一些学校采访，学生也时常敬礼和问好，但不少是形式重于内容；而这里学生的礼貌行为从真诚之中透射出自然，那是一种礼仪意识内化到心里又外化出来的表现。崔其升说，这些不过是学生品质外化的一个小小窗口，而在培养学生自主、自信、自强不息的性格，勇敢有为、探索创新的精神，团结合作、服务奉献的品质等方面，全体教师已做了不少尝试。

理论归纳：预习—展示—反馈

自2005年春始，杜郎口中学一方面收获着教育教学改革的实践成果，一方面也在对历年来的尝试与探索进行理论上的梳理，特别是在有利于学生自主学习方面，进行了更加深入的改革。在山东省教育科学研究所专家的引领下，崔其升与全校教师共同归纳出了“预习—展示—反馈”这一课堂教学改革的基本教学过程。这三个环节充分体现了课堂教学改革的立体式、大容量、快节奏的特点，教师的引导与学生的自主学习都走向了自觉的层面。

一、预习

杜郎口中学赋予了预习新的内涵，在这个环节中，既不是教师单纯地备教材，也不是学生机械地看文本。教师既要备大纲、教材，也要备与课文相关的知识与拓展的内容，以及背景、场景、情感、过程与方法、学生差异、弱势群体、人本、社会等。于学生而言，既有自主学习，又有合作交流。这是在相互启发、共同探究之中进行的多向参与式预习。学生根据自己的生活方式、性格特点、社会经验、知识水平去体会和感悟，从而形成一定的解答方法和答案。在这个过程中，学生对同一个问题可以有多种解释和推测，信息量几十倍甚至上百倍增长，学生的奇思妙想喷涌而出。

二、展示

展示环节的主角是学生，它是生生、师生、小组互动的过程。学生提出问题并讨论、阐述自己的观点和见解，教师只是其中平等的一员。但教师“导演”这一角色并没有改变，要注重学生的差异性，让不同层次的学生都有展现的机会，根据课堂的随机变化，灵活地做好调整。在学生预习交流、确定目标后，分配相应的学习任务。学生一般是以小组为单位，领到任务后，进行自主探究，交流合作，形成个体或小组的最佳解答方案。完成后，各小组在全班进行展示，这样其他组的学生既分享了他人的成果，又受到了一定的启发。通过各组对不同任务的完成及展现提升，课堂容量加大，原来一节课只能完成三个问题，现在能完成十几个；原来一道题只有几种解法，现在多达几十种。于是，学生课堂学习的效率与质量都有了很大的提高。如果哪位学生有了创造性的解说内容与方式，往往能够得到全班同学的掌声鼓励。于是，愉快与幸福感便会在这位学生的心里荡漾，群体的快乐情绪也会在整个班级长久徘徊。由此形成的自主学习而又愉悦的课堂文化，使课堂教学改革拥有了持久的生命活力。

三、反馈

反馈即学生的反思总结，通过学生的说、谈、演、写，进一步检查落实学习的情况。在这个过程中，学习能力较弱的学生主动向学习能力较强的学生拜师学艺，且在同组或异组之间结成对子。同时，学习能力较强的学生也在原来的基础上得到了提高，不自觉地对知识进行梳理并形成能力，真正实现了“教学相长”。无论是接受帮助的学生，还是帮助别人的学生，思维都非常活跃。

杜郎口中学对“预习—展示—反馈”这一课堂教学改革的基本过程的理论归纳来自既有的课堂教学实践，同时又指导了之后的教学改革。有些课堂教学改革经验总结得非常复杂，让人如坠云里雾里。其实，老子所说的“大音希声，大象无形”在杜郎口中学的这一理论梳理中也有体现，复杂的课堂教学改革过程用“预习—展示—反馈”这六个字简明地呈现出来，真可谓一目了然，大道至简也。

长期关注杜郎口中学教育教学改革的山东省教育科学研究所（以下简称省教科所）研究员陈培瑞认为，在“预习—展示—反馈”这一课堂教学过程中，教师上课不再意味着单方面传授知识，而意味着与学生一起分享对文本的理解；上课不再是无谓的牺牲和时光的耗费，而是生命活动、专业成长和自我实现的过程。杜郎口中学课堂教学改革彻底地改变了过去只注重教师单向地教，忽视学生主动地学的做法，是一次根本性的革命，对每一位学生的全面发展和个性发展都具有重大的现实意义和指导意义。这一改革探索证明了先进的课程理念在农村学校同样可以生根发芽、开花结果。

深入反思：农村学校的课改之路在哪里

杜郎口中学在课堂教学上一步步深入改革的时候，学生的整体素质有了极大的提高。尽管学生没有将目光放在考试成绩上，但是学生成绩的提升也有了水到渠成之势。学校不仅中考整体成绩名列前茅，还出了一名中考“状元”，此外，在报考重点高中茌平一中的268名学生中，被录取者竟多达267名。用崔其升的话说，改革不是让学生越考越差，而是让学生全面发展，学生的思想品格、交往水平、实践能力、考试成绩等，都会不断提高。是的，这所曾经的“双差”校，一跃成为茌平县初中教育的“明珠”。于是，聊城市把杜郎口中学树为初中教学改革的样板校，省教科所称其为农村教学改革的先进典型。近两年间，前来参观学习者已达35000人之多。

那么，杜郎口中学教育教学改革的探索给予我们的启示究竟是什么呢?

一、生于忧患

杜郎口中学地处农村，教室里没有电化设备，食堂非常简陋，学生宿舍系双层通铺，十五六个学生并排睡在一起，120多人同住一个宿舍。其办学条件与城区一些重点中学特别是“贵族学校”相比，可谓天壤之别。可是，这里的绝大多数学生精神焕发，非常自信，刻苦努力，品学兼优。

这令我想起了孟子的一句名言：“生于忧患，死于安乐。”在一间教室里，我看到墙上张贴着这样的标语："我们是老百姓的孩子，我们的父母天天盼着我们成才，我们拿什么报答他们？争气!"杜郎口中学的教师们常常这样教育学生："这个社会是靠能力吃饭的，没有能力，不能展现自我，就没有机会。"这些学生的父母多是经济比较困难的老百姓，学生如果不考学，只能重复父辈的"故事"。所以，他们没有考虑自己的生活和学习环境多么艰苦，而是考虑如何报答父母的养育之恩，这份最原始的动力，是通过校长、教师们的不断鼓舞与激励才生发出来的。

二、大胆相信学生

崔其升认为，当今教学改革最大的问题，是相信不相信学生的问题。杜郎口中学成功的最大启示，就是在相信学生方面大胆地迈出了一大步。学校的指导思想为"相信学生、依靠学生、解放学生、发展学生"。相信学生，学生就会还教师一个惊喜。教师往往说学生的潜力巨大，实际上学生的潜能比教师想象的还要大。

学生需要受到尊重，渴望得到认可。相信学生如果从形式走向实质，学生的潜能就会涌流不止。所以，崔其升将赏识教育列入课题研究之中，要求教师关爱学生要从与学生建立友情开始，要求教师从师道尊严的思维惯性里，步入师生平等相处的朋友关系中。教师在与学生交往的过程中，要认真了解学生的内心世界，不但要及时发现学生各个方面的精彩表现、积极向上的精神风貌，还要让学生现身说法，从而增强他们的自信心。教师的相信与学生的自信，会进而形成一种循环。这样，学生就可以从疲乏战术中解放出来，走进主动快乐学习的园地。拥有自信且快乐学习的学生，给予教师们的将是一个又一个始料不及的惊喜。学生学习成绩与自学能力的提高，又有效地促进了自身性格的发展，进而形成了良好的习惯，使得他们在做任何事情的时候都可以自主开发，勇敢地面对。"我会做，我能做，能做好"不但成了学生展现自信的口头誓言，更时刻游弋于他们的思想与行动之中。对学生而言，学习不再是困难和枯燥的事情，而成了人生长河之中的一种精神享受。

三、提升教师素养

杜郎口中学的师资水平比较低，师范类大学本科毕业生只有一人，师范类院校专科毕业生也只有六七人。绝大多数教师来自非正规大学，他们的文化功底相对薄弱，专业知识比较欠缺，教育视野较为狭窄。

崔其升无法改变教师的现有学历结构，可他知道培育教师比改变学历结构更为有效的道理。所以，在提升教师的整体文化素质、增强教师的科研意识方面，他以前努力过，而且以后也打算一如既往地努力下去。

崔其升说，为了提升教师群体的教育科研水平，全校正在营造浓郁的教育科研气氛，以期全体教师尽快走进教育科研领地。一是继续举办论坛，并在组织形式与研究内容上向纵深发展。由原来以学校为单位的论坛形式发展到今天以学科组为单位的论坛形式。教师们在论坛上谈自己的成功做法，寻找教学研究中的失误与不足，研究教学改革的对策。时下，学校研究氛围日浓，成功收获日多，教师的科研能力不断提高。二是强化实际操作。课堂是教学工作的主阵地，虽然目前学校尚无条件安装摄像头，但坚持节节有听课，课后有研究。从学校、学科、年级、班组四个层面，全方位地了解教师教学与学生学习的状态。三是坚持写拓展笔记。这种成长笔记式的文字记载活动，是教师们结合自己的工作及时写下来的成败得失与真实感受。如此天天有记录，也就必然天天有学习，天天有思考，天天有进步。四是关注学生的预习笔记。这是学生记载预习成果的一种笔记，是学生自主完成且有自我反思的一种学习方式。教师及时检查并存档，对于教师的教与学生的学都有很大的借鉴意义。五是每天对教师所上的课进行反馈，在这个基础上，评选学校名师，目前已经评出 33 位名师。他们的脱颖而出，带动了更多的教师走向教育科研之路。

教师文化水平与科研能力的提高，为杜郎口中学的进一步改革注入了源头活水和持续发展的不竭动力。

四、坚持决定成功

我在采访中发现，杜郎口中学的教师与学生不乏面对困难的勇气，有一种永不言败的精神。究其原因，是崔其升自认定了改革之路起，就选择了一往无前地走下去，其间有人反对也好，有人告状也好，有人调查也好，他都不在意，他只管将改革开展得愈快愈好，越彻底越好。

常言道："行百里者半九十。"事实上，中国历史上的改革真正成功的并不太多，改革者开始多是雄心万丈，可一遇到挫折与阻力，就先从心理上败下阵来，行动上的改革随即付诸东流。崔其升认为，最为艰苦难行的时候往往就是快要抵达成功的时候。他不愿学校的改革前功尽弃，认为坚持是走向成功的法宝。这种韧性慢慢地也影响到了学校的教师与学生，渐渐地就形成了一种知难而进的学校文化。这种文化逐渐具备了"化"人的特殊力量，有了征服一切的特殊魄力。

五、“土办法”解决大问题

杜郎口中学的课改经验是原生性的，采取的是“土办法”，但它所开拓的成功之路是一条新课改扎根穷乡僻壤且又能够开花结果的本土化之路。它回答了在面广量大的欠发达的农村能不能推广新课改的重大问题，也回答了大家最关注的新课改能不能保持高升学率的敏感问题，还回答了新课改能不能惠及学困生，不使其辍学的焦点问题。杜郎口中学创造了在经济欠发达的农村成功推行新课改的奇迹。

“冰冻三尺，非一日之寒。”一直关注与支持杜郎口中学改革的茌平县教育局谢金国副局长非常感慨地说，从朴素的改革意识到明确的改革方向，从零散的尝试到整体改革，杜郎口中学经历了一个漫长的实践和探索过程。在这个过程中，体现了杜郎口人坚定的改革决心和对教育理想的不懈追求。

六、建议凸显教师的个性

杜郎口中学打造了学校的整体特色，但在这种统一的特色笼罩下，教师个体成了这一整体特色的执行者，独具的个性却没能凸显出来。建议学校在大胆相信学生的同时，也更加大胆地相信教师，为教师创设心理安全环境，放手让他们去创造，允许他们在张扬个性中出现失误乃至错误，从而形成既有统一意志，又有个性特色的教育教学改革环境。

让教师拥有职业幸福感

——山东省博兴县实验中学校长周奎齐的“师本观”

校长介绍

周奎齐，中学高级教师。山东省博兴县实验中学书记、校长，兼任山东省博兴县教育局党委书记、副局长。滨州市人大代表，山东省素质教育报告团成员，山东省教育学会教育管理研究专业委员会副理事长。曾获得“山东省教学能手”“山东省优秀教育工作者”“全国电教工作先进个人”“全国模范教师”“滨州市首届名校长”“滨州市十佳校长”“滨州市有突出贡献的中青年专家”等荣誉称号，是“全国五一劳动奖章”“全国星星火炬奖章”“山东省富民兴鲁劳动奖章”获得者。

在校长们的话语系统中，“以人为本”已经成了使用频率相当高的词汇，然而，什么是真正的“以人为本”？在强调以学生为本的时候如何切实关心教师的利益等问题，目前在许多校长的视野中尚属盲区。近日被评为“山东省2005年度教育创新人物”的山东省博兴县实验中学书记、校长周奎齐认为，教师的身体健康与生命发展关系着教育事业的兴衰。而这种充满着人文情怀的“师本观”，无疑催生了一道特殊的教育创新的风景。

高层次的福利：增强教师体质

在人们以“春蚕到死丝方尽，蜡炬成灰泪始干”来形容教师奉献精神之时，周奎齐校长却有了不同看法。他说，这种精神固然可贵，但若提倡教师以牺牲身体健康甚至生命为代价去教学，则与当今倡导的“以人为本”的理念相悖。教师也是人，他们是以道德、知识和智慧教育广大学生的知识分子。教师的身体健康状况，直接影响着教育的质量。所以，当

"为学生终生幸福奠基"成为一种被广泛认可的先进教育理念之时，"为教师幸福人生奠基"同样应当实实在在落实到行动上。

周奎齐校长认为，身体健康是干好工作的保证，是实现理想目标的基础。如果一个人不注意锻炼身体，既是对自己不负责，也是对家人不负责；既是对学生不负责，也是对教育事业不负责。

一、规定教师必须上操、跑步、喝牛奶

以前，学生上操，教师是旁观者和管理者；但现在周奎齐校长要求教师必须是与学生同时活动的锻炼者。为了让所有教师都参与到上操的行列中来，学校做了严格规定，对无故不上操的教师进行通报批评，同时予以经济"制裁"。开始，不少教师并不理解周奎齐校长的做法，甚至认为这是一种有失人道的严厉管理。但数月之后，教师便形成了习惯，且从中感受到了上操对身体健康和提升精神的作用。

规定教师与学生一起上操的同时，学校还要求教师与学生一起跑步。开始，1000 米只跑了一半，有的女教师和部分身体较弱的男教师已经脸色发黄、气喘吁吁，但因害怕受到学校处罚又不得不坚持到底。于是，有的教师对周奎齐校长的强制管理感到不满。但几个月之后，教师们不但适应了跑步锻炼，而且爱上了这项活动。因为长期参加上操、跑步锻炼以后，教师们感冒的次数越来越少，体质越来越强，精神越来越好。学校每学期都会举办几次小型运动会，就连当初害怕跑步的女教师也成了运动健将。现在如果采访学校的教师们，问其上操、跑步有没有必要时，他们会乐不可支地连声说道："好！好！实在是好！"

据有关资料介绍，为了增强广大中小学生的体质，日本政府在学生上课期间，每天为他们免费提供一袋牛奶。周奎齐校长觉得学校也可以借鉴这一经验。经过校委会研究决定：每天为教师免费提供一袋牛奶。

不过，一般教师没有喝牛奶的习惯，对学校此举不以为然。为此，周奎齐校长便在教职工大会上专门讲述喝牛奶对身体的种种益处。渐渐地，教师从不愿意喝牛奶到爱上了喝牛奶。在采访几位从农村调来的青年教师时，他们很高兴地说道："喝牛奶使我们脸上有了光泽，连心情都好了起来。"看着容光焕发的教师们，我感到，在他们的身体越来越健康的同时，自信与快乐也一并走进了他们的心里。

周奎齐校长认为，如果说给教师分发物品是福利的话，通过有效的措施增强教师的体质就是更高层次的福利。一个只知道让教师奉献而不关注教师身体健康的校长，不是真正意义上的以人为本者。

二、抽烟受罚，有病休息

在通过让教师上操、跑步、喝牛奶等措施增强体质的同时，周奎齐校长也对一些教师有损身体健康的行为进行了强硬的“制裁”。

抽烟有损健康是众所共知的，可在公共场合抽烟的现象还是有增无减。周奎齐校长认为，为了教师的身体健康，必须杜绝教师抽烟现象。措施之一就是，无论哪一位教师抽烟，一旦发现，罚款400元。有的教师已经嗜烟成性，忍不住抽了一支，结果当月就被学校罚款400元。此事一出，一些心存侥幸的教师再也不敢在学校抽烟了。一位有着十多年烟龄的教师说：“妻子没管住我抽烟，儿子也没管住我，没想到被周校长制住了。我妻子和儿子高兴极了，说是要请周校长吃饭呢!”

在一般人看来，教师带病上课是一种高尚行为。周奎齐却不这么认为。他说，有的病本来只需休息半天、一天就好了，可往往由于教师坚持工作导致病情加重，甚至住进了医院。多休息几天事小，可由于没有及时休息而对教师身体健康产生的负面影响不是短期内能够挽回的。所以，学校领导一旦发现哪位教师身体不适，立即劝其求医治疗或回家休息。他说，对教师身体健康的漠视，无疑会影响到教师生存的幸福，进而影响到正常的教育教学工作。

让教师做到对校长“勿欺也，而犯之”

子路问“事君”，孔子说：“勿欺也，而犯之。”可当今不少人对于上级领导往往是“勿犯也，而欺之”，甚至巧言令色，拍马逢迎，欺上之术层出不穷。其结果是，领导所得到的“真实”信息只不过是一种幻象而已。

作为一校之长，如果不营造一个“勿欺也，而犯之”的真情呈示机制，就有可能被谎言与假象所蒙蔽，从而做出错误的决策，进而迷失前行的方向。

周奎齐校长就在学校内部建立起了一个教师对校长“勿欺也，而犯之”的话语平台。

周奎齐校长认为，教师应当对学校管理拥有话语权。所谓话语权，不只是指教师拥有在一般会议上提意见和建议的权利，也指教师在一个相对安全的话语环境中，对学校领导特别是校长拥有经常性的批评权和监督权。正是基于这样的思考，周奎齐校长在学校网站上专门设置了一个“有火向校长发”的“给校长留言”栏目，为广大教师向校长提出批评和建议开启了一个自由言说的窗口。教师不必留下真实姓名，服务器上也不会留下留言者的 IP 地址。

此“网”一开，教师的建议、意见竟然一下子涌现出来，特别是有的意见非常尖锐，批评、抨击之语十分激烈。周奎齐校长一向认为自己大度且可以听从群众的意见，这时候也有点承受不住了。比如，他一直非常关注教师的生命成长，可有的教师在网上留言：“周校长，你在做出这项决定的时候，考虑到老师的死活了吗?”

周奎齐校长失眠了，他感到十分委屈。可是，慢慢地，他开始平静下来，继而披衣而起，打开电脑，一条一条地继续研究教师们所提的建议、意见。这才发现，绝大多数建议、意见切中肯綮且发自内心；有的建议话虽说得难听了些，甚至与事实有着一定的差距，可毕竟有合理之处；有的意见则是一种误会，但责任不在教师，主要是学校没有对有关情况进行通报，以致教师从不明白到怀疑，从怀疑到生气，从生气到提出尖锐批评。周奎齐校长豁然开朗了：如果教师对校长有意见而无处发泄，长期积存在心里，就会将火发到学生身上，直接影响学生的情绪与学习效果。发在校长身上，一是发对了地方，二是发了之后就能够轻装上阵，三是能发表意见说明对校长还有信任感。想至此，他不由得莞尔一笑。然后，便一条一条地在网上回复：有的系自我批评，有的为详细解释。真诚之意跃然于字里行间，感激之意流淌于话语表述之中。

回复完毕，周奎齐校长感到少有的愉快与幸福。因为这件事使他学会了倾听，拉近了他与教师的心理距离，进而升华了自己的人格。

第二天，学校网上“给校长留言”一栏就成了教师关注的热点。其后，意见渐渐少了，理解逐渐多了；心平气和的话语多了，言辞激烈的意见少了。广大教师对校长的信任自然地外化成欣慰的微笑，进而凝聚成教育教学的热情与动力。

周奎齐校长说，这件事使他明白了一个浅近而又十分重要的道理：你想真正了解情况，就到教师中去吧；你束手无策的时候，就到教师中寻找方法吧。因为教师是贴心人，教师是诸葛亮。

学校的住宿生中，曾一度出现大孩子向小孩子要钱的问题。数额虽然不大，可性质非常恶劣，家长对此意见很大。以前学校领导也曾采取过措施，但总是解决不了根本问题。于是，周奎齐校长找来一些教师进行座谈，当场敲定行之有效的方案，问题很快得到了解决。

若把“相信群众”作为一种摆设，问题就会层出不穷；“相信群众”

一旦变成现实，就没有解决不了的问题。

周奎齐校长由此慨叹道：“校长成为学校的霸权者，教师就会与校长貌合神离；校长给予教师真正的话语权，教师就会与校长坦诚相见！教师与校长应是合伙人的关系。”

为教师设计人生发展目标

为学校设计三年、五年发展规划，甚至十年发展前景，已经成了不少校长关注的问题，可是，每一位教师的发展规划如何，少有校长认真考虑过。即使是教师本人，也大多没有明确的目标。周奎齐校长不仅设计了学校的近期、长期发展规划，而且为每一位教师的发展设定了一个又一个的目标。这目标并非高不可及，只要努力就能实现目标；不是让他们“为稻粱谋”，也不是让他们为工作而工作，而是让他们为一生幸福而奔向一个又一个的目标，并让他们从奋斗中获得成功的乐趣。

周奎齐校长与教师们经过讨论，设计了三条发展路径。一是在教职工中实行职级制，依据教职工的素质表现从低到高依次设计了十个职级。每一级都有不同的要求，每一位教职工都可在力所能及的范围内抵达自己的职位，而且职位与工资挂钩。二是首席名师、骨干教师制度。通过教师自荐，学生评、家长评、同事评、领导评，并结合工作成绩量化，评出首席名师、名师、骨干教师、教坛新秀、模范职员。三是对教师进行多角度表彰，即对教师在工作和生活中的个性、优点与出色表现都予以鼓励。多一把衡量学生的尺子，就会多出现一批好学生；同样，多一个观察教师的角度，就会多发现教师的一些优点。例如，有的教师甘当绿叶，帮助青年教师；有的为学校提出合理化建议；有的教子有方；有的穿着得体漂亮……这些都应得到鼓励。学校共设近30个奖项对教师进行多角度表彰。这样一来，每一位教师都在为不断升级而努力，并在持续升级中享受着特殊的精神愉悦与相应的物质奖励。

首席名师是教师群体中的佼佼者，学校对他们的要求也较高——必须具备引领学校或学科发展方向的水平与能力；名师则要能够与首席名师一起，带动所在学科的发展。首席名师每月加薪100元，每年享受3000元科研经费，自主使用。一般教师每天享受免费牛奶一袋，首席名师则是两袋；一般教师每月免费领取鸡蛋6斤，首席名师则是12斤；而且，首席名师每学期可以免费外出考察。首席名师可以列席校长办公会；如果分房子，首席名师与副校长享受同等待遇。首席名师每年一评；连续五年被评为首席名师的，第六年免评一次；连续八年被评为首席名师的，学校为之立塑像。据周奎齐校长讲，现在连续六年被评为首席名师的已经有3人，再有两年，首席名师塑像有望成为学校的一道人文风景。

实行名师制，是对优秀教师的鼓励，同时也向全校教师发出了一个信号：在学校里，最有地位的不是领导，而是教育教学突出者。这样，优秀教师脱颖而出后，不是想着当干部，而是甘愿久居名师之位。

名师必须名实相符，在其享受相应待遇的同时，学校对其各自的责任也做了明确规定。他们可以不写太多的教案，但要每一学期给一般教师做一场教育教学心得报告，上一节成功的示范课，带好一位青年教师。允许他们犯错误，但必须迅速改正，要有“不贰过”的品质。而且对“一学期下来不能举行高水平专题报告者”“学生评教低于98%者”“家长有不满意者”“依靠延长时间提高成绩者”“考试成绩不在本单位前三分之一者”有一票否决的权利。这是一种严格的高要求。因为只有这样，才能使其持续努力，不负众望。

我采访之时，学校的首席名师、名师和骨干教师的总数已经达到70人。他们作为学校教育教学的中流砥柱，一方面在自我思想文化升值之时，向着更高的目标快速前进；另一方面也在引领着全校教师，对学校教育教学质量的整体提高发挥着巨大的作用。无疑，这为学校可持续发展注入了生命活力。

让教师心里留住春节的温馨

春节是中国人的传统节日，春节也是教师离开学校、走进家庭温馨港湾的特殊时段。如何让教师在这一重要的节日里感到更加幸福，也成了周奎齐校长关注的问题。

一、让教师感受为师的光荣

学校的教师多来自农村，春节回家享受团聚之喜和天伦之乐，就成了他们一年中最为幸福的事情。如何让教师收获更加温暖的问候和特殊形式的荣耀，便成了周奎齐校长思考的一个问题。

2002年春节，学校派专人在每位家住农村的教师门前挂上一个崭新的大红灯笼，上书“教师光荣”四个大字，署名“博兴县实验中学”。这灯笼在偏僻的乡下格外引人瞩目，使教师幸福地享受着乡里人的“注目礼”。

2003年春节，学校专门制作了一批写有“博兴县实验中学优秀教师之家”红底黑字的大字条幅，张贴在每一位教师家的大门上。在采访时，一些教师就很感动地说，这是春节期间学校给予教师的精神奖励，比发放奖金不知要强上多少倍！

2004年春节，学校向每一位教师所在村的村委会发去一封春节慰问信，感谢他们村出了这么一位优秀的教师，感谢教师一年来对学校发展所做出的巨大贡献。当村委会主任将感谢信送至教师家中的时候，教师全家人都有一种“光荣世家”的感觉。

2005年春节，学校向每一位教师赠送了一本《洪昭光健康忠告》。周奎齐校长说，教师们给予家人的不仅应该是一年的成绩和荣誉，还应还家人一个健康的身体，而且要让他们的家人也知道如何才能更加健康，从而感受到更多的幸福。

二、让教师知晓孝敬的要义

周奎齐校长认为，春节还是促进家人和睦的节日。为人师表的教师，在节日期间要做“入则孝，出则悌”的楷模。所以，每逢春节放假之前，周校长都要在全体教师大会上讲话。他说，一个不知道孝敬父母和老人的人，是不足为敬甚至是不足为友的。为此，这种会议也就有了别样的情调。

据张荣华老师回忆，2003年春节前夕，周奎齐校长在全体教师会议上只放了三个录像片段。先是一位女儿写的《父亲》，画面生动形象，歌词真挚动人。主要是写她从一个小女孩到40岁这几十年对父爱的独特感受。“小的时候，父亲对我总是很严，一颗总想飞出窗外的心总躲不过父亲那双眼，许多的委屈，变成了偷偷的泪，许多的不情愿，装进了不懂事的脸……”女儿长大后，在走进婚礼的殿堂时，猛然回首，深情地望着两鬓斑白、戴着老花镜、因为自己操劳而变得苍老的父亲，满眼含泪。小时候对父亲的不满，甚至是恨，变成了无限的爱。这时歌中唱道：“长大后我才明白，父亲的情怀是女儿青春的华年，父亲的慈爱永远滋润着女儿的心田……”在场的女教师大都被这父女之间的深情打动了，边听边小声地哭了出来。这时候，周奎齐校长缓缓地说道：“这就是父亲，这就是无言而又伟大的父爱！”

随后，周奎齐校长请教师们欣赏阎维文的《母亲》。当画面上出现一位含辛茹苦的母亲形象，再加上阎维文那动情的演唱“无论你官多大/到什么时候也不能忘/咱的妈”时，很多教师已经是泪流满面了。这时候，周奎齐校长又深情地说：“对于生我们养我们的父母，我们该有怎样的回报?”

最后，周奎齐校长又播放了陈红的《常回家看看》，不仅是女教师，很多男教师的眼圈也红了。周校长语重心长地说：“让我们常回家看看吧!”稍一停顿，周校长宣布：“散会!”

此时无声胜有声。周奎齐校长虽然没有再多说什么，但由此沉淀在教师心里的，是对父母的感恩之情，随之而来的是形式各异的孝敬行动。

春节过后，多位教师的家长向周校长表达了真挚的感谢。因为他们的孩子不光在学校成了一位好教师，在家里还成了一个好女儿、好儿子。

孝敬老人，在博兴县实验中学已经不再是一种特殊现象，关爱老人，早已成为学校教师应有的品质。

起初，对于不孝敬父母的教师，周奎齐校长是毫不手软的。每年他都要在全体教职工大会上严肃地讲：“一位教师在学校犯了错误可以被原谅，但如果有哪一位家长来说你不孝敬，我会很果断地进行处理！为人师表，如果没有孝敬老人的品格，就不会真正爱自己的学生。一个没有爱心的人，不要说成不了合格的教师，就连做一个普通公民，也是不合格的!”

周奎齐校长在显性层面和隐性层面对教师们的孝敬教育，春风化雨般地融化在了教师的心里。于是，师生之爱、家庭和谐，就一步一步地外化成了令人欣慰的现实。

被接纳和宽容的奇才、怪才为学校添彩

人的性格不同，自然也就表现出不同的生活状态。而有些与众不同的怪异之人，尽管有着独特的才思，但是多不为人所容。周奎齐校长不但是一个秉持“有容乃大”之理念的管理者，而且充分发挥了个别奇才、怪才的特殊作用。

李光庆和黄曰岭老师是两位极富个性的教师，在思维方式、生活习惯和性格特征等方面均有诸多与常人不同甚至令人难容之处，但前者是音乐奇才，后者则是收藏怪才。

一、音乐奇才让学校以他为荣

李光庆老师刚进入学校时，有的教师实在看他不顺眼，就在网上给周校长留言：“对这样的教师，您怎么还那么偏爱？您觉得这样的教师能融入我们教师队伍之中吗?”周校长理解这位教师的担忧，在表扬他对学校教师队伍建设的关心之后，以下面的故事做了委婉的回复——

曾在声名显赫的五星级上将麦克阿瑟手下任职的一名上校，工作扎实，思维敏捷，长于写作，有出色的组织能力。但此人性格特别倔强，且太爱“独立思考”，在上司面前常常“不听话”，有时不仅顶撞上司，还批评上司。有人提议将他撤职，但麦克阿瑟不为所动，而是郑重答道：“人才有用不好用，奴才好用没有用。”后来，这位上校在麦克阿瑟手下干出了突出的军事成绩，他就是后来当上美国总统的艾森豪威尔。

李光庆老师不但留在了学校，而且在周奎齐校长的宽容、关爱下，既有意识地省视自身存在的欠缺之处，同时不断地调整自己，焕发出了前所未有的工作热情。六年间，他为学校争得了很多的荣誉：他所编排指挥的百人大合唱在县级比赛中一鸣惊人；编排的大型威风锣鼓让全县人大开眼界；辅导的鼓乐队在全省比赛中一举夺冠；在学校承办的全省现代教育思想与实践研讨会及全省古诗文诵读展示活动上策划的两场文艺演出，受到了省教育厅领导和与会者的高度评价。

现在，教师们不但认可他，而且以他为荣。

李光庆老师感慨万千地说：“我知道自己存在不少常人难以容忍的毛病，可周校长和其他老师们的宽宏大量，使我在这所学校里有了存在和发展的空间，这令我感动不已。我只有全身心地投入工作当中，并为学校发展发挥自己的作用，才能问心无愧。”

二、收藏怪才为学校增添一道人文风景

收藏怪才黄曰岭老师被调入学校时，不修边幅，被人戏称为“收破烂的”。周奎齐校长却专门为他腾出200多平方米的房间，且投入5万多元进行装修，并购置了博古橱架。我前去采访时，看到从石器时代到“文革”期间的1000多件收藏品全部上架。据周奎齐校长讲，被黄曰岭老师命名为“致岳斋”的这一收藏馆落成之后，便成了学校的一处人文景观。迄今为止，已经陆续接待过数万名参观者。大家一方面惊诧于这些琳琅满目的珍藏品数量之巨，一方面为这位怪才创造出如此的奇迹而赞叹。据张连军老师讲，黄曰岭老师还带出了一批颇有鉴赏能力的小徒弟，他们不但学到了文物鉴赏知识，还从藏品中了解到了不少颇有意义的历史。

黄曰岭老师风趣地说：“是周校长让我从一个‘破烂王’变成了当地有名的‘收藏家’，也使我这些常年深藏箱底的心爱藏品得以重见天日!”他还在日记中写道：“‘泰山不让土壤，故能成其大；河海不择细流，故能就其深’，接纳和宽容让周校长把许多人凝聚成了一个整体，强大的整体基座上矗立起的便是博兴县实验中学。”

贡献自己的错误让群体共享

分享别人成功的喜悦，系教育管理中行之有效的一项举措；而让教师分享自己或他人的错误，则是周奎齐校长进行学校管理的特殊探索之路。

孔子之所以称道他的得意门生颜回“不迁怒，不贰过”，为“好学者也”，是因为真正抵达这一境界并不容易。一个高效的组织很重要的一点就是团队中的成员不重犯其他人已犯的错误。这不单单要求成员要有“慎独”式的自省，还要求犯过某个错误的人能够主动地把所得的教训与别人分享，并在看到别人犯同样错误的时候能够及时指出。

一、校长通报自己的“失败”

一次，周奎齐校长在周末的全体教职工会议上对本周自己听过课的教师的课堂教学情况进行汇总反馈，主要是发现优点并给予鼓励。当他兴致勃勃地将11位授课教师的课堂教学优点历数一遍后，很惬意地长舒了一口气。可就在当天晚上，他在学校网站上收到了来自教师的两个留言帖。一个说：“听校长挨个点名表扬时很不舒服，这种表扬和没表扬没有什么差别！”另一个说：“听了校长对教师的表扬、鼓励，好像感到校长在讨好教师们。”

第二天，周奎齐校长便召开校委会成员会议，向他们通报了自己的“失败”，恳请大家吸取教训。通过讨论，大家认为，对教师的表扬、鼓励要坚持及时、准确、真诚、有效的原则，听课后能够当面反馈一些教学的不足之处，也不失为一种行之有效的方法。

校长将自己的错误贡献出来让大家共享，不仅可以让教师们从中吸取失败的教训，还可以由此让教师们形成一种对于主动贡献错误不应追究的心理认可，进而为构建错误共享机制奠定基础。

二、教师将错误呈示出来让群体共享

要想将教师的错误呈示出来让群体共享，就必须建立相应开放的管理机制。否则，学校一旦对犯了错误的教师采取重罚，就必然导致两种结果：一是犯错教师缩手缩脚不敢创新，犯了错误后把它隐藏起来；二是犯错教师看到别人犯同样的错误时不去指正，从而让自己获得心理上的平衡。真正优秀的校长，应该允许教师失败，给教师改正错误的机会，并且应该营造一种教师不但贡献出自己的点子，而且贡献出自己的错误让大家

共享的学校文化。

在一次全校拔河比赛中，由于体育教师组织不够严密，目标不太明确，从而造成了一些失误。体育教师便及时向全体干部和班主任进行通报，提醒大家：我们要从这次拔河比赛产生的班级矛盾和对抗中吸取教训，今后组织任何一次活动，都应努力做到首先注重德育。组织者要有明确的德育目标，依据每一次活动中的具体情况，及时而有针对性地实施德育，并把这些德育要求与评价告诉广大师生。再者，活动计划设计要周密，最好让活动者参与计划的制订。

三、教师之间分享错误已经成为习惯

很多人都存在害怕犯错误的心理，比如，教师提问时，很多学生不敢举手回答，是因为怕答错了，怕由此受到批评甚至惩罚。其实，教师何尝没有这样的心理？因此，周奎齐校长首先建立了对失败的正确评价机制，在教师犯了一次错误后，仍然给其第二次机会。这并不是鼓励教师去犯错误，而是鼓励他们从过去的错误中吸取教训，重新审视过去的成败得失，并系统、客观地对这些成败得失做出评价。然后鼓励教师将这些错误与其他人分享，让所有人铭记教训，把失败经验升华为知识和智慧。同时，需要学校和校长承担责任与风险的时候，校长一定要挺身而出。这样，分享错误才不至于形同虚设，无果而终。

为此，学校还建立了失败案例档案，让大家能够在错误共享中真正“不贰过”。周奎齐校长认为，坦诚面对错误并采取措施改正的人必定是心态健康、积极向上的人，共享错误并坦诚交流的团队必定是高效、协作、和谐的团队。

15 年来，周奎齐先后担任过博兴县实验小学、博兴县第一小学、博奥学校、博兴县实验中学的校长，并将这四所学校全部创建为“山东省规范化学校”“山东省电教示范校”；现在任职的博兴县实验中学还被评为“全国现代教育技术示范校”“全国德育实验学校”和首批“山东省教学示范校”。周奎齐取得成功的原因非止一端，而拥有一个高效、协作、和谐的团队，则是其秘诀之一。

为了永远的幸福与美丽

——崔秀梅校长的快乐心境和人文情调

校长介绍

崔秀梅，山东省潍坊第十中学校长、党支部书记，中学高级教师、特级教师。兼任山东省教育学会青年物理教师专业委员会常务理事、潍坊市人民政府特邀督学、潍坊心理学会副理事长。先后荣获“山东省教学能手”“潍坊市跨世纪学术技术带头人”“潍坊市专业技术拔尖人才”“山东省2005年度教育创新人物”等称号。多次在山东省及全国学术会议上举行公开课；数十篇论文在报刊上发表，论著有《初中物理新课程教学法》《物理大世界》等。所主持的山东省“十五”规划重点课题“初中理科科学方法教育实验研究”取得了丰硕的成果。

采访刚刚荣获“山东省2005年度教育创新人物”荣誉称号的崔秀梅时，我感受最深的是她那份始终充盈于心间的幸福感。无论是与同事相处，还是与家人团聚；无论是身在学生之中，还是走进课堂之时，她都在一边行走一边幸福着。

崔秀梅的教师幸福观

崔秀梅校长认为，教师是学生生活中的重要人物，学生每天的大部分时间是在教师的影响或支配下度过的。从一定意义上讲，学生的生活和命运是掌握在教师手里的。学生生活得是否幸福、快乐，和教师有着极大的关系。教师以什么样的精神状态面对学生，决定着学生的成长快慢、幸福与否。因此，为了学生的成长与幸福，就必须关注教师的成长与幸福。

长期以来，人们把教师看成用燃烧自己的生命为别人带来光明的蜡烛，意指教师在照亮别人的时候却毁灭了自己。这样的比喻也许赞颂了教师的无私奉献，却带有一定的片面性和消极情绪。一方面，它把充满创造性的教学活动解释为被动的知识输出，似乎教师将自己渊博的知识无私地传授给学生就是全部的职业内涵，结果，失去创造性的教学变成了低层次重复的简单劳作。这不仅消融了教学生活原本应有的生动鲜活，而且可能消磨教师的生命感受、生命活力，甚至荫翳教师的心灵。长此以往，容易使教师产生职业倦怠。另一方面，它把学生成才与教师发展对立起来，似乎教师命中注定只能在飘扬的粉笔灰中自我淹没，教师唯一的安慰只能来自白发苍苍之时学生戴上功勋奖章时的感谢。假如把教师的工作看成牺牲性的行为，恰恰意味着教师只不过是一件工具，而不是一个体现着生命价值的人。因此，为他人牺牲的“蜡烛观”虽然崇高，却未免悲壮而凄凉。它不仅不会给教师带来振奋和激励，反而常常会使教师产生委屈和吃亏的心理体验。在这种压抑的气氛中，“乐教”就成了永远难以实现的乌托邦式的幻想。

崔秀梅校长认为，应当采取相应的措施，将学校构建成一个动力系统，把行政推动力和市场配置力结合起来，用这样的机制来关心、支持教师的教学工作，充分提高他们的积极性。同时，建立保障和显示系统，在心理安全的人文环境中，让教师能够最大限度地发挥自身的潜能，在幸福的氛围中和适当的压力下提高自身的素养。教师的专业发展是幸福感的来源，有了幸福感，教师才能享受事业、享受生命，进而才能让学生享受学习、享受生命。

真正的教育是发自教育者内心的、充满激情的，是洋溢着乐趣和幸福感的。所以，崔秀梅校长希望所有的教师都如朝霞、祥云映红天空，在照亮人间的同时又展现自身的美丽与绚烂，享受教育的快乐和幸福。

中层干部竞聘：将两难化作双赢

2003 年 8 月，奎文区教研室副主任崔秀梅被调至潍坊市第十中学（以下简称潍坊十中）就任校长。中层干部队伍建设，无疑成为崔秀梅未来工作的一项重要任务。她认为，既要人尽其才、各得其位，又要充溢着人文情怀，才能使这项工作真正走向双赢。

一、不拘一格选人才

就任潍坊十中校长之前，崔秀梅就对年轻有为的刘素雁老师颇有了解，所以，上任伊始，她便毫不犹豫地任命刘素雁为教导处副主任。此后，崔秀梅想沉淀一段时间，等稳定民心之后再对中层干部进行适当调整。

不料两个月之后，区教育局要求学校中层干部竞争上岗，而且必须在一周之内完成。崔秀梅校长只能执行。

在中层干部竞争上岗方面，崔秀梅校长有一个基本思想：既要唯才是举，让德才兼备者脱颖而出，又要尽可能地不伤害换岗和落选的原有中层干部。竞争上岗不是你死我活的斗争，而是增强凝聚力和加速学校发展的一种手段。

于是，她与学校领导班子成员很快出台了一个竞争上岗方案，没有任何条条框框的限制，是真真正正地不拘一格选人才。

中层干部候选人由个人自愿报名和全体教职工推选产生，选定21人角逐9个中层干部岗位。

除了5名校级领导之外，又从非候选人中投票选出6人担任评委。以评委占60%、教职工占40%的投票比重，确定中层干部人选。

结果，刘素雁老师得票数位居第一，远远高出原教导处主任的得票数。是让这个刚刚走马上任两个月的年轻教师刘素雁担任主任，还是由富有经验的老主任继续留任，便成了一个两难的选择。有人认为，刘素雁素质极佳且激情洋溢，由她担任教导处主任，会使学校教学工作呈现出一种新的景象；有人认为，老主任德高望重且教学有方，本次竞聘也已入围，由她留任可以使教学工作稳步发展。

崔秀梅校长认为大家说的都有道理，可位置只有一个。从选举结果来看，大家似乎更加认可刘素雁，也许这更有利于学校的教学工作跨上一个新的台阶。于是，崔秀梅校长拍板，由刘素雁担任教导处主任。

这虽然符合竞争方案中“不拘一格选人才”的要求，可是，也有着一定的风险。如果初出茅庐的刘素雁因缺少经验而初战败北，就会给立足未稳的崔秀梅校长一个致命的打击；如果原教导处主任为此闹情绪、搬弄是非，就会使学校的教育教学工作陷入困境。崔秀梅校长之所以能够稳操胜券，一方面是着眼于学校的发展，另一方面是因为对刘素雁和原教导处主任的品质了如指掌。前者因公心而无畏，后者因知人而放心。况且，要改革，就可能有风险。一位优秀的校长既要敢于改革，又要敢于面对风险和承担责任。事实证明，中层干部竞争上岗给学校发展增添了极大的活力，它如一阵春风，吹动了学校快速发展的一池绿水。

二、对换岗者投注更多的人文关怀

崔秀梅校长认为，中层干部竞聘上岗一定要使激烈的竞争充满人文关怀，力求做到让每个人都找到最适合自己的工作岗位。

她突然想到了诸葛亮挥泪斩马谡，严惩犯下大错的心腹之人时是何等悲伤。何况自己一直非常欣赏的老主任并没有犯下任何错误，就被自己调离了其为之付出 6 年多心血和汗水的工作岗位，是否太过残酷？对此，崔秀梅校长不由自主地开始考虑怎么给老主任以最好的精神安慰，如何给老主任安排一个适合她的位置。

上午学校领导班子确定下中层干部人选之后，崔秀梅校长便约老主任一起共进午餐。饭桌之上，大家谈人生，论成败，崔秀梅校长充分肯定了老主任 6 年多来在教导处所做出的成绩，感谢、敬仰之情溢于言表。最后，他们谈到中层干部调整……

令崔秀梅校长十分感动的是，老主任异常平静，她非常理解学校领导的决策，也特别感谢领导想得如此周到。她说，长江后浪推前浪，让年轻教师走上重要的教学管理岗位，不仅有利于学校的发展，也是她自己的心愿。所以，从教导处主任的位置上退下来，是“功遂身退，天之道也”。

下午，公布中层干部名单时，教师们的目光不约而同地投向了老主任。

那一刻，崔秀梅校长的心都悬了起来。她担心那些目光会伤害老主任，自己感到对不住她。可没有想到的是，老主任一直笑着，一如先前的自然、从容，而且为新主任热烈地鼓掌。

“这就是我们学校优秀的中层领导，能不让你感动吗？”谈及此事时，崔秀梅校长的眼里闪动着激动的泪花。

经崔秀梅校长提议，学校领导班子成员一致赞同，由老主任出任工会副主席。在两天后的教职工代表大会上表决这一提议时，全票通过，随即全场掌声雷动，老主任的脸上也漾起了感动与欣慰的笑容。

崔秀梅校长说，将众望所归者推到适合其发展的位置上，不仅对学校发展有利，也会使校长感到欣慰与愉悦。

晚宴上，崔秀梅校长及学校领导班子全体成员为新任工会副主席祝贺。崔秀梅校长和新任工会副主席畅谈肺腑之言，犹如久别知己相聚于他乡。在回家的路上，她们更是互诉衷肠，说到动情处，早已“欲语泪先流”了。下了汽车，两个人仍然难舍难分。

崔秀梅校长回到家里，还是哭了半天。她对自己的先生说：“她干了 6 年半的时间，太不容易了，牺牲很大。学校让她换一个岗位时，她却这么通情达理。”她说自己有这样好的同事真是幸运。

有竞争就会有晋升，有降级，有落聘，可因为竞争而伤及人心的情况并不鲜见。有时是迫不得已，有时是一时的疏忽，有时则是缺失必要的人文关怀。校长需要有大刀阔斧干事业的魄力，也需要有善以待人的宽厚。没有前者，“乡愿”式的“团结”“和谐”就会使学校失去发展的生命活力；没有后者，内在的矛盾就会层出不穷。

三、竞聘之后的双赢局面

崔秀梅校长说，这位老主任担任工会副主席后，工作兢兢业业，深受教师们的尊敬。一个有责任感、有事业心的人，在任何地方都会尽心尽力。刘素雁老师走上教导处主任工作岗位后，一方面学习老主任优秀的教学管理经验，一方面不断地探索富有创意的教学改革之路，使学校教学管理工作有了“更上一层楼”的飞跃。

几个在竞争中落聘的中层干部也没有一蹶不振，他们通情达理，在关键时候支持崔秀梅校长的工作，继续为学校的发展做出自己的贡献。新上任的其他中层干部也如刘素雁一样，在学习中前进，在创新中求索，成了学校发展的生力军。

谈及此事，崔秀梅校长欣慰不已。她说，中层干部工作都这么出色，作为校长，能不感到幸福吗?

中层干部竞争上岗就如此波澜不惊地过去了，而由此留给我们的思考并没有终结：竞争会有输赢，但竞争不一定是你死我活的搏斗。善以待人与人尽其才并非势不两立，幸福生存与地位更迭也非“不相为谋”，能将两难变成双赢者，非优秀校长不可也。

在审美之中感受幸福

法国雕塑艺术家罗丹说过：“对于我们的眼睛，不是缺少美，而是缺少发现。”在采访中，不少教师说，崔秀梅校长就有一双善于发现美的眼睛。

一、感叹自然之美

潍坊十中的厕所不仅没有异味，而且地上摆放了芳香四溢的花草，墙上贴上了比例均匀、色彩协调的世界名胜图片。用崔秀梅校长的话说，那是一个充满着美的理想之家。

崔秀梅校长每天上下班经过的文化路两旁有两排银杏树，从春天树枝发芽到夏天绿叶蔽日，从秋天一片金黄到冬天白雪皑皑，都通过她的眼睛进驻她的心灵，进而产生无穷无尽的美的享受。甚至每天太阳升起，夕阳西下，在她的眼里都不是重复既往，而是在演绎着千变万化的美。

大自然具有如此动人的美，就应当让全体师生更多地走向大自然，从中陶冶情操，提升审美情趣。于是，在崔秀梅校长的提议下，就有了潍坊十中的“欣赏窗外风景”活动。即学校每年在春光明媚、山花烂漫的季节，由教师带队组织学生到山川、河流、海滨、湖畔、森林等地进行实地考察。学生通过与祖国秀美山川的亲密接触，既亲身感受了祖国的悠久历史和灿烂文化，又向大自然这部最鲜活的教材印证了山地植被、大陆架、海上养殖等在课堂上无法看到的真实存在。沐浴在大自然之中，天然之美与心灵愉悦融为一体，于是就有了咏叹自然之美的美文佳作。

有的学生在游览了昆仑山之后写道：“昆仑山的风景是那样迷人。山不高，但很美丽，水不深，但很清澈。这让我想起了我们学过的一篇课文中的经典语句：‘山不在高，有仙则名；水不在深，有龙则灵。’”审美感受与理性感知同在，自然之景与课文学习和谐。自然之美不仅渗透到了学生的心灵之中，还外化出一道人文风景。

当今出于对安全的考虑，很多学校不敢让学生轻易涉足美丽的名山大川，隔绝了学生与或壮美或秀丽的自然风光的接触。其结果是，蜗居于学校的孩子们再也没有对大自然的审美观照，有的只是与课本、习题为伴的机械练习。所谓的高层次审美体验，就成了悬挂于天际而遥不可及的一片白云。崔秀梅校长的可贵之处在于，不仅自身拥有爱“美”之心，同时推己及人，也同样让教师与学生去欣赏美，让他们去拥有审美体验。

二、营造人文之美

据教师们讲，在学校里，美几乎无处不在，不仅花草随处可见，人文之美更是“风景这边独好”。

1. 美文欣赏：塑造心灵美

美文欣赏于每天上课之前的晨修时间进行。美文由各班轮流收集并打印发放，再由各班推选学生朗读，通过闭路电视向全校播放，班主任组织学生认真收听、收看，并由学生主持对文章的思想性、艺术性进行讨论、评析。崔秀梅校长称其为正式课堂之外的另一个校本文学课堂，文本更加富有情趣性与哲理性，学生也渐渐更加主动地去学习。日复一日的文学熏陶，自然而然地滋养出了一批批向往文学的学子。

2. “男拳女舞”：练就形体美

学校把课间操改成“男拳女舞”之后，男生每学期就能学练一套武术拳，女生每学期则可学练一套健美操。学校每学期举行一次“男拳女舞”班级风采展，以激励学生学练的热情。男生统一服装，练起拳来虎虎生风；女生精心装扮，跳起舞来婀娜多姿。据学生讲，这种“形在练就形体之美，实在提升精神之气”的“男拳女舞”，已经成了他们最喜欢的活动项目之一。

3. 午间习字：体验书法美

利用每天下午上课前10分钟，让学生伴随着优美的乐曲，研磨10分钟的钢笔书法。学生在欣赏、体验汉字博大精深的同时，还可以克服浮躁情绪，达到陶冶情趣、修身养性的目的。

4. 音乐铃声：享受艺术美

学校上下课铃声由原来的一般铃声改成了悠扬动听的音乐铃声，午间10分钟习字时间则播放舒缓的轻音乐。这样，教师和学生每天可以收听60分钟的高雅音乐。这种潜移默化的美感熏陶，让师生在工作与学习之余可以幸福地沉浸于美的旋律之中。于是，师生不仅感受到了美，而且在欣赏美的过程中将学校深深地印入自己的心里。无论教师与学生以后走到世界的哪一个角落，听到哪一个国家的经典音乐，都会自然而然地想到自己的母校。

5. 教师寄语：感受哲理美

利用每周一次的升旗仪式，由教师向学生寄语。教师用生动具体的事例，深入浅出地向学生诠释深刻的人生哲理，加深学生对人生的感悟，给学生留下深邃的思考以及人生的启迪，激励学生不断思考要做一个什么样的人，怎样走好人生的每一步。这一活动充实了升旗仪式的内涵，向学生输入了大量深入浅出的史实和人生哲理，同时也促进了教师的学习。

此外，还有心理辅导——打造人格美；选修课程——张扬个性美；经典阅读——积淀传统美等。这一系列的审美活动不但可以使师生放松心灵、感受愉悦，而且可以丰富他们的审美经验，提高他们的人文素养。

同事在相互欣赏中走向和谐

自然之美可以催发崔秀梅校长的审美快感，而作为人类灵魂工程师的教师所带来的人文之美则给她带来了心理上的愉悦。

在采访中，她常常不自觉地历数一位位教师是如何善良，而且边说边开心地笑着。

既然教师中的美俯拾即是，自然也就有了同事之间相互欣赏的“审美”行动。

一、期末奉送教师的“荣誉”

2004 年，崔秀梅校长在欣赏教师之美方面主要做了三件事。

第一件事是向每一位教师发放了一张个人业绩登记表，让教师自己寻找自身的突出之处。无疑，个体进行寻找的过程，也是自我肯定的过程。

第二件事是让教师写出本学期自己身边同事一条以上的优点。这是让教师去发现他人之美，进而学习别人的优点。在这个过程中，崔秀梅校长还要求每个部室将各位教师的优点集合在一起，书写在漂亮的彩纸上，让教师们捡拾自己或记忆犹新、或已经淡忘、或熟视无睹的优势与美丽。由于是他人所写，就更为可贵。这种美已经根植在了更多教师的心里。而这种心理认可，自然为教师的生命成长营造了一方和谐的生存发展环境。

第三件事是让教师给自己申请一个荣誉称号。这旨在让教师赋予自己一个富有个性的称号，更好地学会欣赏自己。于是，有的教师就恰如其分地为自己起了“一个有品位的人”等荣誉称号。

2005 年，崔秀梅校长又在教师的综合荣誉中设立了“教学之星”“科技之星”等 10 种奖励。结果，这所拥有 120 多位教师的学校，竟然有 200 多人次获奖。教师捧得的是证书，获得的是肯定与赞许，由此荡漾在心里的是长久的愉快与自豪。

二、“我最敬佩的同事”演讲活动

“我最敬佩的同事”演讲活动是崔秀梅校长的一个创造，每年开展一次。全体教职工聚集在一起，由演讲者讲述自己最敬佩的人的生动事迹。由于来自鲜活的生活实践，演讲者有激情回荡于心中，所以讲起来如行云流水，真切动人。被表扬的教师激动得泪花闪烁，感到十分幸福。一位教师演讲结束，随即由一位年轻漂亮的女教师捧上鲜花，送给被表扬的教师。这时候，台下掌声一片，台上鲜花与笑脸争妍。这对于演讲者与被表扬者都是一次精神洗礼：一个在表扬他人的过程中找到了自己的榜样，而且有了在自我表现中实现自身价值的机遇；一个在被表扬的过程中感受着演讲者痛快淋漓的嘉许，接受着全校领导与教师敬佩的目光。幸福之感在他们心里涌流不止，工作的激情便也在教育教学中得以进一步激发。而由此形成的和谐的人际关系，也成了学校最有价值的精神收获。

崔秀梅校长也演讲过，她对同事的赞语发自内心，令人感怀。当然，她也被同事表扬过。比如，李永鸿老师以《赞美你，女校长》为题的文章中就有这样一段描述："看到她，你就看到了美。不管她是二十几岁、三十几岁还是四十几岁，从她身上，我真正感觉到了女人的美不只是由年龄决定的。因为她有修养、有学识、有见地，是一个能领好一群人的优秀而成功的女人。她开朗又热情，善良且坦诚，在她身上不乏女人的款款深情和温柔，也有着很多男人都自愧弗如的坚韧和刚强。"于宏老师的文章《我心中的楷模》则从"事业上的良师""贴心的大姐""我们爱戴的校长"三个方面向我们展示了崔秀梅的可赞、可敬、可叹、可学之处，令我们也不由得顿生敬慕之情。

同事之间相互欣赏的一系列活动，在给教师们增强自信与幸福感的同时，也使一个和谐、团结的集体应运而生。这是崔秀梅校长和教师们所期望的。正是因为有了这样一个富有向心力的集体，才有了潍坊十中所取得的一个又一个的成果。

通过读书重塑师生的心灵

生存于有着数千年灿烂文化历史的中国，不少当代人却令人遗憾地与读书渐行渐远。就是最应当回荡着琅琅书声的校园，也为应试教育的硝烟所笼罩；最应当拥有文化的"传道、授业、解惑"的教师们，并没有更多地与读书建立起难以割舍的情缘；最应当启动读书工程的校长们，有些已经同读书做了告别式的"自语"演说。所以，期待学生喜欢读书，营造书香校园，就有了"难于上青天"的"蜀道"之隔。

一个没有真正走进书的精神领地的民族，是难以自立于世界民族之林的。一所没有文化引领的学校，是不能承担起教育发展责任的。深知"千里之行，始于足下"的教育界人士，就应当从培养孩子们的读书兴趣与习惯开始，让我们现在就可以看到未来重振文化雄风的美好希望。

而要想让我们的孩子爱上读书，教师特别是校长首先就应当成为读书的倡导者与实践者。所以，唤醒教师们的读书激情，对崔秀梅校长来说就成了一项时不我待的历史使命。

崔秀梅校长喜欢读书，但她读书追求的不是情节与趣味性，而是一种精神高度。她说："我不知道离开读书怎样才能更好地活下去。"她读教育专业类书，也读文学名著；她自己读，也与教师、学生一起读。于是，学校就成了大家的书香校园，真真正正地成为精神栖息地。

一、引导学生亲近经典

开发潜能最为有效的方法之一，就是“取法乎上”地阅读和背诵经典。因为在这个过程中，人可以提升自己的思想品位、审美情趣，改变自己的心理状态和思维方式，进而成为一个品德高尚、富有修养、思维敏捷和心态阳光的人，甚至成为一个终生幸福的文化行者。

崔秀梅校长认为，少年时代是人格发展的关键时期，是一生中记忆最好的年龄阶段，在这一阶段熟读和背诵大量经典，对其一生的发展都会起到至关重要的作用。所以，学校设计了《中华文化读本》(包括《弟子规》《孝经》《论语》《大学》《中庸》《老子》）和《中华传统美德故事读本》供学生诵读，采用“不求理解，但求熟读”“只奖励，不强求”的学习策略，引导学生亲近经典，接受中华文化的熏染。崔秀梅校长说，相信随着时间的推移，这些文化经典的作用将会日益凸显。

二、行政办公会：读书形成制度

潍坊十中行政办公会上读书已经形成制度。会议开始并不切入主题，而是读书学习。所选文章不仅文质兼美，而且指向明确。通过读书，进而解决相关问题。

一次，学校改革遭遇了较大的困难，崔秀梅校长就选了《坚持》一文与大家共同学习。读书之后，大家认识到，做任何事情都会遇到意料不到的新情况、新问题、新障碍。即使你所做的事非常有益于学校的发展，你的行为仍可能遭到别人的歪曲、嫉妒、排斥；在人生的道路上你也许会有彷徨、迷茫乃至屈辱，还会遇到种种不如意、不受欢迎、不被认同，而执着与坚忍不拔的精神就是战胜这一切的法宝。只要方向正确，只要不断付出努力，就应坚信——坚持就有希望!

据教导处主任刘素雁讲，通过学习《坚持》，中层干部的心灵受到了震撼，于是，美好的前景就清晰地呈现在了大家面前。没有说教，没有命令，却催生出一种勇往直前的决心和定能成功的信心。

三、百日读书活动

崔秀梅校长认为，在最需要读书的校园里，应当形成一种人人读书、天天读书的良好氛围。为此，她规定教师与学生每周读书时间不少于 6 小时，年阅读量不少于 100 万字。其中寒假期间每天阅读不少于 2 小时，总阅读量不少于 50 万字。

与此同时，学校还启动了“百日读书活动”，每年举办一次，时间起于7月1日，止于10月10日。这期间，师生平均每天要保证2～3小时的阅读时间，阅读总量不少于200万字，读书笔记不少于2万字。

在2004年读书节中，学校开展了名篇佳作欣赏、名人与读书报告会、百日读书演讲比赛、读书知识竞赛、“我读过的一本好书”征文比赛、庆国庆诗歌朗诵会、园丁读书演讲比赛等丰富多彩的全校性的读书活动，这些活动给师生们提供了展示才能与个性的舞台，营造了爱书、读书、品书的书香氛围。在读书节中还涌现出了一大批“演讲之星”“博学之星”“写作之星”“朗诵之星”“阅读之星”“摘记之星”“管理之星”“藏书之星”“读书个性之星”“优秀读书家庭”“教师组织奖”“先进班集体”，实现了以活动促读书、以读书促发展的教育目的。

读书不但可以令教师与学生拥有知识与智慧，还可以使他们提升思想品位与气质、修养。用崔秀梅校长的话说：“通过读书，可以重塑师生的心灵。”她坚信，数年之后，教师与学生的文化成长，将成为学校一笔十分珍贵的精神财富。师生们读书愈多，学校发展的潜能就愈大；师生们精神成长愈快，学校产生质的飞跃的概率就愈大。

用文化提升教师、学生的素养，用文化提升管理的品位，从而把学校建设成富有人文情怀、师生共享的精神家园，这正是崔秀梅校长追求的一种至高境界。

为师生打点文化底色

——高万祥校长的教育批判与文化建设

校长介绍

高万祥，1954年出生，1982年毕业于苏州大学中文系。现为江苏省张家港高级中学校长。全国优秀教师，语文特级教师，苏州市首届名校长，江苏省中语会副会长，张家港市中语会会长。

多年来，高万祥致力于大语文教育改革，注重“人文”特色办学，成绩显著，在当地乃至全国产生了广泛影响。他先后出版《议论文写作技巧》《高中生学习指导》《语文的诗意》《相约星期一》《在日记中成长》等教育教学专著，在省级以上报刊发表文章200余篇。近年来，他先后应邀在北京、湖南、福建、四川及江苏等地做教育演讲60多场。

对传统语文教育的审视与批判

1999年11月下旬，在天津召开的全国中语会第七届年会开幕式上听了全国中语会几位权威人士的声音之后，因惊讶气愤盈满于胸，高万祥拍案而起，即兴做了题为《把一个充满活力的全国中语会带入21世纪》的发言，这无疑给既定的会议基调投放了一枚重型炸弹。

一、激扬文字

高万祥说，20年来，全国中语会为语文教改、为基层语文教师做了大量工作，功德无量，功不可没。然而，要把一个充满生机和活力的中语会带进21世纪，要把全国中语会真正办成全中国语文教师真正向往的精神家园，就必须对语文方面的一些问题进行重新审视与评价。

50年来，对于“什么是语文”可谓众说纷纭、莫衷一是，但暂时概括不出一个大家都能接受的“语文”定义也不要紧，只是不能用“工具”之说束缚大家的思维。作为一门人文性很强的基础学科，语文学科任务应该是语言能力和情感品质的培养，这是其他任何学科都不能代替的。语文教育和改革不能用任何模式、任何框框束缚人们的手脚，只要能让学生的语言能力、思维能力和精神品质得到同步和谐发展，任何在实践基础上的大胆创新都应该得到鼓励和支持。

20 年的语文教育成绩固然不小，然而从整体上看，少慢差费的现状是不争的事实。比如，中小学生大多怕写作文，于是大量“克隆”作文，这种情况着实让人心痛。怀疑批判精神和问题忧患意识永远美好，而粉饰现实、报喜不报忧或不敢否定自己、不敢正视现实的心态只会贻误事业，甚至祸及后人。

作为一个学术组织，全国中语会应该创造百家争鸣的学术氛围，应该有海纳百川的学术胸怀，更应该有实事求是的学术理念和怀疑批判的科学精神。然而令人遗憾的是，这次全国中语会缺乏这种氛围、这种精神、这种亮色。

“三老”（叶圣陶、吕叔湘、张志公）的语文教育理论在当代中国独树一帜，其影响和作用定能彪炳史册。然而，作为学术流派，毕竟是一家之说，我们不能罢黜百家，定于一尊，更不能把他们的思想看成泽被苍生的江河湖海。如果在中语界搞“两个凡是”，新世纪的语文教育就不可能出现百花齐放、姹紫嫣红的光明局面。

高万祥认为，1997 年下半年开始的全国性语文大讨论，批评的声音占了上风，批评的语言也许尖锐刺耳了些，然而，开展争鸣实实在在是善举啊！况且能够发这种“高级牢骚”“超级牢骚”，不仅体现了批评者个人的成熟和睿智，更是一个社会文明发达和宽容开放的表现。一个真正具有社会良知的知识分子应该敢讲真话实话、敢听真话实话，并且敢于接受这样的批评。这些批评不管观点如何，至少，批评者的热情，他们的底气和能力，他们的忧患意识和批判精神无论如何都是值得肯定、值得学习、值得发扬的。作为“圈内”人士（特别是大家公认的权威人士），怎么能说这次批评讨论是“一场动荡”呢？用“动荡”这个词，马上会让人想到“动乱”，想到社会政治斗争。不知说话者是否真想以此吓倒那些批评者，高万祥认为，既不能吓人，也不应被吓坏。该说话的还是要说话，该肯定的还是要肯定，该批评的还是要批评，该争论的还是要争论。如果争论双方都能抱有这种态度，持有这种精神，学术上能够“兼容并包”，该有多好。我们应该把王丽、王尚文、钱理群等有识之士请来参加中语会盛会，共商国是，共图宏伟大业。我们要学习“三老”和刘国正等大家的教育思想，我们也应该好好读一读《教育：我们有话可说》《杞人忧师——拯救中国教育》《中国语文教育忧思录》《审视中学语文教育——世纪末的尴尬》等著作，应该好好听一听邹静之、童庆炳、刘锡庆、施蛰存、许纪霖、王富仁、于光远、王元化等著名学者的不同声音。这样，对语文教育的发展会大有裨益。

最后，高万祥怀着深切的感情大声疾呼：衷心祝愿全国中语会以充满朝气和活力的形象走入21世纪。让我们一起努力，拯救语文，拯救中国的未来!

二、强烈反响

正是因为这样一个发言，高万祥成了会议上一个引人注目的新闻人物。与之交流者接踵而至，为他的勇气和胆识，也为他的智慧与眼光。一直处在激动之中的高万祥返回张家港之后，连夜将在大会上发言的主要内容写成文章，发至《语文学习》。这份在全国颇有影响的中学语文刊物当机立断地撤去已有清样，换上此稿，登载于1999年第12期上。文章发表后，在全国引起了强烈的反响。

广州市增城中学的唐遇春老师来信说：“看了你在《语文学习》上发表的‘有感’一文，就一直有给你写信的冲动。理由很简单，在我为中语界深感悲哀时，总算听到了异样的声音，总还有颇具现代眼光的仗义执言者，中语界并非漆黑一片，总算有一道闪电，有一丝亮光。早就期盼社会各界能给自以为是、一片死寂的中语界点把火，真的该感谢这些人文学者凭他们的‘底气和勇气’（我很佩服你用的这两个词，足以让中语界的权威无地自容）认认真真地做了。”

浙江师范大学著名教授王尚文则致信高万祥说：“读《语文学习》12期之大文，深契我心，欣慰异常。您说出了作为一个社会的良心与智慧的传播者、捍卫真理和神圣的人所应说的真话、实话、深刻的话，我从中看到了我国语文教育事业发展的希望，谨致敬意和谢意!”

启动“六大文化工程”

高万祥对传统语文教育进行文化批判的同时，更致力于新的语文教育改革体系的创立。他在全校学生中启动的有一个好的口才、背诵200首古诗、聆听 30 场名人报告、阅读 40 部文化文学名著、观看 50 部经典影视作品、每周写 6 天以上的日记“六大文化工程”，则是高扬语文教育改革的旗帜，在文化建设方面开展的一项具有开拓精神的创新活动。

一、有一个好的口才

高万祥认为，学生不善于口头表达，其背后是思想性格的缺陷。始作俑者则是宽松的社会生活环境的缺失，学生个性的束缚与泯灭。如果说新中国成立以来构造的是“五分加绵羊”的优秀学生模式的话，目前应试教育造就的则是读死书、死读书的不问窗外事的失语者。在美国，政府有义务培养公民的演讲能力，学校鼓励学生大胆地发表意见。中国要想走向世界，就要弃己之短、取人之长，重视口头表达能力的培养，强调演讲与生活的内在连接。所以，高万祥将演讲正式搬进课堂的同时，班会课、晨会课等也有了演讲的一席之地。他说，这一校本课程在学校开展以后，结下了累累硕果，在群体演讲水平大幅度提升的同时，演讲新秀也是层出不穷。在年级一月至少举办一次、全校一年至少举办一次的大型演讲活动中，更是群英荟萃、人才辈出。

高万祥校长在接受采访的前一天晚上，刚刚参加了一场高一年级的演讲比赛。他说学生的演讲精彩纷呈，其中不乏天才的演讲家。高一（4）班林宇良同学以“超越梦想”为题的演讲，虽然只有三四分钟，却博得了五六次热烈的掌声。林宇良在演讲中说：“我们经历了 13 天艰苦而卓绝的军训。这 13 天，是烈日与骤雨相伴的 13 天，是泪水与汗水交融的 13 天。13 天，我们向人们展现了一个全新的自我，一个自信、守纪、勤奋、成功的张家港高中学生。……那是一段刻骨铭心的经历，那是一笔永恒的财富！那是我们一生中的骄傲！如今，我们轻轻地挥手告别了军训生活，跨上了人生崭新的征程。你，我，都明白这三年比军训还要苦、还要累，我们会畏惧吗？会动摇吗？畏惧的就不是铁血男儿，动摇的就不是铿锵玫瑰！信念战胜一切，磨炼创造梦想。三年，我们能用青春的热血谱写多少奇迹；三年，我们能在人生的史册上留下多少壮丽篇章；三年，我们能让岁月定格下多少次的永恒！我们坚信，等待我们的辉煌，是灿烂的一生。同学们，一起超越梦想吧！让生命回味这一刻，让岁月铭记这一回！”

高万祥校长认为，演讲不仅是对口才与胆量的训练，也是对自信心的培养。学生在演讲中确立了自我价值，同时也拥有了无所畏惧的自信心。这样的学生，心理状态与生活状态就会发生翻天覆地的变化，就会在走向成功的征程中构建一个属于自己的精神家园。

二、背诵 200 首古诗

中国曾经演绎过诗词歌赋的辉煌历史，但现代的学生出于各种原因而难以与古诗词有深情的会晤，即使学习语文教材上有限数量的诗词，也多是不得已地为考试而学。学习者心中如果没有诗意的存在，就会缺失创作灵气，没了浪漫情怀，少了活跃思维。而整个社会对诗意疏离的结果，使得功利之心漫卷肆虐。

高万祥是一个追求诗意的人，他出版的第一本书就是《语文的诗意》，他常说的一句话就是“追求教育的诗意人生”。诗意离不开古代诗词的熏染陶冶。他在自己背诵古代诗词的同时，让所有的学生都走进这一辉煌的殿堂之中。他规定，高中三年，每个学生至少要背诵 200 首古诗。“腹有诗书气自华”这一经典诗句，在张家港高级中学的学生身上有了绚丽的展示。他们随口诵出的诗词佳句，在与人交往和写作中都有了卓尔不群的展露。而走进大学和步入社会之后，这些诗词更是成了他们信手拈来的一笔文化财富。

三、聆听 30 场名人报告

崇尚名人是中学生的共同心理，目睹名人风采和聆听名人讲话，更是他们梦寐以求的事情。高万祥深知学生的这一心理特征，于是邀请名人来校做报告就成了张家港高级中学一道特殊的文化景观。

中学生心中的偶像有著名的思想家、政治家、文学家、军事家、教育家，也有歌星、影星等。这与高万祥心中的名人标准既有相通的地方，也有不同之处。他认为，富有思想与文化品位的人应是中学生首选的名人，让中学生直接聆听他们的声音，对中学生的品德陶冶、学习追求，将会产生重大的影响。

著名学者、作家周国平的哲理散文，特别是他的《妞妞——一个父亲的札记》，在高中生中拥有众多的读者。2003 年 4 月 1 日，高万祥特邀周国平到校开设讲座。虽然只有四五十分钟的时间，但周国平的精彩报告着实令学生享受了一次高品位的文化大餐。2003 年 11 月 8 日，著名科幻作家叶永烈也来到张家港高级中学。当时正值叶永烈的新书问世，学校专门在报告厅的大门口做了一个他的新书的宣传标语，这令叶永烈感慨莫名。就是颇有争议的以“北大怪才”著称的余杰，也被请到学校。由于在校本课程《大语文阅读》中已收录了深受学生喜爱的余杰的《日本人的“自尊心”》《龙永图的悲与喜》《施罗德：我“穷”故我“在”》《金庸的伪善和妥协》等作品，学生听来倍感亲切与激动，而他的活跃的思想更是不时激起学生的心理共鸣。

高万祥心中的名人还有虽初出茅庐但富有才华的青年名师苏静。2004年6月全国新教育实验会议于张家港市召开之际，全国大师云集，他却专门邀请苏静一人来校做报告。报告原定一个小时，可两个小时过后，苏静口若悬河的诗意宣讲还在继续进行着。由于报告厅里挤满了学生，高万祥校长只能在报告厅的门口站着听讲。他很惊诧于苏静的文化功底与演讲水平，其间没有一人离场，共响起25次掌声。报告结束之后，许多学生仍然围在苏静的周围请求签名留念。他说，此前已经三次请她来校做报告，近日，他还将请她来校为新入校的学生再做一次报告。

仅近几年时间，高万祥就请来了几十位全国知名人士来校为师生做报告，除周国平、叶永烈、余杰等人外，还请了吴非（王栋生）、朱永新、袁振国、阎立钦、成尚荣、李宁玉、周德藩、朱芒芒、蔡祖泉、刘京海、苏氏教育思想讲习班的萨夫琴卡·亚历山特拉·雅科列娃和哈依鲁莲娜·西莲娜·尼古拉耶芙娜、李镇西、陈钟梁、杨九俊、冯恩洪、郭海燕、李燕杰、霍益萍、顾泠沅、朱泳燚、秦兆基、李希贵、彭钢、顾冠华、成尚荣、蔡明、洪宗礼、范守纲、祝智庭、李汉忠等，朱永新、李镇西、吴非等专家则几乎每个学期都应邀来为师生做学术报告，跟学生面对面地座谈。

四、阅读40部文化文学名著

阅读中外经典名著是学生聆听大师声音的另一种文化形式，是与大师精神对话的心灵之旅。学生不仅可以从中感受审美体验，享受文学滋养，还可以升华思想境界，提高人格修养。对名著情有独钟的高万祥校长希望学生经常性地在这一精神世界中自由地遨游，为此，他规定学生三年之内必须阅读40部以上的文化文学名著，并安排了专门的阅读课时，每周两节，语文课和自由阅读课各一课时。在这种课上，教师不必讲授，学生自由阅读。好书就在教室之中，选读权握在自己手里。学生对这一精神漫游非常欢迎，尽情地吸收着这一精神大餐所赐予的高层次营养。

此外，高万祥还自编了每月一期的《大语文阅读》。《大语文阅读》的内容取自当代优秀报刊中的美文，散发着鲜活的生活气息。《大语文阅读》

宛如将池塘活鱼和田间鲜菜取来立马烹调，随即送至学生口中，鲜美之味妙不可言。学生已经将《大语文阅读》作为必读的期刊，乐在其中、不忍释怀的现象甚至成了一道迷人的风景线，现有的语文教材也只能“徒有羡鱼情”了。高万祥认为，具有鲜活生命的学生与具有鲜活内容的当代文化有着一种天然的联系，爱之弥深自然也就是情理之中的事情了。

五、观看 50 部经典影视作品

高万祥校长认为，高中生不应是只会坐在课桌旁学习的书生，而应是具有丰富多彩的生活的当代年轻人。无疑，当代传媒可以为学生提供色彩斑斓的生活空间，但高万祥校长不主张学生多看电视。他认为，电视虽然在文化普及中功不可没，但其播放的内容鱼龙混杂，缺少文化含量。既让学生感受当代传媒艺术之美，又能让学生在美感体验中提升文化品位，观看由中外名著改编的影视作品则不失为一种上乘的选择。为此，高万祥将其作为校本课程，让其登堂入室，与当代学子“面对面”。张家港高级中学有很好的礼堂，有大型的屏幕，于是，《红楼梦》《三国演义》《简·爱》《巴黎圣母院》《百万英镑》等由中外名著改编的影视作品就成了高中生校本课程中一片绚丽的风景。

曲折的故事情节，富有动感与意境的画面，令学生陶醉其中。而著名文学家的思想情感与美学追求，以及改编者的艺术趣味，也在“润物细无声”中走进学生的心田。

六、每周写 6 天以上的日记

《在日记中成长》是上海教育出版社出版的一本很有特色的图书，它以校本课程的形态出现在张家港高级中学的学生的学习视野之中。高万祥认为，这是一门修炼人生的大语文课程，是张家港高级中学独创的产物。书为国际大 32 开本，每页左边为“历史上的今天”，记录当天最值得学生关注的历史上的大事；右边是“每日话题”，为每天生活中的一则富有生活智慧的故事。下面空白的地方是“我的今天”，专供学生写日记之用。学生日记有两个重要内容：一是写自传，不但是写自己，也是写历史；二是“吾日三省吾身”式的省检自身、完善自我的感想文字。高万祥说，一个人有“肉身我”“社会我”“道德我”，通过这种“慎独”式的记事方式，让学生用“道德我”战胜“肉身我”，进而步入“道德我”的境地。这一课程在全校开设之后，已经取得了很好的成效，学生的写作水平在不断提高的同时，思想境界也在逐渐提升。

苏州市副市长、苏州大学博士生导师朱永新教授和著名学者、作家周国平都为该书作了序。朱永新称写日记是一种“道德长跑”；周国平说日记是“岁月的保险箱”“灵魂的密室”“忠实的朋友”和“作家的摇篮”；高万祥则说写日记是“一个自我超越一个自我”的“文化拉练活动”。

和学生一起成长

高万祥的文化建设，追求的是让每一位师生在文化方面都有所发展，在对学生启动“六大文化工程”的同时．对教师则提出了“和学生一起成长”的要求。而“一起成长”的主体内涵，就是与学生共同感受文化的独特魅力，实现文化的真正升值。

一、书卷气是一个人最好的品格

张家港高级中学的教师校徽上便印着“做中国最好的教师”的字样，高万祥校长经常讲的一个话题就是“优秀的教师都是爱看书的文化人”。教师如果没有进入经典阅读的文化队伍之中，在张家港高级中学就没有立身之地。他不但要求教师阅读经典名著，还要求教师进行考试，如果考不好就不给奖金。他说，他是在逼教师读书，犹如有些家长逼孩子读书一样。优秀的教师应当教出可以考高分的学生，但同时又必须是最爱看书、最能讲故事和最能写作的文化人。

姜广平是一位非常优秀的教师，现在虽然已经走上了一个新的工作岗位，可他依然对张家港高级中学怀有深情。他说自己是在张家港高级中学读了三年“研究生”，文化增值之后方才腾飞的。而一些大学毕业生走进这所学校之后，最大的感受就是人人读书的浓厚的文化氛围。他们发自肺腑地说：“我们从一所大学又走进了另一所大学。”有的甚至说，大学四年自己都没有读过这么多书。

去年高万祥前去云南考察时，曾两次专门去寻访西南联大的旧址。他认为这是一个文化教育上的圣地，中国近现代许多文化教育大家是从这里走出去的，而且多是走得辉煌灿烂。在当地的新华书店，他发现一部写得很有文化底蕴的报告文学《精神的雕像——西南联大纪实》，于是邮购200本，以让学校的教师也能享受这种文化的陶冶。

他读了王东华的《发现母亲》之后，为其理念之新与取例之精而感动，于是立即购买100本，赠送给学校里的100名女教师。后来此书再版时，他又买了200本，让全校200位教师人手一册。

张家港高级中学教师的福利不错，但高万祥认为，教师从读书中获取的收益，是最大的福利，是价值最大且永不贬值的一种收入。经典阅读不但可以让教师增长知识，还可以让他们提升气质与品位，是一种“鱼和熊掌”可以“得兼”的文化行为。

如果说张家港高级中学园林化校园美得让人惊讶的话，它那美中之美的阅览室则更是惹人驻足，因为阅览室拥有如此之多而精的图书的学校“几希矣”。在高万祥的心里，“世上几百年旧家无非积德，天下第一件好事还是读书”。他说，书卷气是一个人最好的品格，它不但写在一个人的脸上，更写在一个人的心里，体现在与人交往的言谈举止之中。他认为，在这个世俗化的社会中，读书应当成为一种信仰。

高万祥认为，他们所做的这些文化活动不一定与高考有着直接的联系，但有着内在的联系，时间愈长，它的作用就会愈加显现出来。张家港高级中学的高考成绩非常喜人，2003年和2004年高考成绩在张家港市都是独占鳌头。但高万祥说，他最看重的并不是这些高考成绩，而是师生共同的文化成长。

二、与名人进行心灵对话

在行知楼的走道里，高万祥设置了一幅巨大的电脑制作画：孔子、苏霍姆林斯基、陶行知和张家港高级中学的校园的组合。在高万祥校长的心中，这三位教育界的名人是张家港高级中学办学的老祖宗，没有其他人能够与之比肩。他将这三个人作为自己终生的精神导师，同时也希望他们成为所有教师的精神导师和精神顾问。如此设置，就可以让教师们在举手投足之间，与这三位伟人进行心灵对话，这无疑为他们的人生设定了一个高远的目标。

与此同时，高万祥又特聘钱理群、巢宗琪、朱永新、曹文轩、王尚文、于漪、陈钟梁、陆志平、成尚荣、范守纲、谷公胜等国内知名专家担任学校课题顾问和青年教师的导师，让学校的教师与这些名人进行不同形式的交流。教师们在感受这些名人风采之时，也提升了自己的文化品位与思想修养。

其实，这些名人中有不少都是高万祥的朋友，有的往来甚密。在他看来，“友直，友谅，友多闻”这一孔子之语，有着丰富的文化内涵，他说，自己从中获取的教益将是一笔终生受用的精神财富。

三、“不择手段”地让教师写作

高万祥校长在抓学生写作的同时，对教师的写作也有近乎苛刻的规定。他要求全校教师都要写生活小故事，每个青年教师每周不得少于3篇，中老年教师每周不能少于1篇。有人甚至说他在这方面有点专制，有些“不择手段”，但他对此充耳不闻，依然“专制”下去。他说：“现在有的教师因为我的要求严可能会有意见，但以后他们一定会因为我的要求之严而感谢我。”

人格教育从身边小事做起

高万祥进行学校文化建设的一项重要内容就是人格教育。他认为，人格教育不能空洞无物，大而化之，而应当外化在视而可见、触而可及的一言一行之中。高万祥的人格教育，就是从抓学生的衣食住行这些身边小事做起的。

一、穿衣：拒绝名牌进学校

目前，大多数孩子花家长的钱并不心疼，消费上的攀比心理在学校不断地蔓延。为此，高万祥校长做了一项强制性的规定：拒绝名牌进学校，学生在校必须穿校服。他认为，学生常年穿着物美价廉的校服，有利于节俭、朴实和简约作风的形成。同时，从“头”抓起，对男生的长发、黄发进行强制性改造。他将理发师请进学校，将刚入校的高一新生的长发一律剪掉，同时严禁学生染发。高万祥校长认为，外表的朴实无华与内心的传统美德应是一种高度的和谐。他强调，张家港高级中学的男生要有绅士风度，女生要有淑女风范。

二、用餐：不剩一粒米

时下，在学生餐厅乱倒剩饭剩菜已经成了司空见惯的事。没有多少人记起李绅“谁知盘中餐，粒粒皆辛苦”的诗句，就是偶尔提起，也只是作为附庸风雅的形式上的诵读而已。从“汗滴禾下土”中走来的高万祥校长，对这种“辛苦”却有着刻骨铭心的记忆。他认为，对几乎没有感受过饥饿之苦的学生来说，节约教育更是具有重要的价值与意义。于是，高万祥校长就在张家港高级中学大张旗鼓地开展起了文明用餐的“不剩一粒米”活动，要求学生把饭菜吃光，把桌面擦干净。学校餐厅的墙上贴着醒目的八个大字：“学会吃饭，学会做人。”高万祥校长之所以将吃饭与做人视作同等重要的事情，是因为在他看来，这不仅仅是节约的问题，由此而养成的将是一种陪伴学生终生的生活习惯。有了良好的生活习惯，就可以在未来更好地打点自己的人生，女性可以做一个好妻子、好母亲，男性可以做一个好丈夫、好父亲。

现在的学生很少能够达到这一要求，高万祥认为有必要从他这一代人身上将其传承下去。一方面，正面进行教育，将“小餐桌，大学问”的内容讲得深入人心；另一方面，餐厅的每一个出口都有教师值班，发现有违反规定的学生立即对其进行批评教育。对表现较差的学生，则用录像的方式进行全校曝光。渐渐地，文明用餐便成了学生的自觉行为。

三、住宿：禁止在校外租房

不知从什么时候起，在校外租房住宿竟成了一些学生的“时尚”。学生在自己花钱租的房子里自由自在、我行我素，甚至可以谈恋爱、喝酒、抽烟、聚众闹事，由此引发了许多问题。尽管这些现象已经引起了人们的广泛关注，但有的学校对此仍然熟视无睹。为此，高万祥对张家港高级中学的学生做了一项硬性规定：除走读生外，不允许任何学生住在校外。同时，高万祥提倡构建良好的宿舍文化，打开学生正常交往的渠道，使在学校住宿的学生感受到富有乐趣而又不失文化品位的学校生活。

四、走路：不践踏草坪

凡是到过张家港高级中学的人，都会惊叹这所花园式学校的花草之美。但美中不足的是，在草坪拐弯之处，一些走惯了“捷径”的学生不甚注意，绿草多被踩光，这些“捷径”成为路面与草坪相接的一个特殊地带。高万祥认为这是教育上的耻辱。一个学生如果连路都走不好，他的人生之路就不可能走好。于是，在张家港高级中学又多了一项“学会走路”的教育。一旦学生懂得了其中的道理，加之学校给予适当的措施保障，践踏草坪的现象就消失了。

五、卫生：校园无纸片

日本横滨世界杯足球赛场上观看者人山人海，可人走场空之后，竟没有留下一片纸屑。这不仅仅是卫生的问题，还昭示出一种良好的团队意识。高万祥认为，中国人的团队意识需要从小培养，学校更应肩负起这一责任。张家港高级中学开展的“校园无纸片”活动，便是培养这种精神的有效措施之一。在学校，不管是学生、教师还是校长，只要见了纸片，就要弯腰捡起，即使在餐厅或厕所的地面上，也不见一片纸屑。高万祥认为，这一良好现象是道德教育和人格教育在支撑。这些生活中的小规则，往往是我们这个民族文明的沉淀。传统的美德，就在这些许小事中显现出来。

高万祥的文化建设是一个丰富而开放的视窗，我只是从中撷取部分内容。尽管如此，读者仍可以从中感受到他那独特的文化情怀与执着的文化追求。当今在最应当重视文化的校园里，不少人盯着的依然是传统的教材与应试教育，但愿高万祥的文化建设能够给尚在迷茫中“徘徊复徘徊”的人们一个走向文化圣地的指引。

全面启动学生的心理自信系统

——韩忠玉校长及安丘四中高考神话诠释

校长介绍

韩忠玉，全国优秀教师，历任山东省安丘市第二中学物理教师、班主任、副教导主任，山东省安丘市第四中学（以下简称安丘四中）教导主任、校长。自1998年担任安丘四中校长以来，针对学校生源基础差的实际，带领教师积极实施信心教育，全面启动学生的心理自信系统，充分挖掘学生的潜能，促使学校的教育教学质量不断提高，在社会上引起了较大的反响，而被誉为“青石板上创高产”的神话，使安丘四中由一所基础薄弱的农村学校成为一所全国知名的学校。

在2003年高考中，潍坊市的本科上线人数在山东省独占鳌头，而安丘市的本科上线人数又在潍坊市名列第一。安丘四中则成为全市本科完成率第一、班均上线人数第一、本科升学率第一的一所学校，捧得了安丘市唯一一座“育人突出贡献奖”的奖杯。

拥有196名教职工、2600名学生的安丘四中是一所农村高中，第一学历本科毕业的教师只有三人，生源多为沂蒙山区的农村孩子，新生多是城里重点高中的落榜生。

那么，这所被人们誉为“青石板上创高产”的学校，成功的内在原因究竟是什么呢?

韩忠玉校长一语道破天机：“自信是成功之母，自卑是失败之父。”安丘四中成功的核心原因便是全面启动了学生的心理自信系统。

使学生潜力无穷的经典话语与心理暗示

韩校长说，学生的基础差，并不等于他们的智力差，更不等于他们的潜力小。璞玉不琢，良玉难就。为了充分挖掘学生身上蕴藏的巨大潜力，他要求教师必须做到“三个一”：每天送给学生一个微笑，每天说一句鼓励学生的话，每天找一名学生谈话。

高三（7）班班主任李瑞启说，师生从“三个一”活动中受益匪浅：“一个微笑”温暖了学生困乏疲惫的心灵，“一句鼓励”激发了学生的自信心，“一次谈话”沟通了师生之间的感情。

高二（9）班班主任殷玉盛则在对学生群体进行信心教育的同时，对那些好玩、心理不稳定、性格古怪及有早恋倾向的学生给予了特殊的关爱，从而使全班学生拥有了走向成功的信心。学生的学习热情空前高涨，学习信心大幅增强。于是，“山高人为峰，努力定成功”的哲言就成了学生共同的信条。

韩校长认为，教师的语言十分重要，向学生注入一种什么信息，就会结出一种什么样的果实。教师的语言会定格在学生的心灵深处，对学生产生持久的影响。所以他要求全校教师对学生不能说“不”，更不准说“你不行”，而要说“你行”“你一定行”等激励性语言。在这种长期“你能行”的话语氛围里，学生一个个都感到自己真的行，学习成绩也逐渐提高。好的成绩又给学生带来好的心情与新的动力，心理与学习相互促进的良性循环也就形成了。

据担任地理教学工作的省优秀教师苏来明讲，学校的教师在班会上经常向学生注入“你能行”的信息，不但讲述世界各国的伟人如何在困难和艰险中走向成功的生动故事，也结合在挫折中成才的身边真实的人和事对学生进行“你能行”的心理暗示。暗示不仅开启了潜力的大门，也树立了信心的航标。

韩校长说，学校的教师不但深信学生潜力无穷，而且高度评价激励性语言的价值。因为教师这种长久的暗示会形成一种评价定式，学生在这种激励性的评价定式中，会一步步产生质的飞跃。

学校还非常注重对学生的人性化管理，“善待每一个学生”成了学校领导和教师共同的追求。为了给学生创造一个心理安全的环境，韩校长要求教师放下架子，把学生放在心上，关心学生的情感体验，让学生感受到被关怀的温暖。他经常强调宽容的价值，要求教师宽容学生的错误和过失，宽容学生短期内学习成绩徘徊不前甚至明显后退。苏霍姆林斯基说：“有时宽容引起的道德震动比惩罚更强烈。”学生并非不通情理的人，他们在被宽容中受到感动，也在被宽容中奋发努力。于是，在一段时间后，如孔子的弟子颜回般“不贰过”的学生已非稀有之人，学习成绩由差到优者也越来越多。

韩校长认为，信心只有与努力相结合，才能硕果累累。学校在增强学生信心的同时，也让学生在学习上加倍努力。韩校长为学生写过这样一首《假期劝学》——

假期之日勿贪玩，温故知新是关键。
钢刀不磨难锋利，人不苦学成才难。
求学路上多坎坷，披荆斩棘勇往前。
贪图享乐不前进，贫穷愚昧伴残年。
勤学者金榜题名，懒惰者名落孙山。

殷切之情回荡流转，劝勉之意弥散其间。有的学生将其作为座右铭贴在家中墙上，每天诵读，以激励自己；有的家长还能熟读成诵。一时间，家长与孩子同诵《假期劝学》，竟成了一种独特的家庭文化。而这一家庭文化的形成，又构成学生假期努力学习的动力支撑；努力学习的结果，又演化成学习成绩的攀升；学习成绩的提高，又提升了学生走向成功的自信力。这种被韩校长称作“成功因果链”的良性循环，便成了学生考入大学的心理奠基工程。

墙壁文化的个性色彩与自信启迪

在安丘四中校门外的墙上写有一行引人注目的大字：“我们要善待每一个学生，相信每一个学生，做到一个也不放弃。”

初入该校的学生，多是被挡在城里重点高中门外的落榜生。他们大多受人歧视，心理受伤。观此亲切话语，未入校门，一种受重视、被信任的感觉便油然而生。

校门西侧墙上所写的更加精彩：“社会评论：安丘四中今非昔比；教师坚信：四中学生潜力无穷；儒士箴言：坚持不懈，必定成功；送进一个学生，还你一个栋梁；安丘四中——大学生的摇篮。”

对于新生，学校的首要任务就是将其从自卑的泥潭里拯救出来，让自信的彩旗在其心里飘扬。墙上的话语，就是增强学生自信心的精神之源。这些原本认为大学遥不可及的学子，在踏入校门的第一时间就开始做起了从未有过的大学之梦。

教室文化虽然各具特色，但自信与努力的主题非常一致。我在一些教室里随便转了一圈，就看到了许多来自学生的墙上作品：“我自信，我出色；我努力，我成功。”“自信创造奇迹，拼搏续写神话。”“脚踏实地山让路，持之以恒海可移。”“把信心留给自己，把孝心献给父母。”“不经历风雨，怎能见彩虹?”“用六个月创造一个奇迹，用六个月给自己一个惊喜。”“知识改变命运，现在决定未来。”“心志决定命运，态度决定高度。”“苦学三年，幸福一生；逝者如斯，点亮红灯。”

学生创造了这些教室文化，也守持着这种教室文化。举目所见，都是这些促人自信、激人奋进的话语。久而久之，学生就形成了一种心理定式：通过努力，定能收获成功的硕果。群体良好的心理状态与持之以恒的学习精神，共同营造了书香四溢的教室文化。

激情宣誓张扬自信的风帆

通过宣誓增强学生的自信心，是安丘四中的一项创造，也是安丘四中教育上的一道独特的风景。

由韩校长亲自拟定的学生誓词，分别张贴在各个教室左前方的醒目位置。每逢周日晚上班会之前，各班全体学生举起右手，握紧拳头，在值日班长的带领下庄严宣誓：“我非常聪明，我潜力无穷。我要在老师的教导下，告别三闲，静专思主，刻苦学习，遵守纪律，加强锻炼，全面发展，为40岁做准备!”

铿锵有力的誓言，叩击着每一位学生的心弦，使学生涤荡心底的消沉，树立起昂扬的斗志，张扬起自信的风帆。

安丘四中不但有学生誓词，还有“誓词诠释”。对于这一充满自信的学生誓词，安丘四中人的诠释有着激人奋进的情感张力：“18岁是美丽的，而人生旅途最绚丽的一页在生命的40岁时翻开。不要说40岁多么遥远，20年其实是弹指一挥间。信心和毅力能把你推向任何追求的目标。缺乏恒心和毅力，虚度今日，等待你的将是无穷的悔恨和遗憾。追求先贤成才路，浩瀚人间，我们将发现，40岁的辉煌来自18岁的志向和20年的血汗。珍惜你拥有的青春年华，好好地把握现在，才能赢得未来，才能将你如日中天的40岁勾画得绚丽灿烂。许多成大事、立大业的人，成功的根源就在于求学时所拥有的信心和毅力。信心和毅力是人一生中最不能丢的东西。”

学生对这一“誓词诠释”情有独钟，每次诵读都激情澎湃，都会形成这样一种意念：花季年华的潜力开发与信心张扬，定能迎来40岁的绚丽辉煌。

安丘四中还有跑操誓词。每天早晨，操场上国旗迎风飘扬，学生步伐整齐，口号洪亮有力：“脚踏实地，奋力拼搏。敢立壮志，誓夺第一。四中学生，潜力无穷。自强不息，我要成功。”

高二（13）班的潘倩倩同学说："跑操有利于我们的身体健康，宣誓则增强了我们的自信心。遇到困难或苦恼时，喊一喊，忧愁顿时烟消云散，心里变得一片光明。"潘倩倩同学说，第一次她是笑着宣誓的，因为在初中没有这种宣誓，只是感到新鲜有趣而已。后来班主任讲了宣誓的庄严要义，同学们则严肃起来。渐渐地，这种宣誓成了一种心灵洗礼、一种庄严承诺。

据教研组组长、化学教师刘建新讲，每天上午第一节课预备铃响后，学生在班里还要高声诵读："一个人的一生只有三天——昨天、今天和明天。昨天已经过去，永不复返；今天已经和你在一起，但很快也会过去；明天就要到来，但也会消逝。抓紧时间吧，一生只有三天。"

这种宣誓如战斗前的号角，令学生立即进入"战斗"的状态。学习的紧迫感以及精力的高度投入，就在这宣誓中拉开了帷幕。

在安丘四中，学生有学生的誓词，教师也有教师的誓词。开学典礼上，全体教师要向学生庄严宣誓："我们用我们的智慧去启迪学生，我们用我们的情感去感化学生，我们用我们的人格去陶冶学生，从而让学生真正做到亲其师，信其道。"

神圣的承诺，和着神圣的师德，同庄严的声音一起，走进学生的心灵世界。

别开生面的国旗下讲话

升国旗不但有誓词，还有讲话。而讲话的主要内容，也是激人奋进，给人自信。韩校长就做过这样的讲话——

在《圣经》里记载了这样一个故事：摩西带领以色列人出埃及，过红海，来到一片旷野，三天三夜都没有找到水喝。好不容易到了玛拉，却发现那里的水是苦的，人们不由得大发怨言。岂不知，只要再走一段路程，就到了依琳，那里有的是泉水和棕树，大家完全可以在那里安安稳稳、舒舒服服地安营扎寨，尽情休息。

常言道："行百里者，半九十。"最后一段路往往是最为艰苦难行的。这是因为开始的时候，人多雄心万丈，心怀希望。然而，经过长途跋涉，精疲力竭，信心渐失。于是便感到前途渺茫，难以坚持，以致前功尽弃。

著名航海家哥伦布每天在他的航海日记的最后总要写上这样一句话："我们继续前进！"这种看似重复的平淡之语，却包含了惊人的毅力和无穷的信心。就是凭着这样一种大无畏的精神，哥伦布向着茫然无知的前方挺进，穿越惊涛骇浪，历经蛮荒野地，克服艰难险阻，终于发现了新大陆，演绎了世界历史上惊人的壮举。

时至今日，我们每一位同学都到了异常关键的时刻，无论前进的道路多么崎岖难行，无论如何困乏疲惫，只要我们勇敢地走下去，我们坚信，不是过了“玛拉”，到了“依琳”；就是穿越惊涛骇浪，发现了“新大陆”！

很多人认为国旗下的讲话肯定要慷慨陈词，富有极浓的政治色彩。但韩校长认为，学生厌倦了空洞的说教，对空中楼阁式的“政治教育”心怀抵触。而形象生动的故事，恰到好处的点拨，往往可以起到意想不到的教育效果。正是洞悉了学生的这种心理，才有了国旗下庄严宣誓之后的这番别开生面的讲话。

大学生返校报告会
打开学生心里尘封的大学之门

新生入学伊始，学校都要举行大学生返校报告会。学校领导“于无声处”进行了精心的安排，所选报告人不是一帆风顺的幸运儿，而是经历过一段心理波折，从消沉走向自信的“生于忧患”者。他们现身说法，自然有着极强的感染力。台上讲得声泪俱下，慷慨激昂；台下听得热血沸腾，激情澎湃。十几位大学生报告完毕，“安丘四中学生潜力无穷，自强不息学业必成”的理念已如春风化雨般深入众多学生的心里。

王立全同学曾是一个对学习失去信心的后进生，加之家庭条件较差，一度产生了辍学的念头。大学生返校报告会上讲述的生动事迹，令他激动不已。他从与他有过同样经历与心态的返校大学生那里，看到了大学校园一抹灿烂的霞光。大学之门并没有向他关闭，只是自我将大学之梦尘封而已。于是他想：“我也要考上大学，我也要返校做报告，让更多的同学从消沉中奋起，踏向瑰丽多彩的大学之门。”他的这一心理变化，被班主任王瑞成老师及时发现。王老师在班会上对他进行了表扬，并向他承诺：“如果你明年考上大学本科，一定让你回来做报告！”随后，又让他当了课代表。从此，王立全同学的精神面貌焕然一新，自信终日洋溢在脸上，潜能得到充分开发，成绩一步步提高。一年之后，他满怀喜悦与自信，在一所本科大学开始了新的学习生活。

据分管业务的副校长楚方利讲，学生们从返校做报告的大学生那里找到了走向成功的心理参照与动力支撑，对他们来说，高考不再是一个可怕的怪物，而是一个文化升值与增强信心的精神乐园。

“边缘生”成了“研究生”

在采访教导处副主任、地理教师赵可胜时，他很为自己身为“研究生导师”而自豪。究其原因，方知其所说的“研究生”另有所指，一个班成绩排前20名的学生并不能得此殊荣，从第21名到第44名者方能榜上有名。这些学生处在考取本科大学的边缘，努力则上，懈怠则退。在安丘四中，一位“导师”带4个这样的“研究生”，一直“承包”到高考结束。

据教研组组长、化学教师刘建新讲，“导师”不但要对“研究生”进行学法指导，更重要的是要做好他们的思想工作。现在的学生多是独生子女，有时遇到一点挫折就会一蹶不振。要想让他们长期保持一种良好的心态，“导师”非做深入细致的工作不可。刘建新老师在采访中谈到他所带的“研究生”任利杰同学，由于家住农村，父亲患病，家境贫困，初中阶段就已心存辍学的念头。考取安丘四中时没有达到规定的分数线，学习成绩之差可想而知。但在刘建新老师的不断鼓励下，他树立了信心，看到了希望，学习成绩连续攀升，并担任了班长，最终考上了西安交通大学，成了一位本硕连读的优秀学生。

学校的教师更多的是感到了肩上责任的重大。他们的共同话语是：“家长将孩子交给了我们，学校领导同时也将期盼交给了我们，我们不能有负重托啊!”责任产生压力，从“研究生”分配到手之日起，“导师”之间的竞争也就拉开了帷幕。因为高考揭榜之日，哪位“导师”所带的“研究生”金榜题名，抑或名落孙山，便会一目了然。学校则会根据“导师”的成绩大小，给予不同的精神鼓励与物质奖励。对于将“研究生”送进本科大学较多的“导师”，学校不但在评选优秀教师和师德标兵时优先考虑，还在“教坛精英”宣传栏里进行宣传。宣传栏里有他们的照片，也有他们的寄语。学校师生常常一边参观，一边称赞，连学生家长与村民们也专程赶来观看。

“导师”和“研究生”制是安丘四中的一项创造，其深层内涵是为人师者为学生营造了一个心理安全的港湾。这是制胜之术，也是成功之道。

习惯养成的要义之一
就是专注做好每一件事

我曾“突袭”式地查访过安丘四中的几个班级的自习课。未进教室，便被门上所贴的警句式的话语所吸引，如“入门即静，怕苦莫入”“不敢高声语，恐惊苦读人”“走进教室，满怀信心；走出教室，意气风发”“此门是你走向成功的必经之路”等。推门而进，只见案头书如山，室内静无声。墙上所贴“忘时，忘物，忘我”的条幅，已经成为一种教室文化。学生全都进入了“物我两忘”的境地，无一抬头，无一出声。就是坐在讲台上的“小老师”，也是俯首专注于书本。

“如入无人之境”这一古时兵战常用之语，在这和平的校园里有了另一层的内涵。

不但自习课如此，起床、上操、上课、午睡、晚睡、洗刷、就餐等都要求学生真正进入状态。譬如上操，各班必须列队跑步入场，步伐整齐，口号响亮。午睡、晚睡的铃声一响，学生必须立即上床，不到点不准起床。学习环境要求“静专思主”：“静”即场所幽静，气氛浓厚；“专”即忘时，忘物，忘我；“思”即善于思索，积极钻研；“主”即主动学习，强烈求知。就连学生的走姿也有着明确的规定——“挺胸，抬头，阔步”。

这些要求近于苛刻，但习惯一旦养成，就会受益终身。新生大多在初始阶段难以适应，有的甚至哭着要求回家。但经过一段时间之后，也就习惯成自然了。再后来，又从中获益，对此赞不绝口。

据政教处主任高友校讲，行为习惯的养成不是一蹴而就的，既需要相应的规章制度，更需要行之有效的监督机制。安丘四中在对学生的行为习惯养成做出一系列规定的同时，还成立了由学校领导、团委和学生会组成的纪律检查小组，从周一到周日，从“三课”到“两睡”，从宿舍到校园，从正课到自习，进行全方位的检查与督促。在教学楼门口专设校纪整改栏，教导处主任李学武、政教处主任高友校工作一丝不苟，严格把关，将每天存在的问题详细地登在上面，督促整改。

孔子的高足子夏就特别注意对其初学的弟子进行“洒扫、应对、进退”的养成教育，并说：“有始有卒者，其惟圣人乎！”韩校长认为子夏的这种教育方式非常值得学习，因为习惯决定性格，性格决定命运。为学生的一生考虑，就必须在学生的习惯养成上下功夫。所以，安丘四中特别强调学生一定要专注做好每一件事，大事做不来，先从小事做起。而韩校长常向学生讲的一句话就是：“一屋不扫，何以扫天下？”

现在，除划片招生的学生外，济南、黑龙江、新疆等地的一些学生也慕名来到安丘四中。我想，他们在圆大学之梦的同时，收获的将是比走进大学更加重要的信心支撑与动力资源吧。

今日长缨在手

——追求卓越的胡美山校长与兴蒙学校

校长介绍

胡美山，1962年出生。中文本科毕业，曲阜师范大学教育硕士研修班和北京师范大学教育博士班结业。中学高级教师，现任山东平邑兴蒙学校校长。县十大杰出青年，市级理论人才，市教学研究会会员，市优秀教学成绩奖获得者，市教科研工作先进个人，省优秀教育工作者，省教育学会会员，全国教育管理学会理事。专著有《领先一步的选择——学校整体改革的实践与探索》，另有几十篇理论文章发表或获得各级奖励。1997年，通过竞选走向校长岗位，从一片空地开始，白手起家，在不长的时间内，使该校成为拥有从学前班到初中的5000余名师生的大型学校，成为省、市级名校和国家、省、市级教育教学改革实验和研究学校，参观者达数万人次。

地处沂蒙山区西部的平邑县，自古就有人杰地灵之说，是积淀思想、孕育智慧的一方圣地。相传战国时期的集百家之大成者鬼谷子就曾隐居于蒙山，向学生传授哲思大智。军事家孙膑，纵横家苏秦、张仪，生命学家茅蒙都是在他门下脱颖而出的，有的还成了叱咤风云的著名人物。事亲至孝的仲由，“文为辞宗、行为世表”的羊祜也曾在这里留下了许多千古传诵的佳话。

这些大家的思想与智慧在沂蒙山区飘游了两千多年，迄今仍悠然回旋。默默无闻的平邑县的有识之士，在伫望那高山仰止的思想大智之时，也有了追索哲人足迹的梦想。他们锲而不舍，孜孜以求，将思想与智慧作为一种崇高的追求。

兴蒙学校位居平邑县城，欲走创新之路，欲建卓越之功，一位有思想、有谋略的校长胡美山，与一群德才兼备的年轻教师，崇尚先哲而又饱学现代教育理论，使思想闪烁出光辉，智慧闪耀出奇彩，改革拓展出新路，奋争创造出辉煌。

兴蒙精神：思想与追索的厚重积淀

感觉、思维、情绪、意志之类的心理现象，完全不能概括人的思想世界，它们显然不属于相同的形式。思想是人的精神生活的真正所在地，在这里，每一个人最内在、最深邃的“自我”直接面对永恒，追问有限生命的不朽意义。

胡校长给我的第一印象便是有思想。

我是在1999年秋色未尽的时候采访他的。没有寒暄，亦无客套，开门见山，直奔主题。

“校长首先是一个思想者，是一个具有教育思想的领导，然后才是行政的领导。”他说这句话的时候，平静如水而又掷地有声。

旋即，我对这位年仅37岁的校长刮目相看。

他告诉我，孤灯深夜，他在思想；独步校园，他在思想；会后小憩，他在思想；甚至穿行于喧嚣的闹市，他也在思想。他在思考兴蒙学校创业的艰难，也在勾画兴蒙学校灿烂的未来。而支撑兴蒙学校开拓进取的是什么？是思想，是精神。何谓兴蒙精神，成了他挥之不去的思考。

陶行知先生的一句名言一直在他的脑际回旋：“千教万教，教人求真；千学万学，学做真人。”是啊，真、善、美是联系在一起的，以让人追求真理以至掌握真理为终极目标，是人类追求的最高境界，它与假、恶、丑针锋相对，水火不容。真的前提是实，在工作、学习、生活中，人们对实事求是谈论甚多，但这又是一个最难解答的哲学命题。作为兴蒙人，就要敢于和善于求真求实，不浮夸，不溢美，不尚空谈，不图虚名，不做表面文章，不搞纸上谈兵，踏踏实实地工作，真真切切地做人。于是，“求真求实”这四个字，便深深地烙印在他的脑海里。

哲人言，和谐即美，和谐是美的至高境界。胡校长喜欢哲学，也喜欢美学。他十分欣赏美学对和谐的诠释，也结合实际去思考这个问题。和谐讲究平衡、对称、协调，是各种力量与资源的最佳搭配，是社会人际关系的最佳状态。声不和谐不顺耳，色不和谐不悦目，力不和谐难做工，人不和谐会生疾。个体如此，群体亦然。所以领导与领导、领导与教师、教师与教师、教师与学生、学生与学生、学校与家庭、学校与社会要合作，以达到群体的和谐。合作不力，搭配不好，就会产生摩擦，内力就会无功而耗。而合作达至和谐的境界，群体成员就会为达到既定目标而相互配合，凝聚成众志成城的合力。兴蒙学校要成就一番大的事业，和谐合作成了必不可少的条件。

兴蒙学校是一所新学校，新校长、新教师、新学生，朝气蓬勃，充满活力。胡校长珍视这种“新”，并希望学校始终昭示出新的气象。所以，作为兴蒙人，要有新思想、新追求，不因循守旧，要敢为人先，具有开拓进取的精神。他决心与兴蒙人一起，在没有路的地方走出一条路来。开拓创新这种颇具活力的精神，与胡校长求异探奇的心理紧密联系，也与他的先进教育思想水乳交融。他感到，兴蒙学校需要开拓创新精神，并要使这种精神物化为活生生的现实。

高尔基说过，一个人追求的目标越高，他所取得的成绩就越大。志存高远的胡美山，在接受电视采访时就公开承诺：“一定努力工作，不求最好，但求更好，还社会一份满意、一个放心、一种成功。”他认为，兴蒙人应是不甘平庸的追索者，要有超越自我的高标准、高要求，“追求卓越”应当成为兴蒙人永远追求的目标。他坚信，兴蒙学校从无到有，由弱到强，会拥有卓越的校长、卓越的教师、卓越的学生，进而成为一所卓越的学校。

“‘求真求实，和谐合作，开拓创新，追求卓越’，便是你所勾画的兴蒙精神了!”在胡校长呷茶时，我自然而然地归纳出了这样一种结论。

胡校长放下茶杯，得意地一笑：“不错，这就是兴蒙精神，虽然只有十六个字，却包含了无限丰富的内涵。”

我急欲再听他的精彩解说，他却神秘地一笑：“请您再去听听老师们的意见吧。”

于是，我被他带到学校接待室，教务处主任闫吉印、美术教师武举善、语文教师高建伟已经在那里等候多时了。

我请他们谈谈兴蒙精神，因为我依然对它兴趣不减。他们不仅如数家珍地讲解这种精神的内蕴，还讲述了许多生动的事例。最后，他们饶有兴趣地向我讲起了胡校长对全体教师所做的“施政”演讲。

那是 1997 年 9 月 26 日上午，胡校长在教师们面前第一次亮相。

一个半小时的时间，没有文稿，侃侃而谈，从容而不失大气，话语之间流溢出深厚的理论学养与先进的教育思想，尤其是对兴蒙精神，胡校长进行了全面深入的诠释，而且提出了“三进三出”的原则：“干事业的进来，混日子的出去；不怕苦的进来，图清闲的出去；琢磨事的进来，琢磨人的出去。”他很痛心于一些单位的人离心离德，甚至钩心斗角，在无谓的争斗中消耗宝贵的时间，既贻误了事业的发展时机，也浪费了自己的生命。他希望兴蒙学校的教师为成就事业而奋斗，不要丧失自我，不要损害集体，将关注点放在工作和事业上，将人际关系简单化，营造一种和谐奋进的人文环境，共同为创建名校而进行不懈的追求。

新鲜、惊讶、愉悦、敬服。

不少教师为兴蒙学校而来，也为胡美山而来。听了胡校长的演讲，更证明了自己决断的正确性。“求真求实，和谐合作，开拓创新，追求卓越”这十六个字，从一开始便定格在每一位教师的脑海里。

三位教师讲得入情入景，我则听得如痴如醉，兴蒙精神也在我的脑海中不断徘徊，萦绕不去。

选贤任能：使学校充满活力

兴蒙学校始终充盈着生命活力的关键性因素之一便是聘任制。胡美山是第一个受聘者。

他就是经过理论考试、听课评课、答辩演讲等，从20多位竞争者中脱颖而出，被聘为校长的。

在校长受聘仪式上，胡美山只字不提学校发展的困难，不提资金紧张的问题，而是向领导提出了允许他在全县范围内招揽人才、选聘教师的请求。这一请求当即得到了领导的肯定与支持。

韩仲文、吴岐廷、耿帅、高峰、金明同等学校中层领导谈起这一场景时，依旧感慨不已，深深佩服胡校长的战略眼光。因为校长有了选聘权，才有了今日群英荟萃的优秀教师队伍，才有了学校教育教学的高质量，以及追求卓越、成为名校的坚实基础。

为了招贤纳士，胡校长可以说“六亲不认”，将送礼者与走关系者拒于门外，并亲自制订了招聘的八字方针、二十八字标准、六字方法和十二字程序，且严格执行。八字方针是“公平竞争，唯贤是举”，做到标准公开，条件公开，招聘程序公开，参聘人员公开，成绩公开，聘任结果公开，平等竞争。二十八字标准是“师德高尚，思想开拓，业务精专，功底深厚，兼有特长，结构合理，身心健康”。对此，胡校长又在报纸上发表宏论：“用才必先聚才，聚才必先识才。教师业务要精良，品德要高尚。兴蒙用人坚持唯贤、唯德、唯才。智能平庸、情商不高、不能与同人凝聚者，坚决不用！”六字方法是“查、问、考、测、听、观”，即查其人事和业务档案，问其知情之人，考其工作实绩，测其理论水平，听其课堂教学，观其答辩与演讲时知识的深度、广度和反应速度、心理素质，尤其是“施政”策略。十二字程序是“层层筛选，逐步淘汰，优中选优”，即从多角度、多侧面对应聘人员进行了解，立体地、全面地审视每一个应聘者。

胡校长虽然亲自制订了招聘方略，却不直接参与招聘工作，他将大权交给品德好、能力强的评委，由他们具体进行选聘工作。经过审查、调查、理论测试、课堂教学、答辩演讲等，他们选出了几十位高素质的教师。这些教师的平均年龄只有28岁，大专以上学历者占86%，市级以上优秀教师、骨干教师、各类获奖者占76%，100%为县级骨干教师、教学能手和教学新秀。

韩仲文与吴歧廷等虽只有30多岁，却都已有中学高级教师的职称，是全县乃至全市具有较高知名度的教师。他们说，同这些凭着自己的品德与才识过五关斩六将走进兴蒙学校的教师共同工作，感到志趣相投，充满活力，十分幸福。

不过，我感到愈是能者汇聚之地，愈是容易演化出文人相轻的闹剧，所以，在如何使用这些教师方面，还是会有不小的问题。

对于我的担忧，他们似乎早在意料之中，他们认为胡校长长于谋略，善于用人，堪称帅才。胡校长重在选将用将，再由良将布阵打仗。同时，在权力影响力与非权力影响力方面，胡校长选择了后者。知识分子难以接受领导，如果领导没有思想，没有权威，没有水平，他们便不服从领导。但知识分子敬重有思想、有品德、有学识的人，这样的人当领导，便能受人敬服。胡校长提出了“首先、靠后、一样、多劳、公正、公开”十二字校长之道。“首先”是指要求教师做到的校长首先要做到，他带头学习、听课，并且亲自评课。胡校长要求教师不吃家长的请，他就首先不吃家长、教师的请。“靠后”是指获取利益时，领导要靠后。“一样”是指在工作上一样要求，即使是体力劳动，校长也与教师一样干。即使外出活动时，校长也不以车代步，而是与师生同行。奖惩也一样。一次，胡校长因招待来宾迫不得已喝了酒，回校之后，根据学校规定，罚款50元，而且将此事写在黑板上公开。“多劳”即多工作。他早起晚睡，暑假也不休息。有人做过统计，在两年多的时间里，连同节假日计算在内，他只休息了十来天，而且平均每天的工作时间达十二三个小时。“公正”即一碗水端平，平等地对待每一位教职工。“公开”即虚心听取群众意见，增强决策的透明度。

正因如此，教师们敬服校长，工作干得舒心而起劲。各司其职，努力工作，成了每一个人的自觉追求。有校长在与没有校长在一个样，而不是领导拨一拨才转一转。这样，胡校长可以从容地去思考大问题，干些大事情。

胡校长的人格魅力与工作态度，既给教师们树立了榜样，又使聘任制的实施获得了保障。他只聘任品德好、有才识的中层干部，然后由他们自主地聘任教研组长、年级组长、班主任和教师，此之谓“用人不疑，疑人不用”。中层干部得到了校长的充分信任，同时也有了压力，有了高度的自觉性与责任感。胡校长说，有的校长其实是姓“钱”的，抓住财权，牢牢不放。他说自己是姓“教”的，是个教育校长。在两年多的时间里，两千多万元的建筑和购物款，均经后勤主任之手支出，他绝不插手具体的财务问题。这样，他可以腾出更多的时间读书、思考与写作，审视当代教育的新形势。中层干部也从胡校长那里受到启发，选聘教师重德重才而不重关系。作为教师，只有德才兼备，努力工作，才能够得到聘用，反之，便无立足之地、立身之本。如此一来，每一个人都在想着如何提高自身的素质，想着如何做好自己的工作，兴蒙学校出现了一种既和谐相处，又你争我赶的学习、研讨与工作的氛围。

人本思想之一：由教师本位转向学生本位

1998 年秋，新生入学的第一天。兴蒙学校假山旁。

胡校长与一个刚刚报到的一年级新生在交谈。

小家伙讲的是他在家乡的趣事，而且不时哈哈大笑，不时手舞足蹈。胡校长听得笑出了眼泪，前仰后合，也向他讲起了自己童年的故事。小家伙笑得在地上打滚，站起来指着胡校长说：“你现在还是个大调皮鬼!”

小家伙还不知道他是一校之长，半个小时的时间，他们已经成了地地道道的忘年交。小家伙临走时，还扬着小手说：“大调皮鬼，明天见!”

一抹夕阳洒在胡美山的脸上，令他感到温暖与舒服，他有一种重返童年的快乐与向往。

有人大惑不解，与一个不谙世事的小顽童平等地交流，是否有失校长的身份?

胡校长却不这样认为，他认为孩子也是人，具有同等交流的价值，理应受到尊重。有权势的、无地位的，大人、孩子，都是大写的“人”，在胡美山的眼里，没有高低贵贱之分。这缘于他的家庭教育，从小他的母亲用言语与行动给他上了许多生动的教育课。母亲爱自己的子女，也爱自己的乡邻，甚至让外地来的乞丐住在自己的家里，以宾客相待。这份爱也在胡美山的心灵深处久驻不去。

后来胡美山上了学，当了教师，现在又当了校长，爱心仍在，善良依然与他为伴。

他对柳斌同志所讲的素质教育的“三性”——全体性、全面性、主动性十分欣赏，同时，他认为人们对素质教育的认识是不断深化的，现在又有了新“三性”，即人本性、创新性和未来性。

胡校长认为，人本性至关重要。从素质教育出发，就要把学生当作人，教育是人的教育，教育是教育人的，人是出发点，也是归宿，没有人，便没有教育。但现行的教育恰恰忽视了人的存在，人在教育中失落了，学生的灵性与创造性荡然无存。最复杂的育人工程，简化成了考试的训练；最应充满生命活力的课堂教学，异化成了对标准答案。风物长宜放眼量，高瞻远瞩计未来。为此，胡校长提出了为学生一生谋划，为学生终身发展着想的主张，而绝不以牺牲学生一生的代价去换取一时的高分和所谓的荣誉。坚持以人为本的思想，真正落实学生的主体地位，由教师本位转向学生本位，将学生置于教育的中心，从活生生的生命出发，将童心还给学生，将灵性还给学生，将时间还给学生，将主动权还给学生，以把学生培养成完善的人和全面发展的人。做到科学教育与人文教育的整合，主知主义与主情主义的统一。要想育人，必须首先关心人、尊重人，让学生感受到对他们的赏识与期待。夸美纽斯说，应当像尊敬上帝一样尊敬孩子。铃木健二说，人虽然各不相同，却具有一个共同的特征，那就是渴望自己为别人所承认、所赏识。罗森塔尔效应告诉人们，良好的期待能够获得良好的效果，真诚的期待可以最大限度地发挥人的潜能。为此，兴蒙学校进行了一系列的改革。

一、操行评语：用赏识代替挑剔

胡校长感到以前所写的操行评语不够尊重学生，教师不是含着一腔热情去赏识学生，而是像局外人一样居高临下地对其品头论足，与学生的距离相去甚远。尤其是所用的否定词太多，对学生的挑剔多于褒奖，负面信息过多。所以，愈评价学生，愈看不到光明，尤其是后进生，没有成功的体验，甚至形成逆反心理，每况愈下。

关心学生，就要让高照的艳阳代替阴霾的天气，让深情的关爱代替冰冷的说教，让舒展的灵性代替沉重的枷锁。

那么，如何改革呢？首先是变换人称，由第三人称变为第二人称，变“他”为“你”，从感情上与学生拉近距离。同时，不是泛泛而谈，百般挑剔，而是真实具体，写得富有人情味。满怀着对学生的关爱之情，挖掘蕴藏在学生身上的优点与潜能，多用赏识与信任的话语去评价，对优点可用溢美之词，使学生感受到被教师欣赏的愉悦。写缺点、不足时，含蓄而不失分寸，不挫伤学生的自尊心，用希望代替指责。

胡校长在会上提出自己的思路后，班主任与任课教师都感到新颖而有道理。胡校长说，这不仅仅是提倡，而且是硬性规定，必须如此去做。

新的评语出来了，学生耳目一新，受到鼓舞，家长也感到十分满意。1998年春节刚过，胡校长便和几位中层干部组织班主任共同编辑了一本学生评语集锦《真诚　尊重　赏识　期待》，每班十篇，凡百余篇。今撷取两段评语如下——

课堂作业你总能第一个完成，回答问题你总是第一个举手；尽管你的作业有时出些小的差错，回答问题有时不够完善，老师却十分欣赏你的机敏与大胆。不过，我对你还有一份特殊的期盼，在你因为一点点小事与别人发生冲突时，请你放下紧握的拳头，换成谦让的一笑，好吗？我相信你是不会让老师失望的。

这段评语将学生的优点写得十分具体，而把学生存在的问题写得较为含蓄。教师的殷切期望、拳拳爱心，在字里行间汩汩流淌，流进这位学生的心里，并生发出一股催其改过的内在力量。

你是活泼天真的好学生，有一张可爱的笑脸。你那优美的读书声，时常响在老师耳边，你读课外书时的神情特别专注，这说明你十分喜欢学习。但你的成绩提高不是很快，你想过没有？有时不注意听讲，知识会悄悄从你身边溜走，这该有多可惜啊！新的学期，相信你的学习成绩将会有新的起色。

在这段评语中，教师将学生的优点写得很生动，同时不仅指出了学生的学习成绩下降的原因，而且是用流动着师爱的语言来表达的，令这位学生心服口服且备感温暖。用展望未来的方式表达期望，相信与希望都表述得尽善尽美。

寥寥几句的评语，却蕴藏着兴蒙学校教师的教育观、学生观、素质观与评价观，对培养学生的自信、自尊、自立、自强等品质，起到了很好的作用。

二、课堂评价：用鼓励代替惩罚

以前的课堂提问，教师对学生回答问题的评价比较简单，如“对”“不对”，甚至对回答不正确或回答不上来的学生实施罚站，或让同学们羞辱他，甚至教师还进行讽刺挖苦：“笨蛋一个！”“你一辈子也成不了才！”……

注重了学生的人本性，受到了评语改革的启示后，兴蒙学校的课堂教学提问发生了很大的变化。学生回答正确，或有创新的见解，或有多种解疑的方法，教师当即给予肯定与表扬，并为其鼓掌，以示祝贺，让学生感受成功的喜悦，增强继续努力的自信。学生回答不上来或回答不正确时，教师便给予暗示、点拨和引导，或让同学帮忙，这时，若答上来便及时鼓励，实在答不上来也鼓励其勇于回答问题的精神，然后微笑着让其坐下再思考，或摸摸他的头表示理解与安慰。学生没有回答不好问题的尴尬，有的只是教师的理解、关心与期望。加之针对不同层次的学生、不同难度的问题而设计的灵活多样的教学方法等，课堂提问出现了学生心情轻松、大胆发言的新景观。

三、作业评价：用具体代替一般

原先教师对作业评价只打“√”或“×”，评为甲、乙、丙、丁或优、良、中、差，这样不利于发挥学生的积极性。现在作业做得好的，加印小红花、小红旗，说明特别优秀，获得这种鼓励的学生便有一种成功的喜悦。作文评语已不再是千篇一律的中心突出不突出、内容丰富不丰富、结构完整不完整、句子通顺不通顺、书写工整不工整之类的空话，而是突出个性，突出特色，写得新颖而又富有针对性。现摘录两段——

从文中可以看出，你妈妈和你奶奶之间好像有什么误会。你已经长大了，有些事不能只听一面之词，要用自己的眼睛去观察事物，用自己的大脑去思考问题。妈妈和奶奶之间的误会，你可以想办法去消除。为了你全家的幸福，动动脑筋吧！

其中不仅有殷切的关照，还有指点迷津与真诚的期望，既是对作文的评价，也是对如何做人的教育。

你的文章写得自然、朴实、形象，家乡的美景宛若在眼前，让我有一种身临其境之感。如果态度再认真一点儿，把不该写错的字写正确，那就是锦上添花了。

前半部分的肯定让学生心花怒放，后半部分的鼓励让学生充满信心。

四、改革课程结构：用发展特长代替压抑个性

实施素质教育，关键是观念的转变，核心是课程的开设。兴蒙学校建立了由学科课程、环境课程与活动课程三大板块构成的课程体系。应试教育压抑学生的个性，而兴蒙学校实施素质教育，不仅在学科课程中注重全

面提高学生的素质，在环境课程中对学生进行潜移默化的教育，还特别注重以学生为主体的活动课程的建设。在开设活动课程时，注重了活动内容的丰富性，学生参与的主动性、全面性，以及实效性、实践性、社会性等。

活动课程的类型共分五大类：第一类是活动小组形式，主要以下午的两节活动课时间为主，如歌咏、钢琴、民乐、电子琴、鼓号、外语、计算机、舞蹈、武术、体操、田径、乒乓球、绘画、中国象棋、摄影、书法、数学乐园、小诗人天地、速算、作家摇篮、小小评论家、播音员之家、蒙山松文学社、读书会、阅读与写作、小记者等小组；第二类是系列活动，如“我以兴蒙为荣，兴蒙以我为荣”系列活动，以每两周为一个周期，分别开展纪律、卫生、节约、文明礼貌、做爸爸妈妈的好孩子等系列活动；第三类是根据节日、时令等开展的一些活动，如学雷锋、学“十佳”少年、三八妇女节、六一儿童节、国庆节、爬山、游公园、看电影、书画展、广播操比赛、拔河比赛、文艺会演、防震减灾教育、安全教育等；第四类是一些固定的活动，如“两操”、升旗仪式、主题班会、阅览、看少儿节目、军训等；第五类是上级安排和学校临时安排的一些活动，如给学校图书角捐书、“捐出零花钱，爱心献给灾区小伙伴”活动、“保护母亲河”捐物捐款活动等。

活动课程的开设，为不同层次、不同爱好的学生提供了展示特长、发展特长的舞台，激发了他们的创造灵性，开发了他们的潜在智能。同时，活动课程也成为兴蒙学校的一大特色，使整个校园变得五彩缤纷、生机盎然。

五、评选先进：用多项奖代替单项奖

胡校长在幼儿园发现了一个有趣的现象：人人都有奖状，人人都为获奖而欣喜若狂。小学生是从幼儿园走出来的，年龄尚小，喜欢接受表扬和鼓励；而学校评选出的“三好学生”人数只占学生总数的十分之一，最多也只有五分之一。因此，大多数学生因得不到奖状而感到沮丧。于是，他决定将“三好学生”的数量增至学生总数的三分之一以上，并使其余学生也尽量获得奖励。期末评优时，除“三好学生”之外，还有优秀班级奖、学习标兵奖、纪律标兵奖、特长生奖、进步奖、温馨之家奖、“十佳”少年等。即便平时，也根据各项活动的开展情况，设立了广播操比赛、书画展览、小制作、小发明、叠被穿衣比赛、学科竞赛等奖项。这样一来，得奖者人数增加了很多，“三好学生”和有某些特长或爱好的学生都得到了

充分肯定与认可。特别是那些成绩不佳的学生，也得到了奖励，增强了自信心，激发了进取心。

六、家庭报告书：用报喜代替报忧

学校在原有的家庭报告书的基础上，又增添了一些新的内容，其中主要有两个栏目：一是学生所在班级的获奖情况，二是学生的爱好、特长、在班内担任的职务以及本学期的获奖情况。前者显示的是班级管理和全体学生共同努力的结果，后者是学生个人努力的反映。学校把这些情况一同反馈给家长，孩子在班里担任个“一官半职”或获得奖励，算是给家长报喜；即便没有的，也寻找出孩子的特长和爱好，算是给家长一个慰藉。家长接到这份报告书，不仅可以具体地了解孩子的情况，也因孩子所取得的成绩而感到欣慰。

七、后进生转化：用多法代替一法

“后进生是老师教出来的。”胡美山语出惊人，又说，“好的老师可以让后进生消失。”

胡校长不是故弄玄虚，而是对理论探索与现实思考后得出的一个正确结论。

他找出了后进生是“老师教出来的”四个原因。一是为了应试教育而忽视了后进生这一群体的存在。应试教育将关注的焦点放在了考试分数上，所以教师只重视学优生，不关心后进生，既不关心其学习，也不关注其心灵。于是后进生在这种长久的忽视中备感冷落，深感自卑，不思进取，学习上被动应付，甚至自暴自弃，破罐子破摔。二是施教中的负面信息太多。有的教师经常用一些否定甚至有辱人格的话语评价后进生，久而久之，学生头脑中的负面信息也愈积愈多，并逐渐认同了这些负面信息，于是产生了自卑情绪，自觉不如他人，因而形成恶性循环，学习上更加落后。三是横向比较，要求划一。教师无视学生智力、性格、志趣、家庭环境、学业基础的差异，硬性地用一个模型去塑造他们，以一种标准去衡量他们。而这个模型与标准，不是教师头脑中所构想的理想化的，就是班内几个最好的学生身上所存在的。一旦有谁达不到这个要求，便进行批评、指责甚至讽刺挖苦。结果越比较后进生越没信心，越比较越是望尘莫及。四是简单粗暴，实施高压政策。教师见后进生进步很慢甚至不断后退，便说出“不行就退学”等刺伤学生心灵的话，甚至对其进行体罚或变相体罚。结果后进生与教师产生了对立情绪，轻则消极对抗，重则怨恨、谩骂教师甚至逃学，以致结交一些社会上的不良人员，做出违纪违法的事情。

那么，如何做好后进生的转化工作呢？首先，“后进生可教”作为一种信念，必须在教师的头脑中树立起来，然后实施一个“变”字。一是变归因学生为归因教师。首先改变教师自身，再去改变学生，即先找出教师自身在后进生教育中所存在的思想、观念、方法等方面的问题，在后进生中树立起形象和威信，让后进生时时感受到教师真真切切的关爱，达到“亲其师，信其道”的效果。二是变输出负面信息为输出正面信息。拿破仑的名言“给我足够的奖牌，我就能征服世界”告诉人们奖励、赞美、赏识、期待等正面信息的重要性。教师要着意发现后进生的优点，甚至是相对的特长、小小的闪光点，并给予及时的表扬与鼓励，使其感受到教师的关爱与赏识，树立起“我能行”的信念，告别自卑，走向自信。三是变对立为沟通。教师要精心照料和呵护后进生，要抚慰其心灵，与其平等对话，真真正正地走进他们的心灵深处，从而达到心灵的沟通。四是变单视角为多视角。从一个角度去审视学生，只能得出少数学生是人才，只有个别人是成功者的结论。如果从不同的角度去看，就会感到他们个个都是人才。这种观点不仅正视了学生的客观差异，而且肯定了学生在不同领域所表现出来的不同的特长。若只以考试分数来界定学生的优劣，成绩不好的自然都成了后进生；而如果从多视角去审视与界定，这些后进生可能又是学优生，甚至相当出色。视角一变，思路一展，眼前的天地顿时变得开阔起来。五是变一法为多法。教师不能只为学优生设计教学方案，而应采用灵活多样的方法，因材施教，使不同层次的学生都能有所进步，都能体验到成功的喜悦。例如，采用分层次教学、分层次考试、分层次评价的方法，激发需求，引发动机，启发思考，巧置情境，巧设问题，巧释疑难，想方设法让后进生好学、乐学并能下苦功学，从而改变其在学习上的被动局面。

兴蒙学校的教师认同并实践了这五个“变”，总结了许多行之有效的方法。例如，与后进生谈心、定期辅导、指导学习方法、一帮一、及时发现闪光点、与家长沟通、给后进生创造表现的机会、合作学习、晓理动情、分层施教、对症下药、以爱动心、促生自强、优生带动、兴趣激励、培养爱好、发展特长等。观念的转变，方法的多变，促进了后进生的转化工作，使一大批后进生都有了不同程度的发展。

有个叫叶龙虎（化名）的学生，平时学习不认真，素质较差，在教室里竟骂孙老师是孙猴子。孙老师来到教室后，学生们争着告状。叶龙虎满脸通红，执拗地说自己没有骂老师。孙老师不以为意地笑着说：“孙猴子就孙猴子吧!”结果满座皆笑，连叶龙虎也笑了。从这件事上，他感受到孙老师的宽厚与善良，对孙老师既感激又敬仰，以后，他像变了个人似的，品行与学习都有了很大的进步。

后进生张坤（化名）因与同学吵架，被叫到办公室。老师准备批评他几句时，却发现他的手很脏，指甲很长，手也裂得厉害。于是，老师打了盆温水，给他洗手、剪指甲，并抹上护手油，还和风细雨地与他谈心。后悔与感激之情使张坤热泪盈眶，此后好多天没再做出“越轨”的事情；半年之后，他已经有了很大的转变。

八、关注学优生的心理健康：用正视代替偏爱

与后进生相反，学优生是在鲜花与荣誉的簇拥下成长起来的。但他们因为成绩优秀和受宠而骄傲，甚至盛气凌人，看不起中下层次的学生，合作性差，依赖性强。为了达到教师与家长的期望，以及满足自己的虚荣心，他们拼命学习，生怕成绩下降。而一旦成绩下降，便感到受到了很大的打击，常常会出现这样或那样的问题，特别是心理方面的问题。

胡校长认为，这是被一般学校忽略的一个问题，应正视并有效地解决它。在平时教学中，不要给学优生过多的偏爱，要注重培养他们良好的心理品质以及面对困难的抗挫能力等。

九、关注学生的品德培养：用全面树人代替单纯学知

以人为本，不仅要把学生当作人来看待，还要把他们塑造成品学兼优的有用之人。教育的本位价值与终极目标便是树人。树人必先树德，因为德是导向，是对人生观的判断，是决定选择的价值坐标。

但目前学生的思想状况令人担忧，主要的不足有以自我为中心、独立与自理能力较差、任性娇气等。所以有人说，这一代孩子虽然在物质上很富有，但在精神上很贫穷。

兴蒙学校的办学宗旨，不是让学生单纯地学习知识，而是让学生学会做人，学会学习，学会生存，学会创造，使其成为精神富有的人。

兴蒙学校的寄宿制为创设良好的育人环境提供了便利，它强化了学校教育，并在一定程度上弱化了家庭与社会的负面影响，学生可以与良师益友为伴，健康地成长。在当前家庭教育思想不够端正、教育艺术性不强、社会教育普遍无力、教育环境不良的情况下，这无疑是一个上上之策。兴蒙学校充分运用了这个优势，可以说达到了匠心独运的境界。墙壁能讲话——让学校处处蕴含教育；强化主阵地——寓德育于课堂及生活之中；

让学生广泛参与——活动中渗透思想品德教育；人人抓德育——实施全面育人管理；规矩成方圆——规范学生品行。走进兴蒙学校，你会看到一种崭新的精神面貌：学生文明守纪，自律自强，身心健康，尊长爱幼，素质全面，不挑食，不任性，有较强的自理能力与较高的心理素质，有比较高雅的谈吐与气质。

“小天才”刘碧峤是兴蒙学校的学生代表。现在的孩子大多崇拜影星、歌星、球星，她却对学习、对知识表现出浓厚的兴趣。她说：“学习是一种乐趣，学习时我的心情是愉快的，我希望知道得更多。”课堂上她冷静分析，周密思考，大胆发言，成绩始终名列前茅。课堂之外，她对绘画、剪纸、计算机、写作、主持节目、办报纸等也有浓厚的兴趣，她的作品多次发表和获奖。对当前一些青少年表现出的无责任心、脆弱、自私，她深表反感，主动发起了“献爱心，争做好少年”的活动，使同学们受到深刻而生动的教育。

钱伟伟，家里几代就这么一个女孩，娇气、任性、执拗，什么都以自我为中心，一旦不合心意，就又打又骂、摔东西、撒泼，衣来伸手，饭来张口，挑食、偏食，人瘦成皮包骨头，学习不踏实，成绩一般。她转到兴蒙学校后，在良好环境的熏陶和教师的精心教育下，像变了个人似的，娇气、任性不见了，班里的事积极参与，同学的事主动帮助，学习成绩稳步上升，不再挑食、偏食，人也长高了，变胖了。特别是自理能力明显提高，不但在校自己穿衣、叠被，回到家中还帮助父母做饭、洗衣服、整理床铺。有一次父母外出，她自己竟在家中包起了水饺，从剁馅、和面、包制到蒸煮，全是自己动手，父母回来一看，喜出望外，这可是个不到10岁的小姑娘啊！

人本思想之二：理解、解放、关心、尊重、感谢

关注学生的心灵是教育人本性的关键，但是，很少有人说到关注教师的心灵。教师一味地输出，默默地奉献，一方面有“人类灵魂工程师”等光环笼罩着，另一方面又面临“家有半斗粮，不当孩子王”的尴尬现实。从某种意义上说，教师是圣化与俗化的矛盾体。

那么，谁来关注教师呢？当然由校长来具体承担这一重任了。

从人本出发，就应当将教师放在学校主人的位置上，充分发挥他们的聪明才智，并理解他们、解放他们、关心他们、尊重他们、感谢他们。

一、理解教师

当教师十分不容易，肩负着社会的重托、家长的期望。教师的工作是百年大计的育人工程，任重而道远。教师工作的性质决定了他们的劳动具有复杂性、创造性、长效性、繁重性和隐秘性等特点。一般学校的师生比例是1∶4，兴蒙学校却是1∶8。特别是兴蒙学校实施的学生寄宿制，使一些保育教师必须整天盯着学生。她们都是年轻妈妈，家有正在吃奶或刚刚断奶的孩子无法照顾，却要管理着从不同家庭而来的几十个孩子。不仅就餐、卫生、洗衣、看病要管，拉屎撒尿也要管，对学生来说，她们不是亲生母亲，却胜似亲生母亲。由于学生的家庭条件都比较好，家长认为自己花了钱，学校就得照管好孩子，对学校的期望值很高，所以，这更加重了教师的心理负担。

教师虽然工作很苦很累，却心情舒畅，这缘于学校的公正、领导的理解。每次总结工作，胡校长都对教师们所付出的辛勤劳动表示由衷的感谢。而且胡校长懂得“金无足赤，人无完人”的道理，对教师不求全责备，能容忍并理解教师的过失。此外，胡校长对教师做到多表扬，少批评；多看优点，少看缺点；多看主流、主干，少看支流、枝节；多用奖励，少用惩罚。这样，便赢得了教师的理解，增强了学校的凝聚力。胡校长说，理解比什么都重要。

二、解放教师

应试教育将教师搞得苦不堪言，有时晚上和节假日还要加班加点。兴蒙学校要实施素质教育，就不仅要减轻学生的负担，还要减轻教师的负担。方法之一是减少办公时间，由原来的每天7节课减少到每天5节课。上午和下午的最后一节课，没有课的教师可以自由安排，回家、上街等各随其便。方法之二是改革备课。以前的教案要求详细写明教学步骤、教学方法、教学环节等，几乎成了八股文，不是为了应用，而是为了检查，不但浪费时间和精力，而且助长了抄袭、虚夸之风。胡校长则不然，他主张改革备课，提倡教师写简案，腾出时间研究教材、教法与课堂教学，思考问题，读书学习。方法之三是轮流上班。早操由正、副班主任和保育教师三人轮流带操，一人带操时，其余两人可以不到。早读、晚自习、课余时间看护学生的工作，也是轮流进行，以减少教师的劳动时间。方法之四是灵活掌握出勤时间。学校根据教学、保教、后勤三项工作的不同特点，制订了灵活的上下班时间，不搞“一刀切”。一切从实际出发，不做硬性规定，以免教师在学校无事可做，空耗时间或低效劳动。方法之五是净化心灵。心不累则身不乏，要想解放人的心灵，莫过于为其营造一个淡泊宁静的心理环境，而这一切又来自愉快和谐的人际关系。学校强调琢磨事而不琢磨人，淡化人际关系，创造了一种互相尊重、理解、信任、帮助、仁爱的氛围，消除了教师的心理压力，安顿了他们的心灵。

三、关心教师

关心教师，就要把教师的工作、学习、生活等时时放在心上，处处为他们着想，使学校充满浓浓的人情味。

在资金十分紧缺的情况下，学校耗资400多万元，新盖了两栋宿舍楼，解决了70多位教师的住房问题。春夏两季，为教师置办服装，除外套外，还有衬衣、领带、皮鞋、裙子，可以说从头到脚全副“武装”。学校每年拿出一定的资金为教师买保险，定期给教师过集体生日。教师的亲人有病，学校领导会专门去看望；教师家中有红白之事，学校领导也前去祝贺与慰问。同时竭诚解决教师夫妻分居、子女入学等关系其切身利益的事情；为已有住房的教师安装有线电视与固定电话；发给教师一些饭菜票，让他们在学校餐厅就餐。每逢节日或举办活动，胡校长便与教师们聚在一起，边吃边说，边唱边笑，气氛热烈而和谐。评先树优、评职晋级，也向教学一线倾斜。

学校特别注重激发教师的高级需求，为教师自身价值的实现创设了浓郁的人文氛围，为教师的业务学习、教学研究等创造了良好的环境。

四、尊重教师

教师是学校的主人，所以胡校长主张领导要放下架子，采纳教师的意见与建议，创设平等民主的氛围。只有集合众智，方能无往不胜。在制订学校规章制度时，让教师充分发表意见，吸纳好的建议，尽量使之趋于合理。1999年学校组织了“我为兴蒙进一言”活动，收到130多条建议，其中不少建议很有见地，从中可以看出教师们具有强烈的主人翁意识，蕴藏着很多智慧。教师感到自己是兴蒙学校的一员，具有了参与管理、希望兴蒙学校快速发展的强烈意识。之所以如此，是因为他们得到了重视与尊重，进入了“校兴我荣，校衰我耻”的高层境界。

五、感谢教师

经过两年多的时间，兴蒙学校已经小有名气，胡美山的大名也已为不少人所知晓。人们常说，一个好的校长就是一所好的学校。特别是采访了胡校长及一些教师后，我对他更是敬仰有加。胡校长却说："除教委倾力支持外，关键是有一批德才兼备的老师，他们永远是我的骄傲，是兴蒙学校的自豪，我将永远感谢他们。"接着，他向我讲起了一个又一个动人的故事，有的令我肃然起敬，有的令我感叹不已。如义务献血，学校没有专门开会号召，只在小黑板上写了一则简单的通知，结果报名人数竟达教职工总数的80％以上。而他们有的身体羸弱，有的患病初愈，有的已经献过一次甚至两次血……在采血现场，医生们向兴蒙学校的教职工竖起了大拇指。

说这些话时，我分明看到胡校长眼中的泪水在打转。他将自己撰写的《礼赞兴蒙》送给我，那是一首饱含激情的诗——

兴蒙哟兴蒙　你可看清
他们上下协力　众志成城
他们不畏困难　敢于负重
他们钟情事业　热爱学生
他们追求卓越　精力全倾
……
谁来作证
大海扬波作和声　我来作证
四面青山侧耳听　我来作证

胡校长说，这种感激之情始终在他的心底流动，因为是这些教师成就了兴蒙学校的大业，也成就了他的事业。苦累都让教师们受了，名誉却让他得了，对此他感到很内疚，觉得对不起教师们。

是啊，胡美山将自己融入了兴蒙学校，也融入了教师之中。校长是人，教师是人，在这个大写的"人"里，有一脉相承、水乳交融的血液在激荡。

学校管理：科学化与特色化

特殊机制为兴蒙学校点燃了亮色，也给胡美山创造了大展宏图的空间与机遇。具有超前眼光与敢为人先胆识的平邑县委、县政府的领导和县教委主任高彦岭，毅然决定走改革之路，在兴蒙学校实行"公办民助"的办学体制以及"校长负责制、教师聘任制"的内部管理机制。这种体制和机制极具优势，解放了教育生产力，激活了学校内部活力。兴蒙学校成为平邑县教育的一个"特区"。胡校长充分发挥了这种体制和机制的优势，使兴蒙学校的管理走上了科学化和特色化的道路。

一、法治管理

依法治校是学校管理成功的重要因素。是人治还是法治，是一所学校管理是否成熟、完善、有效的重要标志之一。胡校长决意将兴蒙学校引向法治的轨道。1999 年暑假期间，胡校长组织有关人员，耗费了很大的精力，制订并完善了学校的各项规章制度，将其分为总体类、岗位职责类、制度类、学生类等，多达 100 多项。这些规章制度符合学校的实际，具有该校的特色。

再好的规章制度如不执行，或执行不力，或半途而废，都将是一纸空文，形同虚设。所以，实施比制订更重要，更关键。为此，胡校长提出了“六不”原则：不讲缘分，不讲身份，不论学历，不论资历，不看职务，不看职称。而且从严掌握，坚决落实，奖罚分明，臧否有度。开学之初，一个一年级的学生因为想家而从学校偷偷地逃走，后被人送返学校。胡校长认为此事关系到学校的声誉，必须重罚，根据《师德考评细则》，向班主任做出扣除量化分 300 分、罚款 300 元的处罚，并向分管主任与胡校长本人分别做出扣除量化分 200 分、罚款 200 元，扣除量化分 100 分、罚款 100 元的处罚。处罚决定公布后，在全体教职工中引起很大反响，它让教职工看到了学校执行规章制度的决心与力度，从而强化了责任心与敬业精神。同时，对成绩突出者，则给予精神奖励与物质奖励。而且奖罚情况及时公布，一般是当天或第二天在学校小黑板上公布，一个月汇总反馈一次，一个学期总结一次，并兑现奖惩。这种及时性有利于教职工及时发现自己或他人的优点和不足，便于发扬长处，纠正错误，解决问题。而这种透明性破除了奖惩的神秘感，让教职工心理平衡，心服口服。

走遍兴蒙学校，我发现了一个奇怪的现象：所有的教室、宿舍、餐厅、办公室内外不见挂一个字的规章制度，挂的全是名人名言、书画摄影作品等。他们不是力促规章制度的制订和落实吗？问过胡校长后才知晓个中缘由。胡校长主张规章制度不应挂在墙上，而应挂在人的心上，师生工作、学习、生活的环境应是崇高、优美、典雅的，不应该由冷冰冰的规章制度来充斥。

二、系统管理

把分散的力量聚集起来，把个体的行为变为群体的行为，把发散的目标汇成统一的目标，就是管理。按系统原理，胡校长把兴蒙学校这个大系统划分为三个既相互独立又相互联系、既相互依存又相互制约的子系统，即决策系统、执行系统和监督系统。各子系统都有明确的职能：决策系统设校长室，主要由校长负责计划、组织、指挥、协调、检查、总结等工作；执行系统即职能部处，设三部五处，即幼教部、小学部、初中部和行政处、教务处、学管处、总务处、科研处，分别从不同侧面和角度对教师的教育教学工作和学生的学习生活等实施管理；监督系统设督查部，负责审议、督促、考勤、量化、评估、反馈等工作。各子系统要合为一个整体，一个子系统不能脱离大系统和其他子系统而独立存在。执行系统执行决策系统的决策，监督系统监督决策和执行情况，同时向决策系统和执行系统反馈信息，以便在新的层次上决策和执行，这就形成了一个闭合回路，首尾相接，环环相扣，相互开放，运转有序。

这个系统有明确的目标，这是管理的发端，也是行动的指南，更是各种力量的凝聚点。没有目标，系统就没有存在的价值。兴蒙学校的整体管理目标是“四个一流”，即一流设施、一流师资、一流管理、一流质量。这个目标起点高，气魄大，鼓舞人心，经过努力可以实现。同时，各子系统又都具有各自的目标，乃至每个人都有自己的目标。大目标规定小目标，小目标服从大目标。综合这一理论和一个学期的实践，胡校长和学校其他领导又制订了一个目标管理方案。

目标管理方案分系列设置目标，涵盖了学校管理的各个方面。如果硬性地以一个尺度对全校所有的教职工进行目标管理和评价，显然不够科学合理，任课教师与食堂工人的工作就很难用同样的尺度去衡量。于是，学校结合实际，将学校的目标管理和评价分成任课教师、保育教师、班主任、后勤职工、餐厅人员、职员、学校管理人员七个子系列。

在进行目标管理和评价时，将客观评价与主观评价结合起来。教育教学工作及其管理是非常复杂的问题，相当一部分属于精神领域的东西，很难用准确的数字来衡量，所以，在客观的目标管理和评价的基础上，加上了主观的目标管理和评价，两者的比例大约是 8∶2。同时，将过程管理和终结管理有机地结合起来。兴蒙学校将管理的重点放在过程之中，如考勤、教学过程管理、日常检查等，都一一记录在案，并及时反馈，及时纠偏，防止积重积弊的现象发生，使各项工作沿着正确的轨道运行。到期末的时候，对这些记录的情况进行汇总。经过一次、两次甚至三次量化，并结合其他项目，进行终结性管理和评价。

通过以上的管理和评价，基本上可以把每一个教职工界定在真实合理的位置上了。

由此可见，这种管理从计划、决策到执行、实施、监督、检查，既有法可依，又形成了一个系统工程，是规范、科学、有效的。没有这种科学先进的学校管理制度，就不能很好地发掘出人才的潜能，兴蒙学校就不会创造出好的质量和特色，追求卓越也就成了空中楼阁。

三、思想管理

在学校管理方面，我最欣赏的是胡校长的“思想管理”说，他说这是高层境界的管理。

在胡校长的家中和办公室里，我看到他读的书不仅有教育理论、历史、文学、美学、管理学等方面的，老子、孔子、孟子、柏拉图、罗素等大思想家的书也放在了显著的位置。

他接受我的采访时，平静地坐在椅子上，平静地谈着，让我感受到了那份平静下所蕴含的思想内涵。

他说，统治人的最本质的东西是思想，它可以穿越时空，是永恒的。权力也统治人，但是受到时空的限制，仅限于彼时彼地而已。思想的统治以人们的主动接受和内化为前提条件，是一种软工具，无声无息，潜移默化，却魅力无穷，像磁石一样吸引着人们，使人们为之倾倒，为之去奋斗、牺牲。它是一种最高的智慧，绚丽多姿，美丽动人。而权力的统治基本上是以强制的方式让人接受的，是一种硬工具，需借助机制、机构、组织等自上而下地去实现，以让人服从和遵守为目的，它是有形的、物质的。

权力者可以是思想者，思想者可以是权力者，可用权力推行思想，可用思想驾驭权力，但最终权力层会消亡，留下的仍是内核——思想。老子、孔子、孟子、亚里士多德、柏拉图、黑格尔、马克思、恩格斯等都没有多少权力，而只有思想。但从古到今，乃至将来，他们的思想将永远产生巨大的影响。思想是无限的，是超越有限的权力的，是永葆生命活力的。

思想来自学习、思考和实践。

胡校长由此讲到当今的校长，他将他们归为三类：第一类是事务型校长，第二类是谋略型校长，第三类是思想型校长。

第一类校长以处理常规工作为主，无目标，无计划，一切都是短期行为。这种校长不需要有多大的能力，一般人都可以胜任，其结果是学校也是常规型的。

第二类校长有谋略，讲究工作艺术与技巧，有明确的目标与一定的计划，可以管理好教师与学生，甚至在一定的范围内能取得具有一定轰动效应的成绩。

第三类校长则是思想型的，有自己的主张和价值观、教育教学观、学生观、人才观、管理观。其思想自成系统或尚不成系统，自成体系或尚不成体系。这种校长注重精神领域的东西，不大过问具体的事务。

从第一类到第三类，校长的层面愈来愈高，人数也愈来愈少。真正形成思想体系的校长，在中外都是凤毛麟角，如陶行知、蔡元培、苏霍姆林斯基、裴斯泰洛齐、小原国芳等。

谈到此处，胡校长从椅子上站起来，挥着手说：“我并不是自不量力的人，更不是说自己是第三类校长，甚至连第二类也算不上，但我在追求，我在向那个方向努力。所以，经过学习、借鉴、思考和实践，我在办学体制、学校内部管理体制、教育科研、师资建设、家校联系、对外关系等方面都做了点滴的、零碎的思考。”

说着，他将即将出版的《领先一步的选择——兴蒙学校整体改革的实践与探索》一书的五校稿递给我，这是一本 30 多万字的专著，是他两年来校长工作思想的结晶，其间凝聚了他的心血，也凝聚了他的思考。

无怪乎采访了许多教师，他们都对胡校长佩服得五体投地，都在他的影响下兢兢业业地工作，不断地完善自身。如果这叫作管理的话，那便是人格魅力的管理、思想的管理、无形的管理。

环视一下胡校长的房间，只有几架书橱赫然醒目地摆在那里，上面摆放的图书，似乎也在向我传递着思想，并娓娓动听地叙说着胡校长与它们的交情。

学习研究：为蛟龙创造大海

李大钊、毛泽东、鲁迅、胡适工作过，蔡元培担任过校长的北京大学，是中国的最高学府之一，驰名中外。那里拥有一批有识之士、饱学之士，甚至是思想家、教育家、文学家、科学家等，有了这些专家学者的执教，才为我国乃至世界培养了一批又一批的英才。北京大学的名字，也积聚了更深厚的内涵，成了人才荟萃、莘莘学子向往的地方。

起于“青萍之末”的兴蒙学校，自然无法与北京大学比肩，但是胡美山从北京大学那里受到了启发，有了创建名校的宏远规划，决心让兴蒙学校从偏远的沂蒙山区，响彻齐鲁大地，乃至踏进全国名校之列。于是，他有了打造名师的构想，有了为教师营造浓郁的学习研究氛围的实际行动。

一、努力营造学习的氛围

当今是学习化社会和终身教育的时代，教育要面向未来已经成了人们的共识。如果你不生活在未来，明天你将生活在过去。兴蒙学校不是为过去而存在，而是为未来而存在。所以，仅靠在学校期间和在教材上所学的那点知识已远远不能适应形势发展的需要。不仅要有足够的新知识和大量的现代信息，而且要有新观念、新思路、新艺术、新技巧。以前教师是主要的信息源，有时甚至是唯一的渠道，而目前各种媒体都在向外输出信息，意欲获取知识，就要从多方面进行学习，包括向学生学习。为此，胡校长响亮地提出要在兴蒙学校营造学习氛围的要求，以将学习变成每一位教师的内在需求与自觉行动。

1. 大力倡导与鼓励

无论是大会还是小会，甚至与教师谈心，胡校长的话题总离不开学习，有时甚至以学习为中心议题。他不仅强调学习的重要性、迫切性，而且认为，兴蒙学校应是一所学习的学校、思维的学校、创新的学校，兴蒙人都是学生，包括校长在内，都要学习。在胡校长看来，人的灵魂生活比外在的肉体生活更为本质，每个人的生活质量首先取决于他的灵魂生活的质量。经常在阅读和沉思中与古今哲人文豪倾心交谈的人，和沉湎于歌舞厅、麻将桌上的人，肯定生活在绝对不同的世界里。所以，他提出了“三多三少”的主张：少逛商店，多逛书店；少看电视，多看书；少打扑克，多思考。

2. 率先垂范，积极实践

北宋诗人黄庭坚有一句名言：“三日不读书，便觉语言无味，而且可憎。”胡校长对此颇有感触。作为一校之长，他事务繁多，但是再忙也不忘读书。读书成了他的一种爱好，因为读书，他在看世界时就有了一种特别的眼光，甚至有了一个属于他的特别的世界。所以，他喜欢读书，不仅是读书的倡导者，而且是身体力行的实践者，他将自己塑造成了一个学习者，给教师们留下了孜孜不倦、好学上进、知识丰富、勤于思考的良好印象。胡校长的办公室和家中摆设的最大特点就是书多，书架上，桌子上，甚至床铺上，古今中外各方面的书俯拾即是，随时翻阅，十分方便。近几年，他还研修了教育硕士研究生的课程。他经常对人们说，人生有两大爱好最有价值，即体育锻炼与读书，一个作用于人的生理，使人身强体健；一个作用于人的心理，使人精神丰富。胡校长爱读书、勤读书的习惯已经影响了一大批教师，他们也渐渐地与读书结下了不解之缘。

3. 给教师创造条件

一是与国家、省、市及大专院校的有关专家学者取得广泛的联系，赢得支持与指导，胡校长称之为“借脑工程”。现在，已聘请了14位专家学者担任学校的顾问，并邀请他们来校做学术报告，指导工作，这对促进兴蒙学校的发展起了很大的作用。二是与兄弟学校进行联合。这种联合有的属于联谊性质，有的则是共同开展一些教育科研活动。三是走出去，请进来。借鉴外部先进的教育思想与教学经验，以借它山之石攻玉。两年多来，学校花费20多万元，组织上千人次到外地学习考察，参加教研活动，加速了教师的成长进程。胡校长一马当先，在全国各地听过几十位专家的报告，受到了很大的教育与启发。1998年11月29日至12月2日，胡校长在徐州听了苏霍姆林斯基的女儿——乌克兰教科院院士苏霍姆林斯基·卡娅以及乌克兰格雷什国家综合实验学校校长米格拉也夫娜等人的报告，比较全面地了解了苏霍姆林斯基的教育思想及其在乌克兰的实践情况，并“拿来”为自己所用，以指导兴蒙学校的教育教学工作。

4. “逼”教师学习

为了让教师的学习落到实处，胡校长和学校领导采用了“逼上书山”的方法。对教师每个学期的读书量、笔记量、心得体会等做出硬性规定，即使在放假期间，也有具体的要求。学习是硬任务，而不是可有可无的事情。学校会统一购买一些好书，并要求每位教师阅读后写出心得体会，在集中学习时进行交流与研讨。

正是因为有提倡，有措施，兴蒙学校教师的学习风气越来越浓，终身学习的观念已经渗透到每一位教师的心里，变成了实实在在的行动。教师读书多了，知识丰富了，教学与教研也便踏上了一个新台阶。

二、努力营造研究的氛围

孔子曰：“学而不思则罔，思而不学则殆。”只有学思结合、学研结合，才可以将自己所学的东西变成自己的营养，有所发现，有所创新，取得成效。这是成为名师、名校的必由之路，除此之外没有别的选择。所以，胡校长在大力提倡教师努力学习的同时，又在构建努力研究的框架。

1. 建全机构

兴蒙学校不仅以年级为单位组建了教研组，而且成立了科研处。教研组具体负责学科的教学研究工作，科研处则负责教育科研信息的采集、

《兴蒙校刊》的编辑、实验课题工作的组织实施等。兴蒙学校的教师不仅要成为教书育人者，也要成为具有创新精神的研究人才。

2. 建立基地，承担课题

为了及时吸纳最新科研信息，提高科研水平，兴蒙学校建立了国家、省、市三级重点实验基地，承担了合作学习、尝试教学、现代科技教育、教育体制改革、创新性教育的课题的实验和研究工作。由于有专家指导，有资料可循，有教师的努力，各项实验和研究工作都取得了比较好的成效。

3. 大力开展各项活动

两年多来，兴蒙学校扎扎实实地开展了“六个一”和“三三三”活动，对教育教学工作起到了很大的推动作用。所谓“六个一”活动，即每个学期每位教师读一本教育教学理论专著，并且写两万字的读书笔记；整理一本优秀教案；上一节优质课；组织一次有意义的活动；写一篇质量较高的论文；每周听一节课。“三三三”活动也以学期为单位，第一个“三”指“三课”，即每人一节研究课，每组一节示范课，每科一节公开课。第二个“三”指“三学”，即读一本有关学科教学或教育理论的著作，完成一万字的理论学习笔记，到外地学习一次或听一次专家报告。第三个“三”指“三研”，即参与一项教改课题研究；撰写一篇有一定分量的教育科研论文，并争取在县、市级以上发表或获奖；以教研组为单位，组织一系列的教育科研活动。

4. 建立机制，激励教师参与教育科研的积极性

在《目标管理评价方案》中，学校对教育科研厚爱有加，不仅单独列项，而且权重较高。学校成立课研组，专拨科研经费。在教育科研中成绩突出并发表文章的教师，可被聘为科研员。对论文发表、获奖、讲课比赛和举行公开课按不同级别给予奖励。同时，还出台了开展教育科研活动的有关规定，并专门召开大会，对教育科研方面做出突出贡献的教师进行表彰奖励。

5. 开设“兴蒙论坛”

岳麓书院存于世上已有千年之久，堪称世上最古老的学府。著名学者朱熹与张栻在这里进行了中国文化史上极为著名的“朱张会讲”。他们有时连续论争三天三夜都无法达成一致意见，而所取得的成果是，两人都越来越佩服对方，都觉得对方启发了自己，从而成为千古称颂的学术友人。会讲，作为一种学术活动，持有不同学术观点的学派在或大或小的范围内进行探讨与论辩，也成了岳麓书院独具特色的学术品格。

“民办官助”的岳麓书院的办学思路，给了胡校长极大的思想启发。作为“公办民助”的兴蒙学校，何不学学岳麓书院，开辟一方供教师们进行学术交流、相互争鸣的园地？于是，“兴蒙论坛”诞生了。论坛提供热门辩题，由教师们各抒己见，自由争辩，不怕标新立异，不求唯一答案，关键在于自圆其说，以此来展示教师的学识、能力与思索过程，提高教师的理论思辨水平与口头表达能力。

1999 年 10 月 23 日晚上，我亲临“兴蒙论坛”的现场，感受了这种具有思辨色彩的学术争鸣活动。争辩是由“神童”聂愿愿的案例引起的。聂愿愿的父亲用了 4 年的时间，以强制、打骂与加班加点的方式，让聂愿愿学完了一般学生 12 年才可以学完的知识。聂愿愿在 13 岁时考上了大学。当记者采访聂愿愿时，他却对父亲怨恨不已，全无感谢之意。正方辩手要为聂愿愿鸣不平，反方辩手则为聂愿愿感到高兴。正方认为聂愿愿的父亲有悖教育原则与孩子的心理，并非长远意义上的成功，甚至是一种教育的失败；反方认为聂愿愿的父亲教育有方，取得了成功。双方都做了充分的准备，可谓唇枪舌剑，针锋相对，其间先进的教育思想、深厚的教学素养、机智的思辨才思，都展示得淋漓尽致。作为策划者与主持人的胡美山，或欲扬先抑，或欲抑先扬，或声东击西，或故弄玄虚，显得机智幽默，又不乏理论思辨色彩，使论辩高潮迭起，笑声、掌声不断。虽然最后争辩未能达成共识，但大家都从中学到了知识，显现了智慧，锻炼了能力，提高了认识水平。

目前，兴蒙学校已经形成了浓郁的学习与研究的氛围。大家感到，不学习，不研究，就会被开拓进取的兴蒙人所抛弃。学习与教育科研，已经成了内在的需求，成了精神的追索，成了走向未来的必修课。

两年多来，兴蒙学校的教师已有百余篇论文在国家、省、市级报刊上发表或获奖，兴蒙学校的大名，也成了很多人津津乐道的话题。

现代科技教育：点燃智慧之火

1999 年 5 月 28 日，兴蒙学校热闹非凡。

山东省现代科技教育现场会暨兴蒙首届科技艺术节在这里拉开了帷幕。中央和省、市教科所的有关领导，以及来自全省各地的 200 多名教师代表云集此地，共同参加这一具有深远意义的活动。

偏远的山区平邑，诞生不到两年的兴蒙学校，难道已经在最具当代精神的现代科技教育领域里捷足先登，摘食硕果了吗？

代表们走入校园后，眼睛立即为之一亮，吃惊与叹服之情便同时显露在每一个人的脸上。

70000多平方米的方形校园，40000多平方米的楼房建筑，现代化的教学设备，使兴蒙学校呈现出一种雄踞平邑、问鼎全国的气势。上万平方米的绿化区，有曲径回转的卵石铺地，有山势突兀、瀑布倒挂的假山，有清澈见底、游鱼可观的水池，有飞珠吐玉、流光溢彩的喷泉，有花卉争艳、香飘四野的花池，与生机盎然的绿茵一起，和谐地组成一个大气而又不失优雅、具有现代气派而又不失地方特色的校园。

不虚此行，真是大开眼界。

当代表们走进科技展室时，便又立刻被那些琳琅满目的科技作品吸引住了。这里不仅有4000多件小制作、小发明、动植物标本、岩石标本、车模、船模及电、光、力、磁等科普作品，还有600余幅科学家故事、科技教育图片。再去看看学校的气象站、天文台、植物角、多媒体电子教室、卫星地面站等，真让人感受到一种“洞天石扉，訇然中开”的视觉冲击与美感体验。

7节现代科技教学示范课，突出了“玩”中悟理、寓教于乐的教学理念，注入了当代科技信息，流动着现代教育思想。教师深入浅出、妙趣横生的教学艺术，学生入乎其内、兴趣高扬的听课情景，使课堂教学充分展示了科技教育的特色，体现了学生主动探新求索的学习精神。

一下课，人们便将授课教师围得水泄不通，纷纷询问学校开展科技教育的有关情况。

其实，兴蒙学校是1998年才被定为教育部、科技部“现代科技教育”实验基地的。就在这一年里，科技教育春风化雨般进入师生的心里，扎扎实实地落实到具体的行动中：①成立课题组。胡校长任组长，闫吉印任副组长，另选7位教师担任科技教育课教学工作。②制订实施方案。在实施过程中完成4个转变：由知识中心向方法中心转变，由读科学向做科学转变，由以教师为中心向以学生为中心转变，由单独学习向共同学习转变。此外，对在其他学科中渗透科技教育等，也做了明确规定。③成立科技小组。现已有小制作、小发明、天文气象、小卫星广播站、车模、船模、航模等十几个小组，各小组又都有专门的辅导教师。④提供条件，创设氛围。学校不仅有一流的现代科技教学设施，而且经常通过卫星地面站传递现代科技信息，定期展出科技作品，播放“科技智慧8分钟”录像等，使师生浸润在浓浓的科技文化氛围之中。⑤提高教师的科技素质。学校为教师配发了《中小学现代科技教育导论》《教育科研方法》和《现代教育科研》等书，并经常组织教师开展讨论和研究。同时，组织教师外出听课学习，感受科技教育的八面来风。⑥开展“科技周”活动。在“科技周”期间，开展科技班报、手抄报、小制作、小发明、小创造评选等活动。⑦在《兴蒙校刊》上专门开设“小小发明家”栏目，为师生的科技作品发表开辟园地。在科技教育中，学生的智慧之火被点燃，创造力得到了淋漓尽致的发挥，全校学生参加省、市、县级小制作、小发明等比赛，已有上百人次获奖。

参观之后，代表们更是叹服不已，他们感到兴蒙学校已经将现代科技教育纳入了科学有序的轨道。

“胡校长!”人群里有人喊了一声。

从走廊西头，胡校长西装革履、满面春风地走来。

三位来自都市的年轻教师迅速迎上去，其余人也不约而同地将胡校长团团围住。

他们说，看了兴蒙学校的科技作品展览，听了兴蒙学校的科技教学示范课，感到十分佩服，现在很想听一听胡校长对现代科技教育是如何认识的。

年轻的胡校长不失风度，从容地笑笑，便娓娓道来——

其一，未来世界是知识经济占主导地位的时代，而知识经济的依托便是科技。这是时代发展的大势，我们顺应了这个大势，选择了科技教育。

其二，在人的各种素质中，科技素质具有基础性和根本性的特征，但目前很多人对科技教育的重要性认识不到位或不全面，或因受课程、教材、设施、师资的制约而影响了科技教育的开展，根本问题还是应试教育使然。我们摒弃应试教育，选择素质教育，也就必然选择了作为素质教育的重要内容的科技教育。

其三，对学生实施科技教育，绝不仅仅是向他们传授间接的科学知识，也不仅仅是搞些小制作、小发明、采集些动植物标本等，关键是强化学生的科技意识，引导他们树立科学的人生观，加深他们对科学技术在现代社会发展中的重要性的认识，全面提高他们的科技素质，同时，培养他们的思维能力、实际操作能力，特别是创造能力——这是各种素质的核心与根本。现在的学生所缺少的，恰恰是这些素质，所以要着力提升。

科技教育的开展，大大地拓宽了我校学生的视野，增加了学生的信息量，培养了学生的参与意识，而且特别为不同层次、不同爱好的学生提供了展示特长、发展特长的舞台。参与科技活动，必须有扎实的基础知识，这就促进了各科课程的学习；因为要动手，所以手变得灵巧了；因为要思考探索，所以思维变得灵活了；因为要坚持不懈，克服困难，所以有了意志和毅力，耐挫折能力提高了；因为要遵循科学规律，使用科学方法，所以科学精神树立起来了；因为科技意识的强化，而看到了科学技术于国于民的重要性，学生的学习动力增强了……一句话，科技教育促进了学生全面和谐的发展。我们认为这是开展科技教育的最大收获。

精彩，深刻。

代表们认为科技教育是兴蒙学校的一道风景、一大特色，还希望胡校长谈谈其他方面的情况。于是，胡校长又兴致勃勃地谈起兴蒙学校的办学体制、内部管理机制、教育科研、活动开展、课程设置、学校文化建设等，直讲得代表们惊讶不已。原来，兴蒙学校有数不尽的风景点，而每一处风景无不绽放着素质教育的鲜花。

参观展览并听了胡校长的发言后，中央教科所的张敬培主任感慨万千，情不自禁地说道："这里完全可以召开全国现场会了！"

是的，兴蒙学校这颗沂蒙山区升起的新星，已经蓄势待发，做好了冲向全国的准备。

今日长缨在手

1997 年 10 月初，也就是兴蒙学校刚刚开学的时候，胡美山在报上发表了一篇引起轰动效应的文章。文章的主标题为"今日长缨在手，明朝缚住苍龙"，副标题为"平邑兴蒙学校发展蓝图绘就"。在这里，胡校长显然是借用毛泽东同志"今日长缨在手，何时缚住苍龙"的诗句，经过修改而成的。据说西汉时有个年轻的军官叫终军，志向高远，又有才能。汉武帝派其出使南越，他欣然受命，并请求武帝赐给他一根长绳（长缨），说是决心拴住南越王的头来见武帝。毛泽东同志古为今用，意在今日"长缨"在我手中，定可捆住敌人，取得胜利，表示对未来充满了必胜的信心。

"胡美山故弄玄虚，小题大做。"有人窃窃私语。为什么取一个与兴蒙学校无关又不着边际的题目呢？一所新建学校，一位年轻校长，用得着这么大的气势吗？再说"长缨"是什么？"苍龙"又是什么？

胡美山的朋友、同事对此也感到疑惑，建议他更换文章题目。但胡美山经过深思熟虑后，依然不改初衷。他感到这个题目既大气磅礴，又能展现兴蒙人的博大胸怀与宏远志向。况且他喜欢巍巍高山、滔滔大河、参天大树与黄钟大吕，不喜欢涓涓细流与雕虫小技。当然，如按词句原意解释，的确难以指出“长缨”与“苍龙”是什么，指战争与敌人？显然不妥。那么这是虚指，就是说今日给了我们一个机会与舞台，我们就要以高昂的气势、开阔的心胸和百倍的信心去实现自我价值，驾驭教育与学校这条苍龙，创造出一所崛起于沂蒙山区的名校来。

现实却给了胡校长当头一棒。学校不仅资金不到位，招生也严重受阻。两个月的时间，只有14人报名。要完成600人的招生计划，无异于天方夜谭。

指责来了，非议来了，幸灾乐祸者也来了。

兴蒙学校刚刚诞生，就处在风雨飘摇之中。

胡美山却说，希望与困难同在，机遇与挑战并存，走兴蒙之路是兴蒙人无悔的选择！

他与林清艾、武炜、孙均贵、郭恒海、闫吉印、孟凡芝等人在最艰难的时候，都同时坚定了信念。他们分析了所遇到的困难及其原因，也提出了解决问题的措施。

困难在坚强者面前败北，兴蒙学校出现了新的转机。10月30日开学之日，兴蒙学校已经发展到270人，可胡校长等创业者每人都瘦了一大圈。78天的时间，简直可以谱写一部惊天动地的奋斗史。胡校长虽然每晚最多只睡四五个小时，工作起来却精神抖擞。在他看来，时间不是以天为单位，而是以时、分甚至秒为单位计算。

就在那时候，胡校长以其大气魄、大思路，确定了为实现“四个一流”目标的办学“三步走”方略。

第一步，搞好学校的基本建设和内部设备，抓好常规管理，建立有效的学校运行机制，初步形成自己的特色。

第二步，打出品牌，拿出“拳头产品”，形成自己的鲜明特色，以高质量、高效益树立良好的社会形象。

第三步，组建教育集团，兼并薄弱学校，扩大办学规模，形成规模优势，发挥名校的辐射作用、窗口学校的示范作用、龙头学校的带头作用，向薄弱学校输出办学思想、办学模式、管理制度、人才、办学资金，为全县的教育做出贡献。

不仅如此，他还确立了学校的办学指导思想、治校方略，构建了教师管理、学生管理、教学管理、教育科研、课题研究、学校文化建设、对外关系等的基本框架。

胡美山始终站在教育教学改革的前面，未雨绸缪地构思、谋划兴蒙学校的发展路径，而且思路清晰，措施得力。1998年提出“完善机制，突出特色，再造优势，创建名校”的十六字思路，1999年又提出“深化内涵，优化内制，细化内管，强化内质”的十六字方略，与1997年兴蒙学校诞生时提出的十六字兴蒙精神一脉相承，互相融合而又各具特色，颇具前瞻性、指导性与深刻性，展示了一位有思想、有谋略的当代校长的治校方略与气魄。

兴蒙学校的形象已经屹然矗立，兴蒙人走在路上即是一道风景，留下的是一片称赞与惊叹之声，因为那闪闪的校徽证明，那是开拓创新者，也是成功者。兴蒙学校没有了招生困难的尴尬，却出现了想进兴蒙、难进兴蒙的新景象。兴蒙学校的规模在不断扩大，如今已是拥有220多名教职工、1800多名学生的“九年一贯制”学校。

两年的时间，胡美山与兴蒙人稳稳地走完了前两步，现在又做好了迈开第三步的准备。起初对胡美山“今日长缨在手，明朝缚住苍龙”持有非议的人们，早已投来了赞许的目光。兴蒙学校不仅成了平邑县最好的学校、临沂市屈指可数的名校之一，也以其雄劲发展之势在山东省乃至全国产生了影响。特别是成功举办山东省现代科技教育现场会暨兴蒙首届科技艺术节之后，赞誉与鲜花齐来，教师与学生都为自己是兴蒙学校的一员而骄傲。

可就在这时候，胡美山这位省优秀教育工作者沉默了，一连几天，双眉紧锁，心事重重。他感到，上升时期与辉煌时期最容易掩盖问题，应当看到事物的两面性，“于无声处听惊雷”。因为正是在成功的表层，暴露出了学校的一些潜在的危机，也显露出了自己的缺点。所以，必须努力寻找问题的症结，并解决问题，使兴蒙学校以良好的态势向前发展。在全体教职工大会上，胡校长将自己的思考、担忧、对策和盘托出，令所有的人既大吃一惊，又欣喜异常。兴蒙学校的领导者，永远有一个清醒的头脑。兴蒙学校的校长，是一个胜不骄、败不馁的具有大将风采的领导人。

在胡美山校长办公桌对面的墙上，赫然贴着《胡美山切记》——

一、在其位，谋其政；

二、以人为本，以诚待人，与人为善；

三、博爱；

四、钱财身外物，功名乃浮云；

五、每日学习、思考；

六、三人行，必有我师；

七、智圆行方；

八、用人不疑，疑人不用；

九、自信、坚毅、豁达、头脑清醒、宠辱不惊；

十、自我完善，自我超越。

进屋出屋，胡校长先自读一遍，自思一番；工作之时，抬头可见，也是对自己的警示与提醒。

在我结束采访准备与胡校长告别时，他正伫立在《胡美山切记》前凝神思索，以至对我的到来全然不知，待我喊了他的名字，他才如梦方醒，十分抱歉地笑笑。

再一次审视面前的这位校长，平静的脸上洋溢着自信与坚毅，显现出宽厚与谦虚，却寻不出一丁点儿思想与谋略的踪影。只有走进他的心灵深处，只有走进兴蒙学校，才可以探究出那些无穷的奥妙。

江苏凤凰教育出版社
《行知工程》系列丛书目录

系列	序号	书　　名	作者	定价
教育思想者系列	1	《治校之道——中学名校长的办学智慧(1)》	陶继新	40.00
	2	《品鉴教育文化盛宴——陶继新序跋屯集》	陶继新	45.00
	3	《为什么而出发——一位研究者对教育本质的沉思》	齐　健	35.00
	4	《高效教学的道与术——陶继新教育讲演录》	陶继新	30.00
	5	《铸造一流教育品质——陶继新区域教育巡礼》	陶继新	35.00
	6	《名校之道——陶继新对话名校长（1）》	陶继新	30.00
	7	《名校之道——陶继新对话名校长（2）》	陶继新	35.00
	8	《教育，一切从孩子出发》	黄　俭	30.00
创新教学探索系列	9	《学生数学整体思维培养 ——小学数学结构化教学的探索与实施》	颜春红	45.00
	10	《基于核心素养的体育与健康校本课程建设》	赵卫新	35.00
	11	《把古文教活——激活文言文课堂的教学策略》	刘小华	35.00
	12	《做童年面前最合适的人——我和孩子们的“童化语文”》	曹丽秋	30.00
	13	《品世界名画，学精彩作文 ——特级教师的“名画”作文教学法》	李日芳	36.00
	14	《玩出精彩作文——张化万活动作文教学经典策略》	张化万	35.00
	15	《〈红楼梦〉里的语文课》	李日芳	30.00
	16	《让学生把母语用精彩——“语用课堂”的探索与实践》	佘小红	30.00
	17	《“备”出课堂精彩——备学式教学的课堂实践与思考》	张旭兰	30.00
	18	《神奇的阅读教室——带学生踏上美妙的阅读之旅》	李祖文	30.00
	19	《打造有生命力的课堂 ——“两步八环节”教学模式探索与实践》	查联智	30.00
	20	《最能培养学生探究能力的课堂 ——小学科学与信息技术单元整体课程实施与评价》	李怀源	30.00
	21	《最能激发学生运动天赋的课堂 ——小学体育单元整体课程实施与评价》	李怀源	30.00
	22	《最能提升学生艺术素养的课堂 ——小学艺术单元整体课程实施与评价》	李怀源	30.00
	23	《“生命语文”探索——焕发语文生命力的思考与实践》	王自成	30.00
	24	《粘连作文教学：让习作成为有个性的自我建构》	黄瑞夷	30.00
	25	《备学式教学——在体验中建构数学思维》	单广红　范雪梅	30.00
	26	《向着自主进发——自主教育的创新实施智慧》	朱亚红	30.00

系列	序号	书　　名	作者	定价
创新教学探索系列	27	《写中学——让学习更有效的学科写作教学》	钟传祎	30.00
	28	《小学科学实验总动员——大科学课堂有效提升学生创新力》	江美华	30.00
	29	《小学语文单元整体课程实施与评价》	李怀源	30.00
	30	《小学英语单元整体课程实施与评价》	李怀源	30.00
	31	《小学数学单元整体课程实施与评价》	李怀源	30.00
	32	《让教学更能激发智慧——“思维碰撞”课堂的建构与实施》	程和方	30.00
教育求索系列	33	《让书香浸润生命——时鹏寿伴你品读经典》	时鹏寿	35.00
	34	《开在手心里的花——一位优秀教师的教育情怀》	詹雪莲	40.00
	35	《学科建设与教师发展——中学数学》	杨志文	30.00
	36	《欣说教育那“一亩三分地”——一位一线教师的教育微思考》	王庆欣	30.00
	37	《爱的守望——一位一线教师对教育的坚守》	林卫红	30.00
	38	《思政教学的人文力量》	戴晓华	30.00
	39	《师道新说——给教育者的30条箴言》	徐　卫	30.00
教师软实力系列	40	《教师人际沟通力》	黄爱华　夏丽娟	38.00
	41	《班主任教导力》	黄爱华　戴诗银	38.00
	42	《教师执业道德力》	黄爱华　夏丽娟	38.00
精彩课堂系列	43	《基于核心素养的数学教学》	赵红婷	35.00
	44	《中学生核心写作能力培养》	陶　波	36.00
	45	《给孩子更好的数学课堂》	易增加	30.00
	46	《小学生阅读素养的提升策略》	邵巧治	35.00
	47	《从语文素养走向生命成长 ——小学语文读写课堂教学密码》	曾海玲	30.00
	48	《真实的品德课》	朱淑秀	30.00
	49	《英语课堂学习共同体——新型的师生交互学习场》	杨延从	30.00
	50	《指导自主学习——初中数学学与教的研究与实践》	刘其武	30.00
	51	《玩出精彩的课堂 ——小学低年级教与学方式转变研究》	陶红松	30.00
	52	《让生命之花自主绽放——语文个性化教学建构策略》	商德远	30.00
	53	《让学生亲历知识——主体参与下体验式学习的实施策略》	何世祥	30.00
名校系列	54	《从校本课程走向学校课程——锡山高中课程探索之路》	唐江澎等	35.00
	55	《让每个孩子都成志 ——清华附小主题阅读课程的实施探索》	窦桂梅	30.00
	56	《让每个孩子都成志 ——清华附小主题实践课程的实施探索》	窦桂梅	35.00
	57	《向着朝阳走去——清华附小合作办学实践探索》	窦桂梅	30.00
名师成长系列	58	《情怀·智慧·境界——教育名家演讲录（1）》	钟惠河　李韫琬	30.00

系列	序号	书　　名	作者	定价
校长领导力系列	59	《学校细节管理的执行力》	林文明　王林发	30.00
	60	《校长智慧统筹的领导力》	谢耀丰　蔡丽姗 王林发	30.00
	61	《学校持续发展的研究力》	林文智　宋佳敏 王林发	30.00
	62	《学校和谐融洽的协作力》	陈一平　郭雪莹 王林发	30.00
	63	《学校教育提升的引领力》	谢文东　关敏华 王林发	30.00
	64	《学校团队成长的学习力》	黄纪　蔡美静 王林发	30.00
校长领导力系列	65	《学校高效管理的创新力》	张旭	30.00
	66	《学校成功管理的决策力》	邱黎明	30.00
	67	《高品质学校生长要素》	王益民	30.00
	68	《校长高效教学领导力提升策略》	徐世贵　郭文咢	30.00
新思维系列	69	《让后进生学习有后劲之36计》	严育洪	30.00
	70	《教育中的“不一定”——打破教育的19种思维惯式》	严育洪	30.00
教师修炼系列	71	《如何炼就课堂好声音——教师美嗓保健实用宝典》	薛建洲	30.00
	72	《与学生一起成长——90后教师的心路反思》	王　晗	30.00
	73	《教育，爱与宽容——教师心灵礼仪修炼》	许力争	30.00
教育家核心思想系列	74	《叶圣陶论写作》	叶圣陶 著 李怀源 选编	30.00
	75	《叶圣陶谈阅读》	叶圣陶 著 李怀源 选编	30.00
	76	《多元智能理论的本土化应用》	刘治富	30.00
	77	《大教育家最具施教力的教学思想》	白刚勋	30.00
学生心理解码系列	78	《在人生的春天播种 ——十四岁，写给青春的一封信》	白宏宽	30.00
	79	《孩子问题行为一点通 ——只有好老师才知道的学生心理谜底》	严育洪	30.00
校本研修系列	80	《徜徉语文教研》	肖俊宇	35.00
	81	《校本研修资源的开发与利用》	陈朝林	30.00
	82	《校本研修与教师专业成长》	吴积军	30.00
	83	《卓越教师经典研修成长策略》	刘天宝等	30.00
	84	《特色校本课程开发范例解读》	刘永平　李秀伟 张雪梅	30.00
	85	《高效校本研修模型构建艺术》	刘素雁	30.00
	86	《走向实践的教研——中小学教育科研引领与应用》	江　敏	30.00

系列	序号	书　　名	作者	定价
教育管理力系列	87	《缔造唯美教育——延奎小学素质教育实施策略》	易增加	30.00
	88	《让普通学校崛起的 20 个细节 ——“生命为本”教育团队成长密码》	李其玉	30.00
	89	《“走”出教育的精彩：走动式学校管理文化构建》	罗　军	30.00
	90	《校长兵法：学校管理四十六计》	皮大鹏	30.00
班级文化系列	91	《活力班级的文化建设》	胡　珏	30.00
	92	《做幸福的班主任》	吕　丽	26.00
高效能教学系列	93	《高效能教师的 10 个好习惯（中学卷）》	张　瑾	30.00
	94	《让作文落地生根——提高写作实效的教学策略》	黄桂林	30.00
	95	《高效能作文教学 5 项修炼》	陈步华	30.00
	96	《高效能校长的 10 个好习惯》	张　勤	30.00
	97	《高效能教师的 10 个好习惯（小学卷）》	谢　英	30.00
	98	《高效能语文教学 5 项修炼》	王其华	30.00
新课程探索系列	99	《语文新课程的批判与重建》	葛桂斌	30.00
美国名师教学译丛	100	《美国名师游戏教学本土化应用：幼儿园》	（美）玛西娅 L. 泰特 著 胡珍　瞿菁　编译	30.00
	101	《美国名师游戏教学本土化应用：小学英语》	（美）玛西娅 L. 泰特 著 杨永华　张心影　编译	30.00
	102	《美国名师游戏教学本土化应用：小学数学》	（美）玛西娅 L. 泰特 著 谢艳红　编译	30.00
	103	《美国名师游戏教学本土化应用：小学科学》	（美）玛西娅 L. 泰特 著 刘丽萍　编译	30.00
	104	《美国名师游戏教学本土化应用：小学社会》	（美）玛西娅 L. 泰特 著 姜梅芳　编译	30.00
	105	《美国名师游戏教学本土化应用：小学音体美》	（美）玛西娅 L. 泰特 著 尹立志　编译	30.00
鲁派名师名校·教育探索者系列	106	《悦读立人——校园阅读文化体系构建策略》	杨世臣	30.00
	107	《教育智慧何处来——一位特级教师的思考手记》	付立金	30.00
	108	《和雅文化——校本课程的创新构建》	汤善香	30.00
	109	《让个性绽放精彩——学校课程体系整合与创生》	谢建伟　徐淑萍	30.00
	110	《让每个学生都幸福——最能润泽生命的学校文化建设》	谢建伟　张新喜	30.00

系列	序号	书　　名	作者	定价
生态化校园系列	111	《文化管理——构建生态和谐校园的必由之路》	付全新	30.00
	112	《点燃学习的激情——构建校园生态化学习型组织》	杨树岳	30.00
	113	《课改突围——构建学校生态化教学体系》	杨树岳	30.00
教育新思考系列	114	《语文教育向何处去》	王　丛	26.00
	115	《教育，就是做好普通的事》	孙志毅	27.00
	116	《走出语文的偏见——让学生体悟文本的原义》	丛智芳	30.00
	117	《让语文教学更高效——批注式阅读教学探索》	韩中凌	30.00
	118	《读写互促——探寻学以致用的语文教学》	曹　龙	30.00
	119	《跳出数学教数学——用文化融通数学教学》	马建秀	27.00
名师感悟系列	120	《让心灵伴着歌声成长——22 位音乐名师的教育智慧》	陈　璞	30.00
	121	《超越自我的教师——32 位名师的成长感悟》	李卫东　李秀伟	35.00
	122	《心灵的守护者——19 位名班主任的教育智慧》	王晓松　曲文弘	30.00
	123	《名师感悟班主任有效工作艺术 90 例》	符礼科	30.00
	124	《名师感悟有效教学 90 例》	林高明　徐玉烟	30.00
信息化教学系列	125	《巧用白板教语文——信息技术与语文教学操作指南》	蒋丽清	30.00
	126	《跨越式实现高效课堂 ——信息技术与课程整合高效教学方案评析》	陈　玲　刘　禹	30.00
教师必读系列	127	《教师必学的 16 堂修养课》	武宏伟	30.00
	128	《教师不可不知的教学心理效应》	叶勇军	30.00
	129	《班主任不可不知的管理效应》	奚一琴	30.00
	130	《教师不可不知的教育心理效应》	孙　媛	30.00
	131	《校长不可不知的管理效应》	谢申刚　张金豹	30.00
	132	《成为好教师的 7 项修炼》	王福强　李维华	30.00
	133	《如何让学生会学习》	龙　冰	30.00
	134	《如何让学生爱学习》	周震宇　许小燕	30.00
核心教学主张系列	135	《新生代语文名师核心教学主张》	许友兰	30.00
行思讲坛系列	136	《灵动而朴素地教语文——潘文彬的微格教育生活》	潘文彬	30.00
	137	《师爱无疆——润泽学生心灵的教育故事》	侯忠彦	30.00
	138	《怎样反思更有效 ——促进教师专业发展的反思策略》	诸贝贝	30.00

系列	序号	书　　名	作者	定价
行思讲坛系列	139	《成为高度自觉的教育者 ——写给后课标时代的数学教师》	许卫兵	30.00
	140	《哲思数学课》	刘全祥	30.00
	141	《智慧数学课——黄爱华教学思维的实践策略》	黄爱华	30.00
	142	《童趣数学课》	徐　芳	30.00
	143	《把学生教聪明》	严育洪	30.00
	144	《教师最应该规避的教育误区》	杨坤道	30.00
	145	《用语文的方式教语文 ——潘文彬教学主张与实践智慧》	潘文彬	30.00
	146	《怎样让阅读教学更有效 ——提升教学能力的十种读诵模式》	汪秀梅	28.00
	147	《让生命在润泽中起舞 ——当代小学生最需要的主题班会》	吴联星　罗　琳 冯卫东	30.00
	148	《让生命欢快拔节 ——当代中学生最需要的主题班会》	冯卫东　吴联星	30.00
	149	《课堂因生成而精彩——高效教学的生成智慧》	张文质	30.00
	150	《回到每一个人的生命化教育 ——张文质二甲中学教育行动录》	张文质	30.00
中国教育变革之路丛书	151	《百年树人师何为——教师队伍建设困顿与出路》	将丽珠　李玉向	30.00
	152	《入园何时不再难——学前教育困惑与抉择》	曾晓东 范　昕　周　慧	30.00
	153	《三尺书桌何处寻——流动人口子女教育困难与破解》	范先佐	30.00
	154	《苦旅何以得纾解——高考改革困境与突破》	郑若玲	30.00
	155	《择校纠结何时了——择校问题困局与治理》	曾晓东　周文海 曾娅琴	30.00
创新教学思想系列	156	《“大问题”教学的形与神》	黄爱华　张文质	30.00
教育漫笔系列	157	《课堂，诗意地栖居》	吴书华	30.00
教学提升系列	158	《有思想地教阅读——让学生学会品读文字真意》	王学东	30.00

系列	序号	书　　　名	作者	定价
教育艺术提升系列	159	《藏在师生体态语言里的教学智慧》	张　宇　廖生波	30.00
教学全手册系列	160	《小学习作教学全手册》	郭家海	30.00
	161	《中学写作教学全手册》	郭家海	30.00
	162	《情境教学操作全手册》	冯卫东	35.00
	163	《合作教学操作全手册》	李春华	35.00
	164	《探究教学操作全手册》	周新桂	35.00
	165	《自主教学操作全手册》	诸葛彪	35.00
	166	《创新教学操作全手册》	王　玮	35.00
	167	《班主任工作全手册》	刘沛华	35.00
	168	《新教师工作全手册》	周震宇	35.00
	169	《学生心理健康教育全手册》	刘海莉　刘春杰	35.00
	170	《高效教学操作全手册》	马友平	35.00
创新人才培养系列	171	《创新人才培养校园科普精品课程开发与指导 ——人大附中创新人才培养》	罗　滨	30.00
	172	《创新人才培养特色校本课程开发与创新人才培养 ——清华附中“国际安全下的科学技术”课程构建与实施》	王殿军　方　研 赵宏雁	30.00
	173	《创新人才培养：学校实验室建设与管理》	刘克文 杨发丽　杨　平	30.00
	174	《创新人才培养：数学探究活动开发与指导》	马云朋　韩继伟	30.00
	175	《创新人才培养：化学研究活动开发与指导》	王　磊	30.00
	176	《创新人才培养：物理探究活动开发与指导》	廖伯琴	30.00
	177	《创新人才培养：地理探究活动开发与指导》	张建珍　陈　澄	30.00
	178	《创新人才培养：生物探究活动开发与指导》	张迎春	30.00
	179	《创新人才培养：理念探索与思维突破》	王晶莹	30.00
新生代通派名师系列	180	《简约数学教学》	许卫兵	30.00
	181	《语文教学的本真——情意课堂展现母语之美》	吴建英	30.00
	182	《语文课堂的理想追求——欢快达成三维目标》	董一红	30.00
	183	《阅读教学的真髓——意象构建读出文学的真美》	祝　禧	30.00

系列	序号	书　　　　名	作者	定价
新生代通派名师系列	184	《美术教育的真谛——审美人生教育让生命绚丽成长》	陈铁梅	30.00
	185	《语文教学的理想境界——无痕教学润泽生命》	李　凤	30.00
	186	《儿童作文的本义——嬉乐作文让儿童乐并成长着》	王笑梅	30.00
	187	《名师是怎样炼成的》	王建明　王笑君	35.00
幼师成长系列	188	《幼儿行为背后——教师如何读懂幼儿的心思》	吴亚英	30.00
	189	《最具教育力的 22 种幼儿教育思想》	杨　达	30.00
	190	《幼儿教师必知的安全应急措施》	杨　达	30.00
	191	《幼儿教师必备的教育技能》	李　玲	30.00
	192	《卓越园长 21 条幼儿园管理策略》	周　丹　江东秋	30.00